本书获得重庆工商大学"广播电视学一流本科建设"项目（编号：62011600522）和2022重庆工商大学高层次人才科研启动项目（编号：2255004）共同资助。

谈华伟 著

电视新闻主持人
出镜报道历史研究

中国社会科学出版社

图书在版编目(CIP)数据

电视新闻主持人出镜报道历史研究/谈华伟著. —北京：中国社会
科学出版社，2023.4
ISBN 978 - 7 - 5227 - 1668 - 8

Ⅰ.①电…　Ⅱ.①谈…　Ⅲ.①电视新闻—新闻报道—文化史—研究
—中国②电视新闻—主持人—文化史—研究—中国　Ⅳ.①G229.29

中国国家版本馆 CIP 数据核字(2023)第 048688 号

出　版　人　赵剑英
责任编辑　陈肖静
责任校对　李　莉
责任印制　戴　宽

出　　　版　中国社会科学出版社
社　　　址　北京鼓楼西大街甲 158 号
邮　　　编　100720
网　　　址　http://www.csspw.cn
发　行　部　010 - 84083685
门　市　部　010 - 84029450
经　　　销　新华书店及其他书店

印　　　刷　北京明恒达印务有限公司
装　　　订　廊坊市广阳区广增装订厂
版　　　次　2023 年 4 月第 1 版
印　　　次　2023 年 4 月第 1 次印刷

开　　　本　710 × 1000　1/16
印　　　张　18.5
插　　　页　2
字　　　数　269 千字
定　　　价　99.00 元

序

　　新闻节目主持人和出镜记者出现在电视屏幕上，不仅为电视传播构建了更为人格化的人际界面，也以传播者独特的个人魅力和个性化特征被广大电视观众辨识，从而大大凸显了电视媒介特征和优势。主持人、出镜记者通过出镜报道的方式，及时对新闻事件做出反应，把真实可信的场景展示给观众，是电视媒体展示自身实力和水平的重要手段。

　　20世纪70年代末，我国电视历史上开始出现真正意义上的出镜报道。经过40多年的发展，出镜报道这种主持人、记者与观众交流的重要方式由于受到内外部因素的影响，报道形态不断变迁，已经从初创逐渐发展壮大并走向融合发展。在大量的实践中，出镜报道样态随时代而变，一代又一代出镜报道者深入生活、深入群众，继承创新，创作出了很多优秀作品，塑造了有中国特色的创作风格，留下了宝贵的经验。该著作对我国电视新闻出镜报道不同发展阶段的历史背景、技术水平和媒介环境等进行阐述，对不同阶段的电视新闻出镜报道的发展特征、具有代表性的电视新闻播音员主持人的创作风格、观众的审美心理等进行细致地分析。

　　研究我国电视新闻出镜报道发展历程，具有重要的理论意义和实践意义。从理论意义来看，从历史角度发现、厘清并理解不同时期出镜报道创作活动的变化特征，能够把握该领域的发展演进的本质规律。我国电视新闻出镜报道者在一次又一次的实践中积累了丰富的经验。在中国播音史中，出镜报道发展历史始终占据着不容忽视的一席之地。

但遗憾的是，无论是国内学界还是国外学界，针对电视新闻出镜报道发展历程的系统研究却屈指可数。我国电视新闻出镜报道发展历程的研究，是国家社科基金重大项目"百年中国播音史"的研究内容。著作通过对该领域的研究，为中国播音史理论添砖加瓦。从实践意义来看，对我国电视新闻出镜报道发展历程的梳理、总结、分析，可以澄清基本认识，帮助传媒工作者树立正确的创作观。我国电视新闻出镜报道在40多年的历程中取得了令人瞩目的成绩，一代又一代电视新闻工作者筚路蓝缕，留下了宝贵经验，也为我国电视事业的发展打下了坚实的基础。该著作对我国电视新闻出镜报道发展的研究可指导实践，帮助电视新闻节目主持人、出镜记者提升涵养。

谈华伟所著《电视新闻主持人出镜报道历史研究》，以习近平新时代中国特色社会主义思想为指导，以不同时期我国电视新闻出镜报道活动为研究对象，著作的创新性主要体现在理论、方法、视角三个层面。理论创新体现在：研究以中国播音学为理论支撑，吸取历史学、新闻传播学、社会学、语言学等多个学科的理论养分，对我国出镜报道发展的特殊规律进行综合分析，研究我国出镜报道的发展历程以及各个历史阶段的特征、创作规律等，深化中国播音史理论中关于出镜报道发展历程的研究。方法创新体现在研究综合运用文献研究法、深度访谈法、话语分析法等主要方法，以中国播音学为学术理论根基，以历史学、广播电视新闻学、传播学研究为重要参考，借鉴艺术学、美学、社会学等学科的研究方法，按照马克思主义唯物辩证法的哲学思想进行历时和共时、微观与宏观、定量与定性相结合的论述。在具体分析时，深度访谈与事实相关的历史当事人，获得了宝贵的一手研究资料，以此来弥补研究历史过程中影像资料的缺失，获得了大量一手研究史料。该书选取了电视新闻出镜报道发展历程中具有代表性播音员主持人、相关研究专家学者如敬一丹、卢静、高丽萍、蒋林等为访谈对象，为研究结论的推出奠定了基础。视角创新体现在：出镜报道研究具有中国播音学、新闻传播学交叉学科属性。出镜报道研究大多从新闻传播视角研究其传播规律，而本研究立足于中国播音学视角，着重研究各个时期播音员主持人出镜报道的创作特征和发展规律，为融媒体背景下播音员主持人的培养提供理论支撑和行动指南。另外，该书把出镜报道研究置于中国播音史、中国广播电视发展史全局中进行审视和评价，将各个历史时期的典型出镜报道作品和人物进行纵向对比，将同一时代的出镜报道创作进行横向分析，从而深入挖掘我国电视新闻出镜报道发展规律。

谈华伟善于思考，锐意进取，具有扎实的学术研究功底和丰富的一线媒体实践经历，长期致力于出镜报道的实践、教学和理论研究。在教学方面，他勇于探索，敢于创新，将理论与实践结合，曾获得校级、省部级教学创新奖项；在科研方面，主持、参与了多项国家级、省部级科研项目，发表多篇相关论文。为完成该著作，他收集、整理了大量历史资料，对广播电视、电视新闻、播音主持等领域的文献资料进行了梳理、总结、研究，为了获取一手史料，对出镜报道相关的主持人、学者进行了深度访谈，实属可贵。

习近平总书记指出"同历史对话，我们能够更好认识过去、把握当下、面向未来"。研究我国电视新闻出镜报道发展历程是为了"鉴古知今"，从历史中把握事物的发展规律，更好地指导实践。电视新闻出镜报道者应主动适应变化的条件，科学把握矛盾的本质和基本规律，顺应规律和运用规律，积极探索推进我国电视新闻出镜报道这一实践活动向前发展。作为新时代的电视新闻播音员主持人、出镜记者，要与时俱进，守正创新，根据媒介发展的特性，满足人民对美好生活的向往，适应融媒体环境的发展要求，不断提升"脚力、眼力、脑力、笔力"，增强专业素养。在掌握本专业业务能力的基础上，成为适应时代发展的一专多能复合型传媒人才。充分发挥电视新闻出镜报道的优势，提高电视媒介竞争力、塑造媒介品牌，勇立潮头，迎接新的机遇与挑战！

姚喜双

中国传媒大学　教授、博士生导师

2023 年 3 月 31 日

前　言

　　出镜报道是电视新闻的常见表现形式，从事出镜报道的报道者既可以是电视新闻节目主持人也可以是出镜记者。电视新闻节目主持人多数从出镜报道做起，一步步成长为能够驾驭整个节目的主持人。新闻节目主持人和出镜记者作为独立个体出现在电视屏幕上，不仅为电视传播构建了更为人格化的人际界面，也以传播者独特的个人魅力和个性化特征被广大电视观众辨识，大大凸显了电视作为人的媒介特征和优势。主持人、出镜记者通过出镜报道的方式，及时对新闻事件做出反应，以真实可信的场景展示给观众，是电视媒体展示自身实力和水平的重要窗口，也是电视媒体同其他媒体竞争的重要武器。

　　20 世纪 70 年代末，我国电视历史上开始出现出镜报道，经过 40 多年的发展，出镜报道这种主持人、记者与观众交流的重要手段由于受到内外部因素的影响，报道形态不断变迁，已经从初创逐渐发展壮大并走向融合发展。在大量的实践中，出镜报道样态随时代而变，一代又一代出镜报道者深入生活、深入群众，继承创新，创作出了很多经典作品，塑造了有中国特色的创作风格，留下了宝贵的经验。著作对我国电视新闻出镜报道不同发展阶段的历史背景、技术水平和媒介环境等进行阐述，对不同阶段的电视新闻出镜报道的发展特征、具有代表性的电视新闻播音员主持人的创作风格、观众的审美心理以及不同阶段的审美风貌等进行细致地分析。

　　"电视新闻"主要是指"四级办电视"中省级及以上主流媒体的

电视新闻及其衍生的网络视频新闻。"出镜报道"指电视、新媒体新闻资讯节目中出镜记者、新闻节目主持人置身于新闻事件现场或相关场景之中,以记者的身份面对镜头综合运用有声语言和副语言所进行的传达信息、提问采访、分析评论的创作活动。

本研究以马克思主义新闻观、习近平新时代中国特色社会主义思想为指导,以不同时期我国电视新闻出镜报道活动为研究对象,综合运用文献研究法、深度访谈法、话语分析法等方法,以历史学、广播电视新闻学、传播学理论为重要参考,借鉴艺术学、美学、社会学等相关理论对不同历史时期的出镜报道进行系统深入研究。著作以发展为主线贯穿始终,对不同历史阶段的出镜报道活动要素进行分析,以点面结合的方式,选取了业界、学界普遍认同的典范作品及其代表人物的创作特征展开研究。总结历史经验,探究我国电视新闻出镜报道发展的内外因,揭示其发展的规律。对我国电视新闻出镜报道发展史的研究,具有重要的理论意义和实践意义。从实践层面来看,"以史为鉴可以知兴衰",历史的梳理、总结中有值得借鉴和传承的内容,这些经验对于现实媒介的新闻从业者有着重要的指导意义。对我国电视新闻出镜报道发展史的研究,能够指导实践,帮助电视新闻主持人、出镜记者提升涵养,以期为未来我国新闻报道的改革、发展和创新以及电视新闻播音员主持人的培养指明方向。从理论层面来看,论文通过对该领域的研究,以期为中国播音史理论添砖加瓦,建立我国电视新闻出镜报道发展历史的资料库,形成一定的研究成果。

全文分为六章,以我国电视新闻出镜报道活动为研究对象,以发展为主线,分为绪论、主体部分和结论。

第一章绪论为先导,主要对选题的研究缘起(研究背景、研究内容、研究意义)、文献综述、基本概念界定、研究框架与方法以及研究难点与创新点进行详细地阐述,明确研究对象和问题,详细梳理我国电视新闻出镜报道领域的文献资料,为之后的论述作铺垫。

第二章为开创发展时期(1978—1992年)。第一节为"自己走路"的电视新闻出镜报道。从新闻在电视传播中主体地位的确立,电视新闻出镜报道宣传观念的调整，电视新闻出镜报道方式的革新三个方面论述。第二节为电视新闻出镜报道的创作分析。结合代表性节目及作品对这一历史阶段的出镜报道特点及风格进行详细论述，然后从宏观视角总结、评价这一历史阶段我国电视新闻出镜报道的发展。

第三章为快速成长时期（1993—2002 年）。第一节为电视新闻出镜报道的变革。从新闻类节目突破性变化，电视新闻传播观念的变化，重大事件出镜报道进入全新阶段三个方面论述，分析这一历史时期电视新闻出镜报道的特征。第二节对电视新闻出镜报道的创作进行分析，结合这一历史时期的代表作品，分析其出镜报道创作特征。最后在本章小结中概括、评价该历史时期的阶段性特征。

第四章深化与创新发展时期（2003—2011 年）。第一节从新闻频道专业化、地方电视台民生新闻的崛起、重大突发直播报道增多三个方面分析这一历史时期电视新闻出镜报道的特征。第二节重点分析深化与创新历史时期电视新闻出镜报道代表作品的创作风格特征。最后在本章小结中概括、评价该历史时期的阶段性特征。

第五章新时代发展时期（2012 年—）。第一节从新闻来源多元开放、报道形式丰富多样、传播受众高度参与三个方面分析这一历史时期电视新闻出镜报道的总体特征。第二节结合代表作品分析新时代发展时期的出镜报道创作特征。最后在本章小结中概括、评价该历史时期的阶段性特征。

第六章我国电视新闻出镜报道发展规律。从内在需求和外在要求两个视角探讨影响我国电视新闻出镜报道发展的原因。用马克思主义唯物辩证发展观剖析我国电视新闻出镜报道发展的问题与趋势。

在结尾处概括研究结论及研究不足。

研究发现我国电视新闻出镜报道作为人类改造客观世界、改造社会的物质生产的实践活动，其发展历程受到内外部条件的综合影响。从内在要求视角来看，电视新闻出镜报道在播音主持实践中越来越重视真诚关注观众的精神世界，把新闻中人当作个独立而平等的个体，构建真正意义上的对话和交流，回归人际性的本质。随着出镜报道的深入发展，人们对世界认知水平的提高和传播技术运用日益娴熟，媒介真实将不断逼近客观真实，主观与客观走向统一。从外在要求视角来看，我国电视新闻出镜报道这一播音主持实践活动受到政治经济发展、媒介技术发展、文化需求变迁等多个方面、多个维度的制约。政治经济把握着出镜报道的主导力，媒介技术则是出镜报道形态变迁的重要推动力，文化影响着出镜报道者的表达语态，三种力量共同协同和博弈，影响着我国电视新闻出镜报道发展的格局。

回顾我国电视新闻出镜报道发展的整个历程，总体趋势处于一种"否定之否定"的螺旋上升状态，整体态势是不断进步的。我国电视新闻出镜报道发展的曲折性与客观的时代背景、政策环境、媒介技术的发展状况以及创作主体的思想观念认识密切相关。我国电视新闻出镜报道不能脱离时代的发展而存在，社会的发展状况制约着我国电视新闻出镜报道的发展，在我国电视新闻出镜报道发展初期，由于受到客观技术条件和主观思想观念的制约双重制约，当时的出镜报道远未达到成熟状态，存在认识不清的问题。随着实践的深入发展，我国电视新闻出镜报道总体发展方向是前进的，呈现出静态播报向动态报道转变，宏大叙事向日常生活叙事转变，单一话语样式向"复合型"语言表达转变，直播连线常态化、创作渠道融合化、创作手段多样化、创作队伍专业化等发展趋势。

纵观我国电视新闻出镜报道发展历程，可以看到其发展呈现出变与不变的有机统一。出镜报道生成的外部条件在不断变化，内部要素在不断优化，从这个意义上说，它正在"变"。尽管外部条件和内部因素都在不同程度地发生变化，但出镜报道创作矛盾运动的基本性质并没有改变。从这一点来看，它是"不变"的。未来电视新闻的出镜报道者应主动适应变化的条件，科学把握矛盾的本质和基本规律，优化各制度、要素和机制，使"变"与"不变"有机统一。

目　录

第一章　绪论

第一节　研究缘起

一　研究背景

在电视发展的历史上，第一个活动的图像是一只手，发明者无意之中伸出的一只手，模模糊糊地映现在屏幕上，就是这只手联通了视觉和听觉两个通道的大门，使大众传播的发展出现了人际性复归。电视丰富的视听元素，把人际传播（Interpersonal Communication）中的情感沟通、信息交流、身份认同等特色，融入大众传播之中，同时也把视觉审美和听觉审美提高到一个新的层面。电视运用拟人际状态"直接交谈"的方式与观众沟通，通过各种视听技术，实现了屏幕内外的信息共享、情感交流。电视传播方式不仅可以使身处现场的观众获得真实的视听体验，还可以让现场之外的观众通过电视机屏幕获得"在场"的心理感受，产生参与互动的愿望。电视新闻出镜报道最大的特点在于，它能将电视拟人际传播的特点淋漓尽致展现出来。传统的播音员主持人通过镜头面向观众说话，文稿多由编辑提供，属于"二度创作"。出镜报道者需要在新闻现场"书写"，用一度创作的方式直接面向观众交流，不仅为电视传播构建了更为人格化的人际界面，也让传播者独特的个人魅力和个性化特征被广大电视观众辨识，大大凸显了电视作为人的媒介特征和优势。主持人、记者通过出镜报道的方式，能够及时对新闻事件做出反应，以真实可信的场景展示给观众，是电视媒体展示自身实力和水平的重要方式，也是电视媒体同其他媒体竞争的重要武器。

随着融媒体社会的到来，传播渠道、传播场景日趋多元，传统电视新闻节目形态在变化中求创新，新闻节目主持人面临着前所未有的机遇和挑战。在信息碎片化的时代，被互联网赋权的观众主体地位进一步得到提升。信息化社会中，观众更需要"有思想的新闻、有价值的观点，新闻节目越来越追求精致的内容和深度的评论"①。新闻节目的播音员主持人不再是传统意义上的新闻"播音员"，而应当是集合采编播综合业务素养的记者型主持人。这类新闻节目主持人除了在演播室完成播报之外，还应走进新闻现场，了解新闻事件，对整个新闻报道的内容及串联起到主导作用。在电视新闻节目的生产过程中，记者型主持人对新闻事实的把握、新闻价值的判断以及新闻话语的表达起关键作用，直接影响到电视新闻节目个性化特征，而这种个性化特征是影响电视新闻节目传播效果的重要因素。

20世纪70年代末，我国电视历史上开始出现出镜报道，经过40多年的发展，出镜报道作为主持人、记者与观众交流的重要手段，受多重因素的影响，其报道形态不断变迁，已经从初创逐渐发展壮大并走向融合发展。对我国电视新闻出镜报道发展历程的研究，以期为未来我国新闻报道的改革、发展和创新以及电视新闻播音员主持人的培养指明方向。

二　研究内容

本书主要研究中国大陆，暂不涉及港澳台地区。"电视新闻"主要是指"四级办电视"中省级及以上的主流媒体的电视新闻及其衍生的网络视频新闻。"出镜报道"指中国播音学范畴下的电视、新媒体

---

① 邱一江：《融媒时代的播音主持艺术研究》，暨南大学出版社2014年版，第163页。

新闻资讯节目中出镜记者、新闻节目主持人置身于新闻事件现场或相关场景之中，以记者的身份面对镜头综合运用有声语言和副语言所进行的传达信息、提问采访、分析评论的创作活动。"历史研究"指不同历史时期电视新闻出镜报道的发展阶段。从1978年我国改革开放电视新闻出镜报道开始出现，到2020年我国全面建成小康社会建成之时，各个历史阶段出镜报道的特点、创作表达规律，都在研究的范畴内。

历史研究的目的在于对过去或即将过去的史实的研究，更好地实现当前及未来的发展。历史研究的任务，不仅是要理清过去，还要实现"过去"与"现在或未来"的对话，更好地推动当前及未来事业的发展。对于电视新闻出镜报道发展历程的研究也不外乎如此。循着研究目的和任务，研究所着眼的问题主要如下：

1. 我国电视新闻出镜报道划分为哪几个历史阶段？其划分依据是什么？

2. 我国电视新闻出镜报道发展的阶段性风格特征和基本规律是什么？

3. 我国电视新闻出镜报道未来的发展走向何方？

本研究将以上述问题作为索引，探讨我国电视新闻出镜报道在特定的文化、历史背景下的发展脉络和规律。我国的出镜报道创作实践极具中国特色，"要按照立足中国、借鉴外国，挖掘历史、把握当代，关怀人类、面向未来的思路，着力构建中国特色哲学科学，在指导思想、学科体系、学术体系、话语体系等方面充分体现中国特色、中国风格、中国气派"①，为探寻具有中国气质的电视新闻出镜报道之发展路径提供思路。

全书分为六章。其中第一章绪论为先导，主要对选题的研究缘起、研究内容、研究意义、文献综述、基本概念界定、研究框架与方法以及研究难点与创新点进行详细地阐述，明确研究对象和问题，详细梳理我国电视新闻出镜报道领域的文献资料，为之后的论述做铺垫；第二、三、四、五章是主体部分，结合政治、经济、文化、技术等要素，

---

① 习近平：《在哲学社会科学工作座谈会上的讲话》，《人民日报》2016年5月19日第2版。

纵观我国电视新闻出镜报道的变化，将其发展的历程划分为四个阶段，每章对不同历史时期的电视新闻出镜报道发展概况、创作特征等进行了系统论述；第六章揭示我国电视新闻出镜报道发展的规律，结尾处概括研究结论及研究不足。

三 研究意义

（一）理论意义

出镜报道是电视新闻的常见表现形式，也是电视新闻播音主持的重要实践活动。从事出镜报道的报道者既可以是电视新闻节目主持人也可以是出镜记者。在《中国播音学》中，出镜报道属于电视新闻播音主持的研究范畴。电视新闻节目主持人多数从出镜报道做起，一步步成长为能够驾驭整个节目的主持人。20世纪70年代末，中国电视历史上第一次出现出镜报道，当时出镜报道形式被认为是主持人与观众交流的新颖传播手段。经过40多年的发展，我国电视新闻出镜报道已经从开创逐渐发展壮大。从历史角度发现、厘清并理解了不同时期出镜报道创作活动的变化特征，能够把握该领域的发展演进的本质规律。我国电视新闻出镜报道者在一次又一次的播音主持实践中积累了丰富的经验。在中国播音史和新闻传播史的范畴中，出镜报道发展历史始终占据着不容忽视的一席之地。在播音主持实践中，出镜报道随时代而变，报道者们深入生活、深入群众，不断挖掘创新，创作出了很多经典作品，并不断树立起有中国特色的创作风格，留下了宝贵的创作经验，需要我们的研究和整理。但遗憾的是，无论是国内学界还是国外学界，针对电视新闻出镜报道发展历程的系统研究却始终屈指可数，甚至是一个时常受到忽视的领域。我国电视新闻出镜报道发展历程的研究，是国家社科基金重大项目"百年中国播音史"的研究内容通过对该领域的研究，以期为中国播音史理论添砖加瓦，建立我国电视新闻出镜报道发展历史的资料库，形成一定的研究成果。

（二）实践意义

任何事物的发展都有其历史脉络，深入认识历史有助于把握事物的本质规律。对我国电视新闻出镜报道发展历程的梳理、总结、分析，可以澄清基本认识，帮助传媒工作者树立正确的事业观、创作观。通过对不同历史时期出镜报道者创作特色进行分析，对报道者的个人风格和不同时期节目整体的风格特点进行研究，从个性中寻找共性，从共性中彰显特色。

麦克卢汉认为"媒介即讯息"，新的媒介塑造新的传播形态。经过 40 多年的发展，媒介形态不断变迁，我国电视新闻出镜报道方式发生了深刻变革。融媒体背景下，传统媒体与新媒体的融合发展使新闻采编方式、传播渠道和产品形态都产生了深刻变化，传统的采、编、播各自为政的线性生产与管理模式变成了统一聚合的新业态。媒介融合带来媒介生态环境的深刻变革，传媒从业者的观念和思维必须随之转变和革新。面对纷繁复杂的信息，在信息碎片化社会中，电视新闻节目主持人究竟该何去何从？传统的电视新闻节目主持人、出镜记者主持、报道风格要与时俱进，适应时代发展的要求，迫切需要转变话语样态及风格。

我国电视新闻出镜报道在 40 多年的历程中取得了令人瞩目的成绩，一代又一代电视新闻工作者们筚路蓝缕，为后世留下了宝贵经验，也为我国电视事业的发展打下了坚实的基础。著作对我国电视新闻出镜报道发展历程的研究能够指导实践，帮助电视新闻节目主持人、出镜记者提升学科涵养。"以史为鉴可以知兴衰"，历史的梳理、总结中有值得借鉴和传承的内容，这些经验对于现实媒介的从业者有着重要的指导意义。

第二节　文献综述

对我国电视新闻出镜报道发展历程的研究，需要从几个方面进行跨学科的研究。根据本研究的主题内容，借助搜索和查阅纸质文献如中国传媒大学图书馆藏、国家图书馆馆藏文献，以及国内外电子数据库如中国知网、万方、维普、EBSCO、Springer、JSTOR 等数据库。目前获取的与研究相关的文献资料大致可以分为国内外两方面：我国电视新闻出镜报道本质属于播音主持实践活动，研究根植于中国播音学的理论框架，总结不同历史时期的出镜报道表达创作特征、规律，需要运用播音主持的创作规律、创作技巧等理论；出镜报道的发展历程研究根植于广播电视发展语境之中，要准确把握我国电视新闻出镜报道的发展分期，需要对广播电视历史发展相关文献做深入系统研究；目前国内外关于电视新闻出镜报道有若干直接相关的研究，对这些研究的梳理、归纳、总结有利于准确厘清本研究的核心基本概念；要深入总结我国电视新闻出镜报道发展的特殊演进规律，还要汲取历史学、新闻传播学、社会学、语言学等多个学科的理论养分，从而为研究打下坚实的理论基础。以上文献对于本研究都有着重要的参考价值和借鉴意义。

一　国内研究成果

（一）中国播音学相关文献

出镜报道是播音主持的重要形态。中国播音学是我国电视新闻出镜报道发展历程研究的理论基础和根源。1983 年，张颂在论文《播音浅谈》中提及播音的几个关系时，强调播音员学习口头报道（出镜报道早期的称谓）的重要性。他认为播音员应该学习和掌握口头报道的形式，发挥口头报道的作用，要学会采访和报道，学会准确地表达思想，学会主动描述现场和口头谈话①。在张颂看来，播音员掌握口头报道的技能有助于播音表达的提升，更是广播（电视）事业发展的必然要求②。鲁景超的《广播电视即兴口语表达》，总结了广播电视即兴口语表达的特点、创作原则、基本要求以及各类即兴口语表达的应用特征，对出镜报道语言表达规律的研究有着重要指导意义。罗莉在

---

① 张颂：《播音主持艺术论》，中国传媒大学出版社 2009 年版，第 162 页。
② 《中国广播电视年鉴》编辑委员会编：《中国广播电视年鉴　1986》，中国广播电视出版社 1987 年版，第 308 页。

《电视播音与主持》中，从播音主持语言规范、表达技巧等角度对电视新闻出镜报道的要求与把握作了细致论述，她认为出镜报道的主体既可以是播音员，也可以是记者，复合型人才是传媒事业发展的必然趋势。她主张应当重点提高报道者的即兴口语表达能力，并从播音主持内外部技巧如内在语、对象感、语气、重音、节奏等方面阐释出镜报道的实用技法①。张颂主编的《中国播音学》正式将出镜报道纳入中国播音学理论体系之中，将出镜报道作为电视新闻播音主持的重要表现形态加以阐释，系统论述了出镜报道的定义、特点等内容②。吴郁在《当代电视播音主持》中进一步提出出镜报道是主持人的重要职业能力，并详细阐释了主持人出镜报道的特点在于"名片效应"的影响力、个性化、人性化的表达以及深化主持人形象及能力③。中国传媒大学播音主持艺术学院集体编著的《广播节目播音主持》《电视节目播音主持》进一步深化了对出镜报道、现场报道的理论阐释，对出镜报道的类型、功能、准备与呈现、有声语言、其他元素等基本概念作了系统梳理④。以上文献是中国播音学理论与出镜报道领域直接相关的研究成果，为本研究奠定了坚实的理论基础。

出镜报道作为一种有声语言创作活动，本质上属于"无稿播音"。出镜报道的过程是报道者将话题内容变为有目的、有感情、有对象的有声语言作品的过程。研究我国电视新闻出镜报道发展历程，还应掌握中国播音学相关的重要理论文献。张颂所著的《中国播音学》《播音主持艺术论》《播音语言通论——危机与对策》《播音创作基础》，鲁景超所著《播音主持语言的文化功能》《广播电视即兴口语表达》，曾志华所著《中国电视节目主持人文化影响力研究》，李洪岩与柴璠所著《广播电视语言传播文化品位及审美趋势研究》，赵俐所著《播

---

① 罗莉：《实用播音教程（第4册）电视播音与主持》，北京广播学院出版社2002年版，第61—73页。

② 张颂：《中国播音学》，北京广播学院出版社2003年版，第569—571页。

③ 吴郁：《当代广播电视播音主持》，中国传媒大学出版社2008年版，第192—195页。

④ 中国传媒大学播音主持艺术学院编著：《电视节目播音主持》，中国传媒大学出版社2016年版，第85—93页。

音主持语言表达的个性化思考》等著作，为中国播音学理论建构打下了坚实基础，是开展我国电视新闻出镜报道发展历程研究的重要理论基石。

除了对出镜报道本体的研究之外，我国电视新闻出镜报道发展历程的研究应当在中国播音史的研究框架之内进行。学界在中国播音史研究方面已经积累了丰厚的研究基础，对这部分文献的梳理十分重要，有助于对我国电视新闻出镜报道发展历程的研究。国内关于中国播音史论的研究可以分为概论、史纲、简史、专题史等。姚喜双、袁伟所著《中国播音主持史纲》是国内第一本系统全面地阐释中国播音发展的历程，总结发展规律和经验的学术专著。该著作完整系统地提出了研究播音历史的方法论，从社会政治、语言、媒介技术三个维度的发展变迁综合衡量播音历史分期，为我国电视新闻出镜报道发展历史分期提供了理论依据。姚喜双所著《播音风格探》是中国播音学术史上首本系统研究播音风格的论著，系统研究了中国播音历史上代表人物的播音风格，对播音风格的基本含义、特征、体现、成因等作出了系统论述，该著作为分析我国电视新闻出镜报道不同历史时期代表人物的代表作品之风格特征提供了理论上的支撑。姚喜双所著《播音主持概论》从活动论、系统论等视角论述了播音主持的构成要素、创作方法和原则、分类等，从辩证唯物论的哲学高度总结了播音主持事业的发展规律，提出未来的播音主持，是变与不变各要素、系统、运行机制的统一，预测了未来播音主持发展的十大趋势。这些规律、趋势对于总结我国电视新闻出镜报道发展历程的发展规律具有十分重要的借鉴意义。姚喜双在论文《中国特色社会主义播音主持体系基本建立》中系统论述了播音主持发展的时期分段标准，提出从社会经济、政治发展、媒介技术、语言多个维度对历史进行划分，并创造性地提出中国特色播音主持体系的基本建立的论断，并指出我国播音主持发展中存在的基本矛盾，为新时代背景下研究我国电视新闻出镜报道发展历程指明了方向①。喻梅所著的

---

① 姚喜双：《中国特色社会主义播音主持体系基本建立》，《浙江工业大学学报》（社会科学版）2019 年第 18 期。

《新中国播音创作简史》，该著作为研究出镜报道创作，分析不同历史时期报道者的语言和风格提供了参考依据。

（二）电视新闻出镜报道相关文献

随着出镜报道实践的不断深入，对电视新闻出镜报道领域的研究呈现出专业化、系统化研究趋势。以下将从学术专著和学术论文两个方面展开论述：

从研究专著来看，学界对于电视新闻出镜报道的研究多集中在对出镜报道基本概念的阐释和实践操作技法的讲解，较少涉及出镜报道的历史。1997 年，叶子在《电视新闻学》中较早对现场报道（出镜报道）的概念释义、发展历程、传播优势作出简要论述，具有一定的借鉴意义。方东明在《电视新闻》中进一步对出镜报道参与方式总结为旁观式、声音参与式和出镜参与式，从言语行为和非言语行为两个角度分析了出镜报道者的语言特点及运用技巧。宋晓阳在《出镜记者现场报道指南》中首次以专著的形式系统研究出镜报道，对出镜报道的历史作了简要梳理，并对出镜报道的类型、报道法则、传播方式、有声语言技巧等诸多方面作出了系统阐释，具有较大的借鉴意义。张龙的《记者型主持人角色论》以央视《新闻调查》栏目为研究对象，探讨了主持人的社会角色，概述了电视新闻节目主持人的发展历史。高贵武所著《出镜报道与新闻主持》，该著作界定了出镜报道的概念，从传播学视角剖析出镜报道与新闻主持活动，将我国出镜报道的历程划分为"播音体、调查体、主持人体、记者体"① 四个阶段，对研究我国电视新闻出镜报道的发展历史具有一定的借鉴意义。崔林所著《电视新闻直播　现场的叙事》从叙事学视角探讨了直播类出镜报道相关流程的技巧与问题。张超（2017）的《出镜报道》一书对出镜报道、现场报道、出镜记者等概念做了辨析，从传播学、语言学等理论视角探索了出镜报道的传播规律，并且参阅了国外学界、业界的研究成果，插入众多国内外出镜报道案例，并对有争议的出镜报道业务问题进行了探讨，

---

① 　高贵武：《出镜报道与新闻主持》，中国传媒大学出版社 2012 年版，第 14 页。

对当今时代出镜报道的新发展有所涉及，兼具学理性和实践性。

除了出镜报道相关的学术著作外，围绕出镜报道的研究论文数量也不在少数。检索中国知网（CNKI）数据库后发现（检索时间为2019年3月24日），与出镜报道领域有关的研究文献达到3481篇。为了提高数据样本的权威性以及全面性，文本选择中国知网数据库的核心期刊和CSSCI（中文社会科学引文索引）以及博硕论文。检索后获得期刊文章822篇，博士论文和会议文章共199篇。完成初步筛查后发现，在所选数据样本中，去掉诸如非学术类无效数据后，最终获得有效期刊论文668篇，博硕论文161篇，文献数量总计为829篇。

我国出镜报道学术研究总体上呈现出波浪形逐年上升的趋势，学术研究大致经历了探索发展期—活跃发展期—快速发展期—平稳发展期四个阶段。在中国知网（CNKI）数据库平台上收录的关于出镜报道的论文要追溯到1983年。从80年代中期开始，学者批评电视新闻受广播、报纸、电影的影响明显，声音与画面"两张皮"以及未按照电视新闻规律采编电视新闻等问题。1983年，叶子在《遵循规律，发挥优势，办好电视新闻》一文中分析了我国电视新闻早期发展存在问题的主客观原因。作者提出要实现电视新闻内容与形式的统一，应当借鉴国外主持人出镜报道的模式，这种方式能够获得较强的感染力、亲切感、权威感。

1997—2002年是出镜报道学术研究的活跃期。从1997年开始，每年发文数量平均在10篇以上。1997年被称为中国电视直播元年，中央电视台在这一年做了包括日全食和彗星天象奇观、香港回归、黄河小浪底水利枢纽工程截流等在内的多场大型直播。这一时期的电视直播报道内容和形式不断丰富，由过去的单一纪录转向多样化、立体化。经历了大量的重大事件直播报道的历练，中国电视现场报道在技术、内容、人才等方面实现了快速发展。学术界也集中围绕热点直播出镜报道事件，探讨传播规律。1997年，施卫华在《电视现场报道的细节捕捉》一文中，阐释了出镜报道细节捕捉的意义和方法，值得深思。1998年的《黄河小浪底截流合龙现场直播的回顾与思考》《面对历史珍贵的瞬间——电视直播长江三峡大江截流报道的思考》《97 年电视现场直播：新形态 新挑战 新问题》等一批来自业界的新闻从业者开始从各个层面总结实践经验，这些文献将成为研究特定历史时期出镜报道的珍贵史料。

2003—2009 年，出镜报道学术研究进入快速发展时期。2003 年 5 月 1 日，中央电视台新闻频道的开播，为重大事件的直播提供了平台，也为迎接突发事件出镜报道做了充分地准备。出镜报道的形式越来越多地出现在了新闻报道中，从伊拉克战争到抗击非典再到汶川地震，出镜报道的形式从可预见性出镜报道拓展到突发事件报道中，直播选题涉及社会生活的方方面面，新闻直播节目朝着常规化、日常化方向发展。新闻实践的不断丰富，催生了出镜报道领域理论的发展。从 2003 年开始，每年发文数量平均在 30 篇以上，到 2009 年更是达到了历史最高值 73 篇。

2009 年后发文量虽然有所回落，但是总体呈平稳发展态势，10 年来共发文 510 篇，占总数的 61.5%。一定程度上表明，出镜报道研究进入高速且平稳发展期。

由于研究出镜报道的文献数量庞杂，若采用传统的文献阅读法，研究者不仅难以全面把握相关领域的关键性文献以及研究热点，还会陷入文献的海洋之中。而运用可视化计量分析软件 CiteSpace 对这些文献进行分析，用知识图谱的方式对出镜报道研究现状、热点、趋势等问题进行解读，从而为研究出镜报道提供预测性的经验参考，大大简化了文献检索流程，从而达到哲学、数学与视觉思维的统一。CiteSpace 是由学者陈超美研制一款基于共引分析理论和寻径网络算法的可视化软件，这款软件能够对特定领域文献（集合）进行计量分析，从而探寻出该研究领域演化的关键径及知识关系图谱，通过解读一系列可视化图谱能够形成对研究领域演化潜在动力机制的分析和发展前沿的探测[1]。

---

① 陈悦、陈超美、胡志刚、王贤文等：《引文空间分析原理与应用 CiteSpace 实用指南》，科学出版社 2014 年版，第 12 页。

　　将中国知网（CNKI）选取的有效数据导入 CiteSpace 后，对文献标签中各阈值进行适当调整，最终共形成 123 个节点，242 条连线，网络密度 0.0323，最终形成如下共现关系图谱：

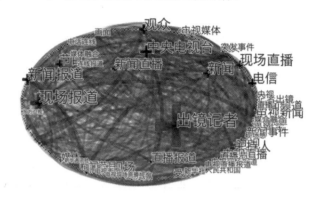

图 1 - 1　1983—2019 年出镜报道研究关键词共现图谱

　　论文关键词共现图谱中，节点的大小代表关键词出现的频率，节点越大，颜色越深，表示频次越多。节点从内到外，从冷调到暖调表示从早期到现在的生发时间。节点之间的连线则表示共现的强弱关系。图谱显示网络密度为 0.0323，这一数据表明出镜报道领域中不同节点之间具有较为紧密的关系[①]。将图谱中的关键词、主题词导入 Excel 表格中并进行整理，得出如下表格：

表 1 - 1　　1983—2019 年出镜报道研究高频及高中心性关键词表

序号	频次	中心性	首次出现年份	关键词
1	186	0.23	2001	出镜记者
2	101	0.14	1983	新闻报道
3	86	0.16	1994	新闻
4	74	0.16	1997	中央电视台
5	71	0.16	1994	观众
6	64	0.23	1997	主持人

---

　　① 陈悦、陈超美、胡志刚、王贤文等：《引文空间分析原理与应用 CiteSpace 实用指南》，科学出版社 2014 年版，第 75 页。

表格中关键词的中心性数值大小，代表着该关键词在整个共现网络中的能力强度，通常大于0.1的节点的中心性数值，代表该关键词在知识网络结构中的位置比较重要①。结合图和表，可以看出1983—2019年中，多视角分析该研究领域的热点主题，中心性高于0.1的关键词有：出镜记者、主持人、新闻、中央电视台、观众、新闻报道。根据高频及高中心性关键词以及共现关系图谱进行联系归纳，可以总结出1983—2019年学界对于出镜报道的关注有以下四个热点知识群：出镜报道主体研究、传播理念研究、媒介技术研究、受众（用户）研究。

1. 出镜报道主体研究

在图谱中"主持人""出镜记者"的节点大小可以看出，报道主体在出镜报道研究中是重要的内容。围绕报道主体的研究出现了"电视新闻节目主持人、角色期待、话语表达、主体意识"等关键词。通过研读相关的核心文献后发现，"出镜报道主体"的研究重点围绕以下两个方面：

一是出镜报道者的素养与能力研究。在电视新闻出镜报道中，出镜报道者（主持人、记者）的职业素养包括新闻素质、语言素质、合作意识、应对能力等多个方面。一名合格的出镜报道者既要具备播音员主持人的语言基本功，同时要具备新闻记者的采编能力。

二是出镜报道者的角色研究。以社会学的角色理论视角来看，出镜报道者以人格化的形象出现在大众传播当中，需要根据传播场景的变换，适时调整角色类型，实现角色转换，有效实现"角色期待"。优秀的出镜报道者能够将职业化的角色特征与自身的个性有机融合。

2. 传播理念研究

图谱中围绕"中央电视台"的聚类的关键词是"节目形态、电视意识、频道意识、品牌塑造、制片人"，这些关键词反映了我国电视新闻发展历程中传播观念的变化。从中国电视诞生之初发展至今，随着实践的深入，我国电视新闻出镜报道走过了从重视意识形态的"宣

---

① 顾理平、范海潮：《网络隐私问题十年研究的学术场域——基于CiteSpace可视化科学知识图谱分析（2008—2017）》，《新闻与传播研究》2008年第12期。

传品"到重视艺术传播价值的"作品"再到产业化、市场化的"产品"的阶段①。在探索中前行，从整体来看电视媒体从"节目"到"栏目"再到"频道"建设，在这一进程中逐步形成了一套成熟的电视传播理念②。为了增强传播力，电视媒体管理模式也经历了从"制作人"到"制片人"再到"策划人"的发展轨迹。在不断发展变化的媒介环境中，实践对电视新闻出镜报道提出新的要求、新的标准，相关领域的研究也随着传播观念的变化而调整。

3. 媒介技术研究

电视新闻出镜报道的发展离不开媒介技术的创新发展。每一次技术的更新，都会带来出镜报道传播形式的变化，随着媒介技术的发展，出镜报道从形式上越来越丰富和完善。图谱中围绕"电视直播"的聚类研究出现了一系列与媒介技术相关的关键词诸如"电子信息采集、3G 网络、电话连线、卫星直播车、手机电视台、移动直播、短视频、VR 视频"。这些关键词记录了电视新闻出镜报道发展的历史轨迹，不同历史阶段的研究围绕着不同媒介技术的出镜报道展开。最初的电视新闻出镜报道是在电子信息采集技术出现之后诞生的，由于这一技术实现了电视传播的声画同步，才有了出镜报道在现场的客观呈现，得益于 3G 网络、卫星直播等通信技术的发展，直播类出镜报道越来越常见，出镜报道逐步走向常态化。在媒体融合社会中，随着短视频、VR 技术等网络技术的推动，电视新闻出镜报道适应场景时代的传播特点，与新技术融合创新表现出了新的形态。

4. 受众（用户）研究

在图谱中围绕"观众"出现的关键词有"诉求、收视行为、移动人群、心理接受、受众、社情民意"等。电视新闻出镜报道的发展离不开传播客体的介入，话语的变化与传播客体的心理需求有着重要的关联。随着市场经济的发展以及传播技术的更新，传播客体的地位不断上升，

---

① 胡智锋、周建新：《从"宣传品""作品"到"产品"——中国电视 50 年节目创新的三个发展阶段》，《现代传播》（中国传媒大学学报）2008 年第 4 期。

② 刘习良：《中国电视史》，中国广播电视出版社 2007 年版，第 414 页。

对受众（用户）的研究也是出镜报道研究领域关注的重要研究点之一。尤其是随着以交互性为特征的互联网技术的不断发展，在融媒体背景下，传统意义上"你播我看"的电视传受模式已经受到新媒体的挑战，在技术的赋权之下，传统的受众拥有了更多的选择权和自主权转变为更具话语分量的"用户"。出镜报道的方式也要适时根据用户需求调整角色定位，从过去的提供信息者转变为关系建立者，出镜报道者要改变传统的话语表达样态，以更加平等的视角和语态，与用户建立信任关系。

（三）广播电视历史相关文献

研究我国电视新闻出镜报道发展历程，离不开对相关史料的收集。与当下针对我国电视新闻出镜报道发展历程缺乏系统性学术研究相对的，是关于中国电视新闻出镜报道的史料和文献是极大丰富的。大致来看，这些史料散见于如下几类文献中。官方资料汇编，如历年的《中国广播电视年鉴》《中央电视台年鉴》《优秀电视新闻稿选》《电视解说词选》《中国广播电视新闻奖佳作赏析》，这些历史资料文献中会涉及我国电视新闻出镜报道不同历史时期代表作品的案例，是研究所需要的重要史料。广播电视部组织编写的《中央电视台发展史》与《中国广播电视大事记》，这些历史资料完全记录了中国电视发展的脉络。相关领域学者的新闻史或广播电视史专著与编著，包括某些电视新闻的专门史。如方汉奇主编的《中国新闻事业通史》，赵玉明主编《中国广播电视通史》，郭镇之所著《中外广播电视史》，常江所著《中国电视史（1958—2008）》，陈昌凤著《中国新闻传播史：传媒社会学的视角》，岳淼著《中国电视新闻节目发展史研究》，这些系统研究中国广播电视史的著作具有重要的参考价值。还有散见于学术期刊的电视新闻出镜报道发展历程相关研究文章等。流行媒体和专业电视杂志刊登的行业报道、读者来信、评论文章，尤其是《当代电视》《中国电视》《电视研究》等在特定时期拥有广泛社会影响力的电视杂志上出现的各类资料性和观念性内容，以及不同时期的从业者、评论家、普通观众围绕电视新闻出镜报道所展开的讨论，这些文献对于研究有重要的补充作用。还有重要的当事人口述资料及回忆文章，如中华人民共和国广播电视编辑部编《当代中国广播电视回忆录》，孙玉胜所著《十年：从改变电视语态开始》，韩彪所著《现场直播：新闻改革标尺》，中央电视台机关党委编《我们也是战士：2008 重大事件报道中的央视人》，赵化勇主编《与你同行　央视 50 位主持人献给建台 50 周年的心语》，敬一丹的《99 个问号》，鲁景超主编的《真话实说　名主持人访谈录》，叶子主编的《中国电视名记者谈采访》，徐泓编著《不要因为走得太远而忘记为什么出发——陈虻，我们听你讲》，以及散见于各类专业期刊于报纸上的电视新闻出镜报道者访谈与回忆文章。其他现代历史著作、文集与文献汇编与电视新闻出镜报道有关的内容，如《中华人民共和国史》《剑桥中华人民共和国史》等。借助互联网获得的早期代表性电视新闻出镜报道视频资料。上述文献内容繁多、类目庞杂、来源广泛、信度不一，但它们对于全面理解、深刻阐释我国电视新闻出镜报道发展变迁的规律而言，都是不可或缺的。

二　国外研究成果

早期的中国电视新闻出镜报道实践受到国外媒体业的启发，国外对于该领域的研究具有一定的借鉴意义。电视新闻出镜报道开始于美国。20 世纪 50 年代，美国电视业开始蓬勃发展。1950 年 12 月，美国广播制片人弗雷德·弗兰德里（Fred Friendly）开创了一档全新的广播新闻节目《现在请听》（Hear It Now），由播音员默罗（Edward R. Murrow）主持，这档新闻节目将真实的新闻事件与现场报道结合。在这档广播新闻节目播出半年后，弗兰德里、默罗等创作团队将现场报道的新闻制作手法运用到电视新闻中，从而创办了 CBS 知名电视新闻节目《现在请看》（See It Now），这档节目在电视新闻界建立了全新的标准特征，节目中大量运用无脚本纪实现场出镜报道，充分发挥电视的视听优势，被誉为"出镜报道的鼻祖"①。

---

① Charles L. Ponce, *That's the way it is：A history of television news in America*, University of Chicago Press, 2015：38 – 41.

由于中西方传媒制度以及语言文化的差异，在西方国家面对镜头或话筒报道是作为电视记者、主持人必备的基本能力素养，在英文中尚无与中文出镜报道的对应词汇。目前国外关于电视新闻出镜报道的研究分为实践和理论两类研究方向。国外有关本国出镜报道发展历史的研究散见于一些研究成果中，而对我国电视新闻出镜报道的认识和关注尚处于空白阶段，国外并没有形成出镜报道的系统研究。从实践研究成果来看，这类研究着重从操作层面剖析出镜报道技法。如美国学者鲍勃·阿亚（Bob Arya）的《直播前30秒》（Thirty Seconds to Air），作者是一位在电视新闻出镜报道领域多次获奖、经验丰富的主持人，该著作从出镜报道的心理调节到播音技巧再到技术准备，细致介绍了出镜报道的实践技能，具有较强的实践价值。同样根植于实践的研究还有来自美国学者里尔顿·弗林（Nancy Reardon）《镜头前：如何报道、主持、采访》（On Camera. How to Report, Anchor & Interview），作者结合几十年的美国国家媒体工作经验，细致介绍了不同新闻类型的出镜报道实战技巧，如背景墙、图表等视觉化工具在出镜报道中的运用技巧等，具有较强的实践指导价值，对于研究我国电视新闻出镜报道有一定的借鉴意义。还有美国学者弗雷德·舒克（Fred Shook），约翰·拉森（John Larson）所著的《电视现场制作与报道》（Television Field Production and Reporting），对出镜报道讲故事的技巧及现场直播的注意事项。

从理论研究层面来看，国外学者多从社会学、传播学视角分析出镜报道活动。法国学者丹尼尔·戴扬（D. Dayan）《媒介事件：历史的现场直播》（The live broadcasting of history）从仪式人类学的研究视角关注"媒介事件"，他认为在媒介事件的直播报道中，观众能够获得身临其境的感觉，并由此会产生社会认同感、民族自豪感。媒介事件中的播出通常是在崇敬和礼仪的氛围中完成，出镜报道者以尊敬、敬畏的态度向观众传达信息。美国学者盖伊·塔奇曼（Gaye Tuchman）的《做新闻》（Making News），以"框架"为焦点，展示了日常发生的事情如何变成了具有现实时空的报道，并从框架理论和知识社会学角度分别说明新闻建构现实从而又认同并限制现实的必然性①。该论著将电视新闻出镜报道作为一种社会实践活动,具体从新闻的真实性、社会角色、建构叙事等方面,剖析了出镜报道活动的社会文化建构意义,具有重要的借鉴意义。

三 总结与研究不足

从研究整体现状来看,我国电视新闻出镜报道发展历程研究,就研究领域与主题分布而言,主要集中在出镜报道主体的研究,多数研究从微观视角聚焦具体新闻事件报道研究,且现有广播电视历史研究多数未涉及社会主义新时代时期。学者们对不同时期的出镜报道研究,虽然切入点不少,但是研究分布零散,存在不充分、不平衡的情况:共时性研究多,历时性研究少;电视研究多,融媒体研究少;对某一类节目或新闻事件研究多,结合社会大环境研究少;实践经验总结多,学理创新少;新闻传播领域研究多,中国播音学及交叉学科研究少。

从研究前沿趋势来看,我国电视新闻出镜报道从 2012 年开始朝向融媒体方向拓展,网络直播、移动直播以及 VR 视频等方面的研究增多,这既反映了融媒体背景下传统媒体转型的需求,也反映了出镜报道研究与实践紧密相连。但是,学术界对我国电视新闻出镜报道发展历程研究还处于探索阶段,并没有形成成熟的理论体系。

第三节 基本概念界定

人类在认知过程中,借助思维活动对所感知的事物的共同本质特征加以抽象概括形成的认知单位就是概念。界定概念是为了明确认知对象的内涵与外延,从而达到运用概念的人对事物的理解与最初被界定时的理解相同的目的。然而,当概念被频繁使用时,每个人对同一

---

① [美]盖伊·塔奇曼:《做新闻》,麻争旗、刘笑盈、徐扬译,华夏出版社 2008 年版,第 6 页。

事物的概念的理解有所不同。在对电视新闻出镜报道发展历程这一论题进行探讨时，首先便要对与论题相关的基本概念界定。唯有如此，才能在明确之范围内展开论述，进而得出有一定价值的结论。

一　电视新闻概念界定

关于电视新闻的定义，学界、业界尚无定论。随着媒体实践的发展，人们对电视新闻的概念的认识也在不断深入。1990 年 7 月，由中国广播电视学会电视学研究委员会和中央电视台研究室共同组织的电视新闻理论专家，结合电视新闻发展实践以及电视传播特征，对电视新闻定义如下："电视新闻是以现代电子技术为传播手段，以声音、画面为传播符号，对新近或正在发生的事实的报道。"[1] 这一定义从传播载体、传播符号以及传播内容三个方面阐释了电视新闻的内涵，在相当长时间内被广泛使用。然而，随着媒介技术的变迁，媒介格局正发生深刻变化。网络媒体也兼具"现代电子技术""以声音、画面为传播符号"等媒介属性，原有的定义无法阐明电视新闻独有的内涵与外延。据此，笔者采纳学者曾祥敏对电视新闻的定义"电视新闻是电视媒介传播者以现代电子技术为传播手段，以声音、画面为传播符号，以大众传播信息为目的，对新近或正在发生、发现的事实的报道"[2]。在原有的定义基础之上曾祥敏增加了传播主体与传播目的，这一定义准确切中了电视新闻的脉搏。

从电视新闻的定义来看，至少可以从三个层面来理解其本质：

第一，电视新闻是一种声画一体的信息传播形态。将电视新闻置于人类传播的历史长河之中，与报纸、杂志、广播等媒介相比，电视新闻的特点在于利用画面与声音还原物质现实。从人类早期的口语传播到诉诸视觉的纸媒时代的文字传播，再到诉诸听觉的广播时代的声

---

① 朱羽君、王纪言、钟大年主编：《中国应用电视学》，北京师范大学出版社 1993 年版，第 152 页。

② 曾祥敏：《电视新闻学》，中国传媒大学出版社 2012 年版，第 5 页。

音传播，人类一直在探索能够跨越时空和有效传达信息媒介方式，然而遗憾的是这些媒介因其自身特殊属性，在信息传播过程中总有缺憾。人类经过漫长时间的积累和摸索，终于找到一种能集纳语言符号和非语言符号，在信息传递中既保持自由度又兼顾保真度的媒介——电视。电视作为声画一体的信息传播形态不仅能跨越时空的束缚，同时亦能运用多种符号弥补传播过程中的信息损耗，因其强大的传播能力成为人类传播的"第三高峰"①。

第二，电视新闻是新近发生或正在发生、发现的事实的报道。电视新闻的重要特征在于其以事实为基础的信息报道和传播，这与虚构类的电视节目体裁类型如电视艺术、电视剧等有所不同。电视新闻的真实体现在"形象的事实、交流的真实、动态的真实、过程的真实、同步的真实"②。从哲学认识论角度来看，事实是电视新闻的根基，电视新闻利用现代电子信息手段对事实进行深入分析、报道，从而达到努力接近事实真相的目的。

第三，电视新闻是信息的大众传播。电视新闻是具有"中心化"特点的大众传播，这也就意味着其不同于面对面的人际传播、群体传播、组织传播。大众传播是由职业传播者或组织依托电子化媒介，迅速、广泛实现信息传播的活动，其社会责任和主流价值蕴含其中。

依据信息的组合方式与整体呈现形态的异同，电视新闻分为不同的类型。从狭义角度看，电视新闻是指以资讯信息为主的、简短的动态报道即为消息类电视新闻。从广义角度看，电视新闻是指一切事实信息基础上的以电视为传播媒介的信息表达形式。按照信息容量及信息所表现的主客观程度，参照传统新闻学的标准可以把电视新闻节目分类为消息类电视新闻节目、专题类电视新闻节目、评论类电视新闻节目。消息类电视新闻节目强调信息简短、追求动态；专题类电视新闻则是在消息基础上通过介绍新闻背景资料，分析与解释新闻现象，进一步挖掘新闻事件深度；评论类新闻节目则是在客观陈述新闻事实

---

① 崔林：《媒介史》，中国传媒大学出版社 2017 年版，第 11 页。
② 曾祥敏：《电视新闻学》，中国传媒大学出版社 2012 年版，第 3 页。

的基础上加入传播者的主观判断、分析与评价。若以"形态"为分类维度，我国电视新闻节目可分为五个大类，即综合新闻消息节目（全国综合新闻、地区综合新闻）、分类新闻消息节目（财经、娱乐、体育、法制、农业、军事等新闻节目）、新闻专题类节目（新闻杂志节目、新闻专题节目）、新闻谈话节目（新闻访谈节目、新闻评论节目）和大型新闻节目（大型新闻事件节目、大型新闻活动节目)①。国外电视媒体对电视新闻的分类则是依据传播者对事实报道的深入程度将电视新闻划分为消息、新闻杂志、新闻访谈（讨论、辩论、谈话）、深度报道、新闻纪录片等几大类。本文将以中国国情为主，吸收国外媒体的经验，从形态与体裁的维度把电视新闻分为消息类新闻报道、深度新闻报道（包括组合报道、连续报道、系列报道、电视新闻专题、调查性报道）、电视新闻访谈、电视新闻评论等几大类。

二 出镜报道概念界定

所谓"出镜报道"从字面意思来看，即报道者面对镜头所进行的报道，属于电视新闻播音主持的研究范畴。所谓"出镜"，即出现在镜头之中，是指观众在收看新闻时能够从屏幕中看到报道者的形象，用以区分隐藏在镜头后的报道形态。在已有的相关研究中，关于出镜报道的定义尚无统一定论，其中学者高贵武提出的定义颇具代表性，他将出镜报道定义为"凡报道者以个人身份出现在常规演播室之外，面对镜头所做的报道即为出镜报道"②。这一定义试图从报道主体、报道范畴、报道环境三个维度来剖析出镜报道，然而定义中并未明确三个维度的具体内容，稍显笼统。"报道者"即出镜报道的主体，不仅限于新闻记者，而是可以囊括以记者身份出现的播音员、主持人等的报道者，报道的范畴不仅止于常规的播报及提问采访，还包括现场信

---

① 张海潮：《中国电视节目分类体系》，中国传媒出版社 2007 年版，第 98 页。
② 高贵武、张紫赟、张瑾：《中国电视新闻出镜报道的样态及其演变》，《新闻记者》2012年第 2 期。

息传达、背景介绍及与新闻事实相关的分析与评论等报道活动，报道环境是"常规演播室之外"，也意味着出镜报道可以是新闻事件直接相关的现场，也可以在新闻现场之外而与新闻事件有关的场景，甚至可以是演播室。综上所言，出镜报道是报道者置身于新闻事件现场或相关场景之中，以记者的身份面对镜头综合运用有声语言和副语言所进行的传达信息、提问采访、分析评论的创作活动。从中国播音学理论视角来看，出镜报道本质上是一种"简单的节目主持"①，多数情况下出镜报道是一种无稿播音。

由出镜报道的定义延展开来，我们可以将其基本特征概括如下：

（一）以新闻现场或相关场景为报道环境

出镜报道的报道环境可以是新闻事件直接相关的现场，也可以是与新闻相关的所有场景。新闻必定发生在特定的时空场景之中，这个特定时空场景即是新闻现场。现场不仅指涉空间维度（事件发生所在地理空间），也具有时间维度（事件发生前、事件发生时、事件发生后）。在新闻事件中，新闻现场往往贯穿始终，跟随事件发展而不断变化。如火灾、车祸等事故现场：火灾、车祸等发生的特定场景是第一现场。这个现场因包含着因果联系而在新闻报道中显得极为重要。随着新闻事件的发展，由火灾、车祸等事故引发的其他事件，则构成了与事件相关的其他现场。如火灾、车祸等事故中的伤者如果被送到医院，那么医院即为新闻报道的第二现场，这个现场反映了事件进程中的片段。新闻现场能够提供丰富的"场信息"，是出镜报道的必要条件。如果没有了与新闻事件相关的具体时空场景，也就失去了出镜报道的意义。从这个角度来看，相比于综述类的非事件性新闻报道而言，事件性新闻报道因时空场景具体明确，更容易发挥出镜报道的优势，也更适合采用出镜报道的方式。

（二）报道者必须"出镜"

不同于文字、摄影、广播等报道形态，出镜报道者面对镜头，将

---

① 张颂：《中国播音学》，中国传媒大学出版社 2003 年版，第 567 页。

采访、报道、评论等过程展示给观众。报道者在电视传播中的露面，在提升媒介的传播效果方面具有天然的优势。一方面通过报道者的视听语言展现时空和叙事结构的真实，增强电视新闻的可信度和权威性；另一方面，报道者以人格化形象与观众交流，从而使作为大众传播的电视具有了鲜明的人际传播特征，增强了新闻的亲近感。镜头仿佛是"观众的眼睛"，出镜报道者通过与镜头互动间接与观众互动。这种明确的"对象感"能够影响出镜报道者的话语方式，使传受双方的交流感、互动感更为鲜明，也更容易为受众所接受。

（三）以有声语言和副语言进行新闻报道

综合运用各种视听元素，是出镜报道与其他新闻报道相区分的重要特征。出镜报道者以有声语言作为传递信息的重要方式。无论是报道者直接面对镜头进行的叙述、播报、评论，还是报道者在新闻现场与采访对象之间的采访提问，都需要通过有声语言的方式呈现。另外，出镜报道者面对镜头不仅要做到语言表达准确、清晰、流畅，也要注意充分运用副语言符号，如肢体语言、穿着打扮，必要时还要通过展示与新闻事实有关的器具等方式来补充、完善信息，增强信息传播的可视化程度，丰富报道手段，从而提升报道质量。

三 出镜记者与新闻节目主持人

出镜报道的主体可以是电视新闻记者也可以是以记者身份出现的播音员、主持人，出镜记者是电视新闻事业发展过程中行业分工进一步细化的产物。依据中国播音学理论的论述出镜记者是"介于记者与播音员之间的报道员"[①]。

出镜记者这一传播角色来源于国外，由于传媒制度的差异，在具体称谓上国外并没有对应的词汇。在国外出镜报道是主持人、电视记者的基本素质，没有专有词汇对其表述。在国内，并非所有的播音员

---

① 张颂：《中国播音学》，中国传媒大学出版社 2003 年版，第 566 页。

主持人、记者都具备出镜的资格和素养，其职能与分工具有特定规则。关于出镜记者的代表性定义有：20世纪90年代末学者给出的"出镜记者是在电视采访中出现在镜头里的记者或主持人"①。这一定义强调了出镜记者的电视采访这一核心职能。而随着实践的发展，出镜记者的话语权不断提升，其职能从采访拓展到评论。"出镜记者是指在新闻现场，在镜头中从事信息传达、人物采访、事件评论的电视记者和新闻节目主持人（新闻主播）的总称。"② 这一定义全面、准确地概括了出镜记者的职责，但缺点在于这一定义将出镜记者的传播媒介限定于电视媒体，将报道场景限定于新闻现场，更多是指基于电视新闻现场报道的出镜记者，从而缩小了出镜记者在新闻实践中的实际范围。"在镜头前以记者身份进行新闻采访报道、事件评析的新闻工作者。"③ 这一定义相对全面概括了出镜记者的内涵特征，然而过于笼统。综上所述，结合已有研究成果和新闻实践的发展，出镜记者定义可以归纳为：在镜头中以报道新闻事件为目的，以个体身份出现，综合运用有声语言和非语言符号，从事信息传达、人物采访、事件评论等信息传播活动的记者、主持人等人格化传播者。这一定义明确了出镜记者的新闻属性、传播特征以及工作职能，基本客观反映了出镜记者的内涵特征。

关于节目主持人的定义，学者俞虹在比较了不同观点之后，吸纳各家所长，将其定义为："节目主持人是在广播电视中，以个体行为出现，代表着群体观念，用有声语言、形态来操作和把握节目进程，直接、平等地进行大众传播活动的人。"④ 节目主持人的定义与出镜记者相比可以得知，出镜记者与新闻节目主持人之间有着紧密的联系，只是身份角色不同。二者本质上都是大众传播媒介中的人格化表达主体，在创作依据上都以有声语言创作为主的"无稿播音"。在重大新

---

① 朱羽君、雷蔚真：《电视采访学》，中国人民大学出版社1999年版，第33页。
② 宋晓阳：《出镜记者现场报道指南》，中国广播电视出版社2008年版，第29页。
③ 张超：《出镜报道》，中国人民大学2017年版，第3页。
④ 俞虹：《节目主持人通论修订版》，中国广播电视出版社2004年版，第5页。

闻直播现场，常常能看到新闻节目主持人的身影。出镜记者在充分积累和历练后，其中的声形俱佳能力突出者能够走向新闻节目主持人，而优秀的新闻节目主持人大多数要经历出镜记者阶段的成长与磨炼。

四　出镜报道与现场报道、连线报道

出镜报道是电视媒介发展过程中探寻自身传播规律的产物，具有声画同步、视听合一兼具拟人际传播等特点。在电视新闻播音主持实践中，现场报道、连线报道均与出镜报道有紧密联系，辨析三者之间的关系，有助于我们正确理解这些电视新闻播音主持样式之间的关系。

（一）现场报道

对现场报道的定义，国内学者的观点主要有以下几种：

"现场报道是电视记者在新闻事件现场，面对摄像机（观众），以采访者、目击者和参与者身份做出图像的报道。"[1]

"现场报道是广播电台、电视台记者在新闻事件发生的现场直接向听众、观众作口头报道（也可以配置音响和画面）的报道形式。"[2]

通过以上定义我们可以得知，现场报道与其他电视新闻播音主持样式相比最大的不同在于：报道者必须在新闻现场进行报道，且传播媒介既可以是广播，也可以是电视。现场报道以强烈的现场感、真实感等优势成为媒介竞争的重要手段。

（二）连线报道

连线报道较有代表性的定义为："连线报道是通过电话、微波、光纤、卫星、网络等传输技术手段，在同一时间不同空间里，由新闻主持人与现场主持人或出镜记者或采访对象共同参与的对接报道。"[3]

连线报道按照媒介形态的不同，具有不同的连线报道形式。媒体实践中，报道者可通过电话语音、海事卫星、互联网、直播技术等进

---

① 叶子、赵淑萍：《电视采访：探寻事实真相》，北京师范大学出版社 2009 年版，第 209 页。
② 王斌、王佳平：《现场报道的即兴口语组织》，《中国广播电视学刊》2009 年第 3 期。
③ 杨刚毅：《关于电视新闻连线报道的理性思考》，《电视研究》2003 年第 3 期。

行音视频连线。连线报道由于具有实时传输的特点，出镜报道者与主持人处在实时交流的状态。

由前面论述可以得知，现场报道、连线报道都有出镜报道的形式，三者概念均有交叉融合。在现实实践中人们常因对三种概念界定不清，导致混用。出镜报道与现场报道既有联系又有区别，只有报道者出镜的现场报道才是出镜报道；出镜报道与连线报道内容也有交叉，只有报道者出镜的连线报道才是出镜报道；现场报道与连线报道亦有重叠，只有在新闻现场的连线报道才是现场报道①。

五　电视新闻出镜报道的类型

电视新闻出镜报道形态多样，按照媒介技术、电视节目类型、事件类型、表现形式、叙述方式等的不同，可以分为不同的类型。按照媒介技术划分，出镜报道可以分为全直播、半直播以及录播三种类型；按照电视节目类型划分，出镜报道可以分为消息资讯类节目中的出镜报道、新闻专题类节目中的出镜报道；按照新闻事件发生的时态的不同，出镜报道可以分为可预知性事件出镜报道、突发事件出镜报道和常规事件出镜报道；按照出镜报道的表现形式，又可以区分为独立汇报型、现场采访型和体验说明型；按照报道者出镜时的体态语来划分，可以分为静态报道和动态报道；出镜报道者的话语方式，可以将出镜报道大致划分为新闻导语式、事件陈述式、观点总结式、信息补充式和事件评析式。按照出镜报道的有声语言可以分为大众口语、精粹口语、即兴口语、个性口语。论文重点阐释从媒介技术和电视节目类型出镜报道的分类。

（一）按照制播方式划分

从制播方式角度区分，出镜报道可以分为全直播型、半直播型以及录播型出镜报道。

---

① 张超：《出镜报道》，中国人民大学出版社 2017 年版，第 50 页。

1. 全直播型出镜报道

全直播型出镜报道是指出镜报道者在直播传输技术条件下进行的实时出镜报道。报道者的整个呈现过程在全直播状态下进行，观众、报道者与事件发生同步。这种报道形态使用纪实性长镜头的方式，能够完整记录特定事件的某个连续的时间，为观众带来强烈的参与感、伴随感、沉浸感，同时也对报道者的语言表达能力、应变能力提出了较高的要求。全直播出镜报道要求报道者一气呵成，没有重来的机会。全直播型出镜报道并非对信息的原始呈现，其表现方式仍然可以体现编辑意图。编辑式的直播型出镜报道是指出镜报道者在直播状态中，声音实时直播，即时插入经过编辑的画面，以丰富视觉信息。无编辑式直播型出镜报道则是报道者在直播状态中声音、画面合一，未经任何非线性编辑。这类直播通常用在单机位固定景别拍摄的出镜报道中。这种直播形式视觉传播手段较为单一，通常应用于紧急状态下无法提前准备画面素材的情况。

2. 不完全直播型出镜报道

不完全直播型出镜报道是指出镜报道者整体处于直播状态中，因节目制作需要，在直播过程中穿插预先制作的录播内容。半直播型出镜报道其中穿插的录播内容被称为"新闻罐头"（Package）。半直播型出镜报道也是新闻实践中常见的报道类型。在车祸、火灾等突发事件的报道中，报道者到达新闻现场时，正在发生事实现场已经消失或撤离，只剩下地理意义上的现场，为了完整呈现事件过程，报道者可能会采用不完全直播型出镜报道，在直播过程中穿插提前编辑制作好的视频片段，从而弥补核心现场画面缺失的遗憾。不完全直播型出镜报道中"现场直播"往往成为了一种形式而存在。

3. 录播型出镜报道

录播型出镜报道是基于电子新闻采集（Electronic News Gathering，ENG）手段的发展，报道者使用便携式摄像机提前完成采录的报道形态。相比于直播状态的出镜报道而言，这类出镜报道可以多次录制、反复修改，以确保播出质量。有的录像型出镜报道可以直接取材于全直播型出镜报道，从而达到滚动播出、重复利用的目的。例如对某事件的报道，首次播出时可采用直播出镜报道，在后期的节目播出时，如事件没有新的进展，而为了保持事件热度，可以将直播出镜报道的内容从节目资料库中调用。

直播类出镜报道固然具有时效性、现场感等传播优势，但在出镜报道实践中因为受到频道运行机制、新闻制作成本以及节目质量和播出风险等因素的影响，相比直播类出镜报道而言，录播型出镜报道占有更大比例。

（1）频道运行机制的制约。我国电视新闻频道之中，完成实现全天候滚动直播的尚不多见。相比录播型出镜报道而言，直播型出镜报道的应用较少。直播型出镜报道要求新闻播出频道与新闻事件发生的时段处于同一时间，电视媒体常常会采用打断节目的预先编排，这会对电视广告的播出造成影响。除非是遇到重大突发事件，频道不会轻易打乱直播秩序。

（2）新闻制作成本的限制。随着直播技术的发展，直播成本虽然在不断降低，但是对于追求高质量画质和流畅度的电视新闻而言，直播型出镜报道仍然需要付出高昂的成本。对于电视台的日常运作而言，录播型出镜报道的采编成本低，机动性、灵活性强，成本更低廉。

（3）节目质量和播出安全的考量。高质量的直播出镜报道必然要求多个环节的协同配合，报道者、摄像师、直播技术人员、导播、制片人任何一个环节出现问题都会影响最终的播出质量。此外，直播实现了报道者与观众的同步，新闻事件的发展充满未知，由此增加了直播过程中的不确定因素。而录播型出镜报道因可以提前层层把关，可以有效规避播出风险。

（二）按照电视节目类型划分

出镜报道几乎可以覆盖电视新闻节目的所有类型。按照电视新闻节目类型，电视新闻出镜报道可以分为消息资讯类、专题类。论文研究以消息资讯类出镜报道为主，以专题类出镜报道为辅。

1. 消息资讯类节目中的出镜报道

消息资讯类节目具有简洁明快、迅速及时、现场感强、形式灵活、题材广泛等特点。由于消息资讯类节目多是事件类的反应新闻，最能凸显出电视媒介的现场感。出镜报道最常见在这类节目之中。为了强化视觉效果和现场感，消息资讯类节目往往大量使用同期声，同时会稳定地以出镜报道的形式出现。由于消息资讯类节目内容灵活，有利于出镜报道多种样态的呈现。受到消息类新闻的时长限制，新闻长度通常在 1 分钟到 4 分钟之间。这就要求出镜报道者在有限的时间内准确、清晰、及时、完整地呈现新闻事实。随着我国电视新闻报道水平的不断进步，这类出镜报道渐渐成为电视新闻报道的常态。

2. 新闻专题类节目中的出镜报道

电视新闻专题类节目是对某一个特定题材深入剖析和报道，可分为调查类、访谈类等不同类型。这类节目具有新闻性、题材重大、叙事统一严密、专题性、表现形式多样等特点。由于专题类节目体量大，叙事严密而复杂，对出镜报道者的专业水平和素养要求高。专题类节目中电视调查性报道目的在于揭露事实真相。为了获得第一手资料，提升新闻的准确度和可信度，这类节目的主持人与出镜报道者往往由同一个人担任，即所谓的记者型主持人。记者型主持人既是事实调查行为的人，也是栏目的形象和标志，不仅仅是节目的"脸面"，更是整个节目的"灵魂"。除了调查性报道外，电视新闻专题节目中的访谈节目也同样需要出镜报道者。这类报道往往关注时政热点问题、焦点人物，聚焦于具有重要意义的社会问题、社会现象。伴随着国内电视新闻事业的发展，一批优秀的出镜报道者在访谈类节目中崭露头角，如敏锐的柴静、知性的陈鲁豫，都凭借着扎实的语言表达能力及独特的人格魅力在出镜报道领域取得了较高的知名度，产生了较大的社会影响力。

第四节　研究框架与方法

一　研究框架

著作以我国电视新闻出镜报道活动为研究对象，以发展为主线，分为绪论、主体部分和结论。全书分为六章。

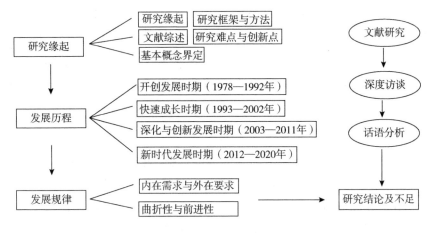

图 1-2 根据研究内容整理

第一章绪论为先导，主要对选题的研究缘起（研究背景、研究内容、研究意义）、文献综述、基本概念界定、研究框架与方法以及研究难点与创新点进行详细地阐述，明确研究对象和问题，详细梳理我国电视新闻出镜报道领域的文献资料，为之后的论述作铺垫。

第二、三、四、五章是主体部分。我国电视新闻出镜报道发展历程研究始终贯穿马克思主义新闻观，从政治经济、媒介技术、文化三个维度对其发展历程分期断代。政治经济把握着出镜报道的主导力，媒介技术则是出镜报道形态变迁的重要推动力，文化影响着出镜报道者的表达语态，三种力量共同协同和博弈，影响着我国电视新闻出镜报道发展的格局。第二章为开创发展时期（1978—1992 年）。第一节为"自己走路"的电视新闻出镜报道。从新闻在电视传播中主体地位的确立，电视新闻出镜报道宣传观念的调整，电视新闻出镜报道方式的革新三个方面论述。第二节为电视新闻出镜报道的创作分析。结合代表性节目及作品对这一历史阶段的出镜报道特点及风格进行详细论述，然后从宏观视角总结、评价这一历史阶段我国电视新闻出镜报道的发展。第三章为快速成长时期（1993—2002 年）。第一节为电视新闻出镜报道的变革。从新闻类节目突破性变化，电视新闻传播观念的变化，重大事件出镜报道进入全新阶段三个方面论述，分析这一历史时期电视新闻出镜报道的特征。第二节对电视新闻出镜报道的创作进行分析，结合这一历史时期的代表作品，分析其出镜报道创作特征。最后在本章小结中概括、评价该历史时期的阶段性特征。第四章深化与创新发展时期（2003—2011 年）。第一节从新闻频道专业化、地方电视台民生新闻的崛起、重大突发直播报道增多三个方面分析这一历史时期电视新闻出镜报道的特征。第二节重点分析深化与创新历史时期电视新闻出镜报道代表作品的创作风格特征。最后在本章小结中概括、评价该历史时期的阶段性特征。第五章新时代发展时期（2012年—）。第一节从新闻来源多元开放、报道形式丰富多样、传播受众高度参与三个方面分析这一历史时期电视新闻出镜报道的总体特征。第二节结合代表作品分析新时代时期的出镜报道创作特征。最后在本章小结中概括、评价该历史时期的阶段性特征。

第六章我国电视新闻出镜报道发展规律。从内在需求和外在要求两个视角探讨影响我国电视新闻出镜报道发展的原因。用马克思主义唯物辩证发展观剖析我国电视新闻出镜报道发展的问题与趋势。

在结尾处概括研究结论及研究不足。

二　研究方法

（一）文献研究法

文献包括一切记录知识的载体。文献研究法是根据一定的研究目的或课题需要通过检索、查阅文献来获得相关资料，了解与研究主题相关问题的历史和研究现状，梳理、洞察所要研究的问题，找出事物发展的本质属性，从中发现问题的一种研究方法。本书所涉及的文献主要包括中国播音学、新闻传播学、语言学、历史学等理论文献，还包括各个历史时期我国电视新闻出镜报道相关的视频影像资料以及报刊、评论等史料。

（二）深度访谈法

所谓深度访谈法，是指半结构式访谈（Semi-Structured Depth Interview)。研究者通过事先准备的问题，围绕相应的研究主题与被访谈人进行细致交谈，以获得深入事物内部的信息和资料。深度访谈法具有独到的优势。研究者通过与事实相关的当事人的交谈，研究者可以获得宝贵的一手研究资料，以此来弥补研究历史过程中影像资料的缺失。本研究选取我国电视新闻出镜报道发展历程中具有代表性播音员主持人、相关研究专家学者等为访谈对象，根据本研究主题或研究中相关的研究内容进行访谈和交流，提前列出半框架式的采访提纲和问题，以兼顾访谈的顺畅性和灵活性。

（三）话语分析法

话语的形态和变迁是历史演进的重要动力。出镜报道作为有声语言传播活动，其作品体现某种语言的特征，是新闻工作者在一定的政治、经济、文化等语境中运用语言符号系统叙述与建构新闻事实的产物，即话语。因此，完全可以对出镜报道进行话语分析。发现、厘清并理解了支配着电视新闻出镜报道发展演进的话语特征，有助于我们把握该领域的发展演进的本质规律[1]。为使行文更为清晰，研究将从语境、文本视角展开对于历程的叙述：1. 语境视角，即在电视新闻出镜报道与诸种社会因素的勾连与互动之中，展开对于推动其发展演进的原因与效果的考察；2. 文本视角，即对电视新闻出镜报道独特的形态特征、美学风格、文化气质等因素，进行全面描述和阐释。

第五节　研究难点与创新点

一　研究难点

该研究难度适中，对于我国出镜报道方面的研究已经有一定数量的研究专著和论文，但是研究我国出镜报道发展历程的论述只是一些不成系统的散论，大多只是一笔带过，并不深入，可以直接参考的既

---

[1]　曾庆香：《新闻叙事学》，中国广播电视出版社 2005 年版，第 8 页。

有文献不是很多，因而该研究前期相关资料搜集工作有一定的难度。另外，对我国电视新闻出镜报道发展历程的研究涉及对大量视频资料的分析，对这类历史资料的全面获取也有着不小的难度。

本人曾从事过多年的出镜报道工作，在工作实践中对出镜报道有着直观的感受，积累了丰富的实践经验，对各种类型的出镜报道创作有着深刻的感性认知。利用在电视台积累的媒体资源可以为出镜报道发展历程研究提供便利。本人能够与各个历史时期的出镜报道代表人物建立联系，方便获取一手的历史研究素材。该研究有助于将本人的工作实践和学术研究结合起来，边思考边实践，学以致用，融会贯通，有助于本人更好地服务于实践，为中国播音学研究添砖加瓦。

二 创新点

本研究的创新性主要体现在：

（一）理论创新

现有资料中，分析出镜报道、现场报道、出镜记者的论著和文章较多，但是对于我国出镜报道发展变迁研究的系统论述还没有。本研究以中国播音学为理论支撑，吸取历史学、新闻传播学、社会学、语言学等多个学科的理论养分，对我国出镜报道发展的特殊规律进行总体分析，研究我国出镜报道的发展历程以及各个历史阶段的特征、创作规律等，深化中国播音史理论中关于"出镜报道"方面的研究，是国家社科基金重大项目"百年中国播音史"的研究内容。

（二）方法创新

本研究综合运用文献研究法、深度访谈法、话语分析法等主要方法，以中国播音学为学术理论根基，以历史学、广播电视新闻学、传播学研究为重要参考，借鉴艺术学、美学、社会学等学科的研究方法，按照马克思主义唯物辩证法的哲学思想进行历时和共时、微观与宏观、定量与定性相结合的论述。在具体分析时，深度访谈法与事实相关的历史当事人，获得了宝贵的一手研究资料，以此来弥补研究历史过程中影像资料的缺失，获得了大量一手研究史料，真实还原各个历史时期代表性的电视新闻出镜报道创作时的风格和特点。

（三）视角创新

出镜报道研究具有中国播音学、新闻传播学交叉学科属性。传统的出镜报道研究大多从新闻传播视角研究其传播规律，而本研究立足于中国播音学视角，着重研究各个时期播音员主持人出镜报道的创作特征和发展规律，为融媒体背景下播音员主持人的培养提供理论支撑和行动指南。

另外，本研究把出镜报道研究置于中国播音史、中国广播电视发展史全局中进行审视和评价，将各个历史时期的典型出镜报道作品和人物进行纵向对比，将同一时代的出镜报道创作进行横向联系，从而深入挖掘我国电视新闻出镜报道发展规律。在写作过程中，本人参阅国内外学界、业界的研究成果，注重国际视野，对有争议的出镜报道业务问题进行了探讨，还对当今出镜报道的新发展有所涉及。

第二章　开创发展时期（1978—1992 年）

1978 年党的十一届三中全会召开。我国的广播电视事业以"进一步解放思想"的方针为指引，开始呈现出雨后春笋般的发展态势。1979 年 8 月召开的首次电视节目会议在中国电视史上具有里程碑式的意义，标志着中国电视"自己走路"的开端。从此，中国电视屏幕上新闻节目全面改进。"自己走路"成为这一历史时期我国电视发展最有力的推动力①。电视要"自己走路"，关键在于电视必须摆脱原有生产模式的束缚，发挥电视媒介的传播优势，按自身传播规律办电视。20 世纪 70 年代末以来，电视新闻的采集方式、传输方式因技术进步而改变，以播音员主持人为创作主体的出镜报道开始出现，并逐步发展。随着市场经济的发展，早期电视新闻出镜报道存在的"传者本位"思想逐渐被"服务受众"的思想取代。传播角色定位的改变，直接影响到出镜报道者话语方式的变化。出镜报道者重新审视传受关系之后，进而改变了媒体的叙事逻辑，并产生了新的"说话方式"。

第一节　"自己走路"的电视新闻出镜报道

一　新闻在电视传播中主体地位的确立

从 1958 年开始，中国电视发展经历了艰苦的创业初期，由于受到

---

① 郭镇之：《中外广播电视历史》，复旦大学出版社 2016 年版，第 192 页。

客观条件的影响，电视的传播范围极为有限，难以形成广泛影响力。一方面，无论是北京电视台（中央电视台前身）还是地方电视台都是在技术条件极其简陋的条件下成立的，电视发射机功率小导致覆盖范围十分有限；另一方面，早期的电视观众体量小，对于大多数人而言，电视仍然是可望而不可即的奢侈品，受众集中于经济中心城市的少数居民，这些受众主要以集体观看的方式接受电视传播信息，电视的影响力十分有限，还远达不到大众传播的规模。

当时的北京电视台（中央电视台前身）生产的电视新闻节目因为受到技术条件、制作能力、思想观念等因素的限制，其新闻属性和媒体特性尚未形成，电视新闻的影响力微之甚微，早期的电视新闻节目几乎没有独立、成熟的形态可言，呈现出呆板的特点。从制作技术上看，创业初期的中国电视新闻沿用的是电影的制作手法："拍摄用的是 16mm 电影摄影机，片长 3 分钟一盒，最多 400 尺，约 12 分钟，声画很难实现同步记录，前期拍摄画面再编辑时也采用了电影的剪接方式，全、中、近、特画面线性组合，后期配解说、配音乐，三条平行线合成声画记录系统。"[1] 以电影胶片的形式制作电视新闻，流程繁杂使新闻时效性大打折扣，而声音和画面的分离制约了电视新闻声画一体优势的发挥，从而无法形成电视新闻出镜报道形态。从节目形态来看，这一阶段的中国电视新闻模仿其他新闻媒介形态，并未发挥电视自身的传播优势。这一时期的电视新闻节目形态表现为：新华体的图片报道、电影模式的新闻片以及"广播翻版"的口播新闻。这些模仿自其他媒体的节目样态成为当时中国电视新闻最为典型的节目形式。当时唯一能够凸显出电视新闻传播优势的节目形态是电视直播，不过由于当时国内的电视没有录像及编辑设备，早期的直播有些"不得已而为之"[2]。直播主要用于实况转播重大政治集会、体育比赛之类的重点事件，并且多以播音员幕后解说的方式呈现，还不具备现代意义上

---

[1] 朱羽君、殷乐：《生活的重构：新时期电视纪实语言》，北京广播学院出版社 1998 年版，第 12 页。

[2] 刘习良：《中国电视史》，中国广播电视出版社 2010 年版，第 31 页。

的电视新闻直播出镜报道。从传播方式上看,处于电视初创阶段的新闻主要功能是"宣传教化"的"喉舌"工具,具有极强的意识形态特征,而其新闻属性则被弱化,相较于纸媒、广播等媒体,电视新闻在当时的地位并不高。

经过 1976—1978 年三年的发展建设,我国电视节目传输技术不断发展,建立起了遍布全国的传播网络,中央电视台逐步确立起了在全国电视体系中的中心地位,在"文化大革命"中停滞的新闻节目也基本得以恢复。电视事业不断发展壮大,无论从电视节目的数量和质量来看,还是电视台数量的增长来看,全国范围内的电视受众人口和电视机拥有量也都已经走到世界前列,中国成为了世界上为数不多的电视大国之一。改革开放带来的电视产业的蓬勃发展,使全社会对电视新闻需求大大增加。受到解放思想的影响,在全国各行各业改革的呼声中,中国新闻业的思想观念、内容形式均发生巨大变化,学者们开始对新闻传播的性质、作用、功能等基本问题展开探讨。1979 年 8 月首届全国电视节目会议召开,会议提出电视要"自己走路"。通过一系列改革措施,电视新闻逐渐改变了早期"形象化政论"的纪录电影模式,传播功能由政治宣传拓展为信息传达、舆论引导、信息服务等,广泛而深入地介入中国社会的各个层面,电视新闻出镜报道在这样的背景下诞生了。1981 年 4 月,在全国广播新闻工作座谈会上,中央广播事业局确定了"中国电视要力争办成发布重大新闻的权威机构和要闻总汇的奋斗目标"①。中国电视新闻在主客观条件的助推下开始重大变革,新闻逐渐在电视传播中确立了主体地位,为我国电视新闻出镜报道的诞生与发展奠定了基础。

(一)国际新闻报道打开了电视新闻改革思路——出镜报道创作观念初步形成

1979 年 1 月,在改革开放浪潮的影响下,中央电视台酌情扩大了国际新闻的报道。1980 年中央电视台国际新闻的主要来源传输方式由

---

① 石长顺:《电视新闻报道学》,华中科技大学出版社 2004 年版,第 18 页。

过去的航寄改为卫星传输,从而使国际新闻能够更便捷送达国内,新闻的时效性得以提升。1984年4月,中国正式加入亚广联(亚洲、太平洋地区的国际性广播电视组织)A区新闻交换,与世界其他国家实现多通道电视新闻交换,打破了多年以来国际新闻报道供稿来源单一的问题。国际新闻报道在报道手法、报道角度、体裁形式等方面异于国内,令人耳目一新。宣传管理部门以及学界开始思考:我国电视新闻从业者是否能够借鉴国外的一些共性经验。如将观点寓于材料之中,现场短新闻等,一味说教式的报道方式被质疑,生动活泼而富有人情味的文风受到重视。国外新闻中频繁出现的出镜报道使新闻更具现场感,国内一些电视新闻报道者也开始思索记者与播音员合二为一的报道模式,并探索"集采、编、播、录于一身"电视新闻节目主持人的相关实践。国际新闻为电视工作者重新认知电视新闻传播特性,改进电视新闻报道方式,提供了有益的借鉴。

(二)电视担负起较全面的新闻传播职能——出镜报道具备了技术基础

早期的中国电视新闻在政治上虽然受到重视,但由于技术条件的限制,电视新闻节目的采编能力还无法负担起全面的新闻传播职能。1978年,随着我国改革开放政策的推行,为适应我国电视事业走向更广阔的舞台,北京电视台更名为中央电视台。同年,随着《新闻联播》的开播,在各个地方台的协同配合下全国电视新闻网初步形成。但因为受制于经济、技术条件,各省级电视台的自采新闻的力量十分有限,加之当时全国性的播出网络尚不完善,地方电视台的新闻片多是通过火车、飞机等物流方式送至北京,导致新闻的时效性低,这直接影响到《新闻联播》的节目质量。与80年代迅猛发展电视剧和电视文艺节目相比,电视新闻节目从节目形态到传播内容都远远无法满足快速发展的社会需求,显得有些相形见绌。

随着传媒技术的发展,全国微波中继传输网络广泛应用,使中央电视台与地方电视台之间的交往更加便捷。从1978年12月开始,中央电视台开始在国内率先使用电子新闻采集设备(ENG)进行新闻的采集和制作,极大提升了新闻节目录制和储存的效率,地方电视台也逐渐向录像拍摄模式过渡。早期胶片拍摄的"新闻片"逐渐退出电视制作的舞台。技术的发展为出镜报道形态的出现奠定了物质基础。出镜报道形态便在中央电视台《新闻联播》中得以广泛应用。在国家领导人外出访问时，观众可以看到播音员出镜报道的身影。1981年4月召开的全国电视新闻工作座谈会提出力争"把《新闻联播》办成一个比较完整、比较系统的对国内、国际重要事件及时进行形象化报道的节目，使它成为电视观众获得新闻的重要途径之一"[1]。1981年7月1日，《新闻联播》开启了从内容到形式的全方位改革：打破原有的新闻片、口播新闻、国际新闻片三大块布局，按照节目内容灵活编排；对冗长的单条新闻进行精简，并取消新闻配乐；单位时间内增加新闻内容[2]。出镜报道在各类新闻中的比重逐步增多。改革后的《新闻联播》开始迅速成长为一档成熟的日播新闻栏目。从当时的数据便可以略知一二：

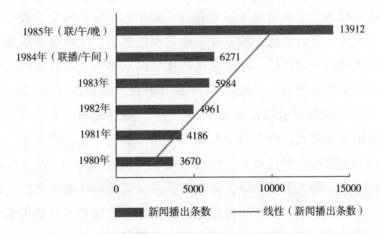

图2-1 《新闻联播》新闻播出条数 (1980—1985年)

1980年《新闻联播》总计播出3670条，到1985年新闻播出条数飙升3倍多，达到13912条，这一数量已经与主流国际电视新闻栏目十分相近。此后，《新闻联播》每年播出的新闻条数始终保持稳定[3]。

---

① 艾红红：《〈新闻联播〉研究》，中国广播电视出版社2008年版，第25页。
② 杨伟光：《中国电视发展史》，北京出版社1998年版，第157页。
③ 艾红红：《〈新闻联播〉研究》，中国广播电视出版社2008年版，第36页。

电视逐渐担负起较全面的新闻传播职能，《新闻联播》因为内容和形式的创新以及在传媒界特殊的政治地位，从这个时候开始在相当长的时间内成为绝大多数国人了解国家大政方针、获取外部信息的主要渠道，出镜报道形态也开始露出端倪。

（三）"四级"混合覆盖的电视新闻传播网形成——出镜报道的应用逐渐增多

1980 年 2 月，全国广播事业规划会议历史性地提出"要把加速发展电视事业放在优先地位"①，并展望"在本世纪末，要使我国的广播电视在事业规模、设计实施、覆盖指标等方面都具有相当水平，进入世界的先进行列"②。1982 年，中央广播事业局名称中加上了"电视"二字，更名为广播电视部，进一步提升了电视的媒介地位。1983 年，第十一次全国广播电视工作会议上明确提出"四级办电视"的政策，这一政策打破了过去电视体制管理过于集中的问题，顺应了改革开放的历史潮流，充分调动了地方政府办电视的热情。电视逐渐成为普通老百姓家庭的生活用品，家庭电视收视格局基本取代了以往的集体收视方式。据数据统计，1980 年我国拥有电视台数量仅有 37 座，到了 1991 年，电视台数量增长猛增至 543 座③。随着改革的不断深入，电视事业的发展壮大，社会对电视新闻提出了新的、更高的要求。各地方电视台大都顺应时代潮流，积极拓展新闻报道的内容，改进探索新闻报道方式，增大节目体量，提升节目的时效性。在地方台的新闻改革中，上海、广东、山西和福建等省台发挥各自优势，并获得引人注目的出色成就。1981 年春，广东电视台打破了当时地方台不办国际新闻节目的无形枷锁，首创全国地方电视台第一家国际时事专栏《国际纵横》。上海电视台为强化电视新闻编排力量，为电视新闻节目直播创造可能性，在全国率先实行采、摄、编、制、播一条龙体系，上海电视台也因此成为中国最早实现综合新闻节目直播的城市台之一，这

---

① 赵玉明：《中国广播电视通史》，北京广播学院出版社 2004 年版，第 302 页。
② 赵玉明：《中国广播电视通史》，北京广播学院出版社 2004 年版，第 302 页。
③ 刘习良：《中国电视史》，中国广播电视出版社 2007 年版，第 191 页。

也为出镜报道的应用打下了平台基础。在中共中央关于"广播电视是
教育、鼓舞全党、全军和全国各族人民建设社会主义物质文明、精神
文明最强大的现代化工具，也是党和政府联系群众最有效的工具之
一"① 的指示精神鼓舞下，各级电视台积极作为，不甘示弱，各显其
能。一些县级电视台也尝试自办新闻节目，基本上形成了全国电视新
闻的四级混合覆盖网。

　　另外，随着电视综合新闻播出频次的变多，新闻时段不断扩展，
电视新闻显示出现代信息传播特质，进而培养起观众对电视新闻的收
看习惯。电视新闻需要逐步替代娱乐需要，成为国内受众收看电视的
首要需要。随着电视影响力的逐渐扩大，电视新闻的权威性在受众中
慢慢建立起来。根据 80 年代初北京、浙江、江苏等地区的受众调查数
据显示，相比报纸、广播等媒介，电视还不是受众获知新闻的主要渠
道。1983 年北京地区受众通过报纸获取新闻渠道占比最早的是报纸和广
播，分别是 38.9% 和 35.5%，通过电视获取新闻渠道仅占比 19.5%。
1986 年，情况则大不一样，北京地区受众通过电视获取新闻渠道跃居
第一位，占比 64.72%，远超过同时期的广播、报纸②。电视新闻传播
较之同时期的其他媒介显现出了领先地位。

　　在与报纸、广播新闻的竞争中，电视新闻报道的新闻观念逐步加
强。一大批具有现场感、感染力的出镜报道佳作涌现，现代电视新闻传
播的视听综合优势得以显现。历年来由电视台首发的全国公认具有较高
新闻价值的报道越来越多，中国电视新闻传播的主体地位日益稳固。

二　电视新闻出镜报道宣传观念的调整

（一）"改革"成为电视新闻业的主导性话语——出镜报道的初期探索
　　在改革开放的社会氛围之中，"改革"成为电视新闻业的主导性

---

① 王振川：《中国改革开放新时期年鉴　1983 年》，中国民主法制出版社 2015 年版，第 923 页。
② 《中国广播电视年鉴》编辑委员会编：《中国广播电视年鉴　1987》，中国广播电视出版
社 1988 年版，第 457 页。

话语。早期的电视新闻发展并未充分发挥出其媒介优势，电视行业的决策者、电视从业者乃至普通电视观众均表达出对当时电视新闻发展现状的改革呼吁。在改革话语的主导下"按新闻规律办事"成为电视新闻从业者普遍认同的口号。从 80 年代中期开始，学者批评电视新闻受广播、报纸、电影的影响明显，声音与画面两张皮的问题以及未按照电视新闻规律采编电视新闻等问题，还存在"单向传播、灌输式宣传、回避问题"等传播观念上的偏差。此外，电视台开始出现采、摄、编、制、播一体化的机制建设，形成了专业化、集约化的电视新闻生产组织框架，提升了新闻制播的效率。如，成立于 1984 年 2 月的上海电视台的新闻中心，成立于 1989 年 8 月的中央电视台的新闻中心。在新闻改革的浪潮中，电视媒体开始重视现场报道和运用同期声。中央电视台在 1984 年 8 月的《新闻联播》中连续报道了《北京乘车难》在出镜报道方面有一些尝试，给人耳目一新的感觉。

深度报道理念与实践的探索是改革话语在电视新闻领域催生的另一个新生事物。深度报道栏目的出现，催生了电视新闻节目主持人调查式的出镜报道。伴随中国社会剧烈转型，深度报道这类对社会现象进行深入挖掘和阐释的新型报道体裁受到电视观众的欢迎。电视深度报道文体的出现源于国内外新闻媒介环境的变化。从国内来看，20 世纪 80 年代中期以《中国青年报》为代表的纸媒推行平面深度报道产生了巨大的社会影响力。从 1986 年开始，中国新闻奖的评奖内容首次出现了深度报道（系列报道、组合报道、连续报道），这意味着国家对深度报道这种新闻文体的认可。同时期，国外流行的"电视新闻杂志"，如美国的《60 分钟》和苏联的《90 分钟》栏目，开始进入中国电视新闻从业者的视野，国内的电视从业者纷纷关注并探讨这些王牌新闻栏目的生产运作机制，记者型主持人出镜报道形态进入国内学界、业界视野。为对《新闻联播》在内的短消息栏目进行补充，1986—1987 年中央电视台提出设置专门的深度报道栏目。至 80 年代末期，全国各级电视台也都纷纷开始探索深度报道模式。1980 年中央电视台创办评论性栏目《观察与思考》栏目，栏目以主持人出镜报道的方式，夹叙夹议对新闻事件发表评论，关注社会热点问题。其播出的一系列节目在全国范围内产生极大反响，成为电视新闻深度报道的一面旗帜。这一时期的电视深度报道融合了深度报道、批评性报道和新闻评论等风格特征。这种综合性出镜报道形式影响深远，在 20 世纪 90 年代的王牌栏目《焦点访谈》等栏目中得以延续。在地方电视台中具有影响力的深度报道栏目有上海电视台的《新闻透视》、福建电视台的《新闻半小时》以及山西电视台的《记者新观察》等栏目。这些栏目具有与《观察与思考》十分相似的特质，选题更为本土化，民生色彩更为明显。

　　总体而言，这一时期的电视新闻改革引发了出镜报道理念层面的"全面发散"，实践层面的"散点突破"。尽管电视新闻业界、学界对国际上的主流电视新闻出镜报道实践理念有着清晰的认知并且展开了积极探讨，但将实践理念应用于实践过程中却受到社会制度以及文化因素的制约。部分先进理念的运用得益于决策者的开明意识以及电视从业者的探索精神，但初期的探索还未形成制度保障，无法成为电视新闻生产的常态。深度报道栏目的出现，催生了电视新闻节目主持人的出现。1980 年开播的《观察与思考》栏目首次使用"主持人"的称谓，"主持人"这一概念从此开始逐渐被人们所认知和接受，并且成为电视节目的重要构成元素。深度报道栏目中记者与主持人角色合二为一，主持人在现场的大量采访，同时不断插入主持人的画外音或报道者的现场点评，这些都是电视新闻出镜报道的早期活动实践。

　　(二) 电视服务意识凸显——出镜报道的平等话语样态初显

　　在改革开放的时代背景下，市场观念开始进入社会各个领域，包括电视行业。在改革开放之前，我国各级电视台一直实行的是高度集中的依靠国家投资的计划经济体制，电视台的经费支出及建设完全依靠国家财政拨款。这种经济体制在一定时期内保证了我国电视事业的发展。但随着改革开放的深入发展，这种经济体制造成一些领导者缺乏经济管理意识，重视宣传而轻视管理，无法适应商品经济发展的需要。电视要占领市场，关键在于不断改进服务，深化服务意识和受众意识，吸引收视市场主体的关注。从 1979—1992 年这段时间，我国的电视新闻信息量不断增加，报道内容不断突破，服务意识得到强化，逐渐改变了过去那种带有强烈意识形态色彩的政治宣传报道模式。观众在电视传播的中心地位得到加强，我国的电视新闻变得更有吸引力了。

20 世纪 80 年代初期，随着观众地位的提升，观众的反馈受到了重视。"受众""传播效果""收视率"等国外传播学界的观念被引入国内，逐渐为我国新闻传播从业者所熟知。为了提升传播效果，一些电视台开始尝试进行调查活动。1984 年开始，广东、上海、江苏、山西等电视台以调查表的形式开展了受众调查。这些调查的分析结果为电视台改进节目提供了参考依据。1986 年，为了获得观众对于电视节目的真实反馈，中央电视台总编室从观众收视习惯、收视目的以及观众对电视节目编排的意见等方面对受众反馈进行了综合分析研究，这些研究结果成为电视台改进节目质量的依据。在我国电视转型期，电视从业者通过重视观众调查，了解观众真实需求，从而更有针对性地为观众服务。

早期电视新闻存在的"传者本位"思想逐渐被"服务受众"的思想取代。传播角色定位的改变，直接影响到传播者话语方式的变化。出镜报道者重新审视传受关系之后，进而改变了媒体的叙事逻辑，并产生了新的话语方式。如"叙述的态度应该是真诚平和的，叙述的内容应该是受众关心和真实的；叙述的技巧应该是有过程和悬念的，叙述的效果应该是有真实感和吸引力的"①。在媒体环境之中，形成了这一时期整个新闻话语呈现出"平易亲和、真诚质朴、贴近生活、生动自然、鲜活明快"②的风格特征。

（三）电视纪实思想萌芽——出镜报道专业理念基础形成

自电视新闻诞生之日起，如何做到"真实"一直是人们讨论的话

---

① 孙玉胜：《十年：从改变电视的语态开始》，生活·读书·新知三联书店 2003 年版，第 4 页。

② 喻梅：《新中国播音创作简史》，中国传媒大学出版社 2016 年版，第 114—194 页。

题。但由于技术手段的制约,直到 20 世纪 70 年代末关于电视新闻"真实"问题的讨论一直停留在观念层面。随着传播环境的宽松以及电视制作技术的发展,尤其是电视新闻以电子新闻采集手段(ENG)作为主流设备,声画可以实现同步录制,镜头长度不再受限,新闻内容可以反复编辑,电视新闻出镜报道的形态出现,对于诸多电视新闻基本理念如"真实性"的讨论终于可以在实践层面实行了。

在 20 世纪 80 年代初,在国家走向改革开放的宏观背景下,中国电视界国外电视同行的合作增多,中央电视台与日本同行合作拍摄了一系列具有广泛社会影响力的文化纪录片,如《话说长江》《丝绸之路》《望长城》等,这些纪录片在技术和艺术上的纪实创作风格影响了国内一批电视制作人,给中国电视界吹来了一股清流。纪录片中主持人现场出镜的方式,极具现场感和视觉感染力。在随后的几年时间里,一批纪实性较强的优秀纪录片相继出现在国内电视屏幕上,如《沙与海》《龙脊》《最后的山神》等。这些新的纪录片不同于过去的解说词贴画面的声画分离的方式,而是大量运用令观众耳目一新的同期声、现场采访、跟踪拍摄等纪实创作手法。中国电视新闻出镜报道的传播范式在这些纪实风格的技术手段和语言样式的影响下悄然发生变化。

这一时期的中国电视新闻出镜报道因制播的大量纪实技术手段的创新、国外节目的影响以及自身经验的积累等因素的综合影响,使得语言方式发生了明显变化。同期声以及长镜头手法构建了真实的时空结构。"纪实"这种以"物质现实的复原"为核心观念的影像思维在理论上也普遍受到重视。如巴赞的写实主义理论与克拉考尔的物质现实复原学说,这些理论与国内的纪实主义思潮暗合,形成具有中国特色的纪实美学①。"纪实"的思想将人看成是社会关系的个体,注重对人和社会的关注,深化了人们对现实的理解。在"纪实"思潮的影响下,20 世纪 90 年代初开始中央电视台新闻改革中,主张本台主持人、

① 崔林:《从"讲话""说话"到"对话":中国电视新闻的范式转换与语态变迁》,《现代传播》(中国传媒大学学报)2012 年第 3 期。

记者手持话筒在现场开口说话，明确提出新闻报道要增加出镜报道。电视从业者普遍意识到报道者应"尽量在现场出图像，把新闻直接告诉观众"①，对于"现场感"的强调，是从社会主义新闻事业坚持真实性的基本原则得出的，因为"任何新闻事实都是发生在某种特定的现场环境之中……如果作品具有强烈、鲜明的现场感，会大大有助于增强新闻的真实感"②。早期电视新闻片采用摆拍、补拍等手法受到越来越多的批评。如一篇评论指出："有些同志以为不经自己摆布导演的事物就不美，因此便把自己认为美的东西强加给大自然，往往收到画蛇添足、适得其反的效果"③。当然，这并不是说当时的电视新闻已经完全做到以"现场"为组织叙事，摆脱了过去的价值预设，而是说带有明显的出镜报道色彩的实践已经开始在电视新闻中出现，电视新闻出镜报道拥有了一定程度的专业观念的基础。

三 电视新闻出镜报道方式的出现

20 世纪 70 年代末以来，因技术进步带来电视新闻的采集方式、传输方式的改变。在此基础上，电视新闻工作者在实践中对出镜报道的形式进行了有益探索。具有电视新闻独特个性的出镜报道色彩的播音员主持人、记者现场报道、采访、直播等新的报道形式开始出现。

（一）技术进步推动电视新闻报道形式创新

电视是电子科技发展的产物，科技尤其是传播技术的革新会使电视传播格局发生重大改变。电视使用电子技术传输图像画面和音频信号，科学技术是电视传播的基础。20 世纪 70 年代末期，中央电视台首次从国外引进电子新闻采集设备，电视新闻的采编流程得以大大简化，新闻制作效率提高，新闻时效性得到了有效保证。电子新闻采集

---

① 郝佐：《电视新闻的特点》，《新闻大学》1982 年第 4 期。
② 叶家铮：《电视特性与电视新闻作品的主要特征》，《北京广播学院学报》1981 年第 2 期。
③ 张凤铸：《电视新闻的力量在于真实——漫谈新闻摄影的真实性》，《北京广播学院学报》1979 年第 2 期。

设备的应用解决了声画无法同步采录的问题,能够实现新闻现场图像、声音信号的同步摄录,越来越多的电视记者、主持人开始面对摄像机尝试出镜报道实践活动。加之微波、卫星传输等通信技术的发展,电视新闻节目在传送手段上也实现了多样化传送,既可以录像播出,也可以现场直播。技术进步推动了电视新闻报道形式的创新,为出镜报道的出现和发展奠定了技术基础。

(二) 出镜报道的出现与发展

出镜报道是报道者置身于新闻事件现场或相关场景之中,面对镜头综合运用有声语言和副语言所进行的传达信息、提问采访、分析评论的创作活动。在这种报道中,出镜报道者出现在新闻场景之中,感受现场的环境与气氛,挖掘新闻真相,进行故事化表达,了解新闻事件的发生、发展过程,这种报道形式使观众有一种身临其境之感。我国电视新闻出镜报道实践最早可以追溯到 20 世纪 70 年代末,只有中央电视台《新闻联播》的播音员们才具备出镜报道的资格。出镜报道多用在报道党和国家领导人出访活动或参与重要会议时,播音员们作为随访团成员跟随领导人在机场、领导人下榻处等地做出镜报道。据中央电视台《新闻联播》原播音员卢静回忆,我国电视最早出现出镜报道的形态是在 1979 年 1 月,中美恢复建交邓小平访问美国时,赵忠祥开始尝试出镜报道的报道方式[①]。及至 20 世纪 80 年代,随着中国电视的进一步发展,电视新闻出镜报道有了新的发展,除了《新闻联播》的播音员具备出镜报道的资格外,一些电视记者也开始尝试在新闻报道中加入出镜报道元素。如 1984 年中央电视台连续报道《北京乘车难》中尝试用出镜报道的形式,报道者深入新闻现场拍摄真实、自然、感人的镜头,并且现场采访新闻事件的关键人物,这种来自现场的出镜报道与以往事先写好解说词,设计好镜头,安排场面调度的做法完全不同。这条新闻播出之后,在电视观众中引起强烈反响。

广东电视台、山西电视台等各地方电视台在新闻改革中也都特别

---

① 笔者对卢静的专访,详见附录。

强调在电视新闻报道中加入现场采访、现场报道的出镜报道形式，传递新闻现场的真实场景与气氛。据中央电视台统计，"1985 年在全国各地方电视台向中央电视台传送的电视新闻当中，采用现场报道和采访形式的新闻的数量与 1984 年相比，增加了 2—3 倍"①。

（三）新闻现场直播的应用

自 1958 年中国电视诞生之日起，电视因为技术的制掣不得不以直播的手段贯穿节目始终。电视直播从形式上可以分为三种类型，分别为：演播室直播、现场实况直播以及现场直播报道。由于不具备录播条件，早期的室内节目均为直播节目。现场实况转播则更多的是用电视向观众展现新闻事件原貌，具有忠实记录和同步播出的特点。现场直播则是在实况转播的基础上，深入新闻事件现场，融入报道者想法和理念，这是电视新闻直播发展的一个高级阶段。中国电视初创期的直播新闻节目，主要采用演播室直播和实况直播的方式，而现场直播则应用较少。

新闻现场直播的实现是以科技进步为基础的。20 世纪 80 年代初，由于微波传送技术的进步，直播设备体积的小型化，使室外转播的灵活性增强，从而使更多的新闻现场直播得以实现。1980 年，中央电视台从国外进口了两辆技术先进的电视转播车。转播车车内装载的编播设备体积小而轻便，功能简易而实用。这类直播车在重大活动和事件的现场直播中发挥着重要作用。1984 年，中华人民共和国成立 35 周年阅兵式在北京隆重举行，中央电视台第一次用现场直播的方式对阅兵式进行了实况报道。1985 年，第六届全国人大三次会议开幕式在北京举行，中央电视台进行了电视直播。这是中国电视史上第一次对重大政治新闻的电视直播。1987 年 10 月党的十三大在北京召开。中央电视台在对这次会议的报道中充分发挥电视媒体的优势，再次使用现场直播的手段播出重大政治新闻。报道者通过微波传输、卫星传送技术，同步向世界报道了十三大开幕的盛况。在这一时期中央电视台进

---

① 刘习良：《中国电视史》，中国广播电视出版社 2010 年版，第 203 页。

行的现场直播还有：1988 年第七届人大一次会议和全国政协七届一次
会议开幕式和记者招待会的现场直播，1990 年第十一届亚运会开幕
式、闭幕式的现场直播等。

　　这个时期的电视直播报道，是从体育竞赛、文艺晚会领域向新闻
报道领域拓展，涉及的题材多为大型政治会议，出于政治安全的考虑，
报道者基本上还是一个记录者的角色，对新闻事件缺乏主动传播和介
入报道，鲜有媒体的观点和倾向，这种"直播"离真正的直播出镜报
道还有一定的差距。但是电视工作者对重大新闻事件的现场直播倾注
了大量心血，这是对电视媒介特征的正确认知。从传播效果来看，现
场直播无疑是电视文化独具魅力的一个部分。尽管这一阶段直播实践
在技术上是稚嫩的，在形式上尚未探索出现场直播出镜报道的形式，
却也为直播时代出镜报道发展打下了良好的基础。

第二节 电视新闻出镜报道的创作分析

一 规范语态的形成：《新闻联播》中的出镜报道

　　1978 年 1 月 1 日，《新闻联播》正式开播。《新闻联播》内容主要
是介绍国家领导人的最新动态，国内各条战线的成就、发明、创造，
反映人民群众的生活状况，宣传各地的先进人物事迹以及世界各地发
生的重大事件，发挥"发布信息、传达政令、宣传政策、指导工作"
的功能①。从 1982 年 9 月 1 日起，有关部门将重大新闻发布时间从 20
时（中央人民广播电台首播时间）调整为 19 时（中央电视台《新闻
联播》首播时间），标志着《新闻联播》成为国内发布权威信息的第
一媒介。上至中央领导下至普通民众都是通过收看《新闻联播》了解
国内外大事动态。经过不断发展，《新闻联播》赢得了广泛的观众群，
已成为全国人民获得新闻信息的最主要的渠道之一。

---

① 喻梅：《新中国播音简史》，中国传媒大学出版社 2016 年版，第 171 页。

从 1978 年 12 月开始,《新闻联播》开始在国内率先使用电子新闻采集设备进行电视新闻的采集和制作,极大地提升了新闻节目录制和储存的效率,早期胶片拍摄的"新闻片"逐渐退出电视制作的舞台。随着电视新闻改革的不断深入,《新闻联播》报道内容不断丰富,信息量不断增加,时效性越来越强。为了发挥电视新闻声画合一的视听优势,《新闻联播》最早在国内尝试出镜报道,使观众能够看到新闻事件发生的真实场景。据中央电视台《新闻联播》栏目原播音员卢静回忆,我国电视新闻出镜报道实践最早可以追溯到 1979 年 1 月,播音员赵忠祥以出镜报道者的身份随邓小平同志访美报道,在白宫专访美国总统卡特。

卢静(口述):最早出现出镜报道是在改革开放以后了,在这之前很少。领导人像毛泽东基本上是不出国的。粉碎"四人帮"以后,改革开放以后,我印象里第一个是赵忠祥,中美建交他第一个跟着邓小平去美国是他开始的,他开始的出镜报道①。

图 2-2 1979 年 1 月赵忠祥在访美期间进入白宫专访卡特

(来源:赵忠祥《岁月回眸》)

---

① 笔者对卢静的专访,详见附录。

20 世纪 70 年代末，出镜报道还是一种新的尝试，只有中央电视台《新闻联播》的播音员们才具备出镜报道的资格。据中央电视台《新闻联播》栏目的原播音员卢静回忆，出镜报道多用在报道党和国家领导人出访活动或参与重要会议时，播音员们作为随访团成员跟随领导人在机场、领导人下榻处等地做出镜报道。

图 2 - 3　1984 年卢静在天安门前报道国庆三十五周年阅兵仪式
（来源：卢静提供）

卢静（口述）：《新闻联播》的播音员才有出镜报道的资格，我们那个时候中央电视台就是整个播音部的播音组里头一共是 7 个人。开始我去的时候赵忠祥和李娟、刘佳还在，后来他们 85 年的时候改革，赵忠祥就到《动物世界》栏目了，李娟和刘佳就退休了，然后邢质斌是组长，然后有杜宪、薛飞、我（卢静）、罗京、张宏民、后来是李瑞英，就我们 7 个人。只有我们才有出镜的资格，轮着出镜①。

《新闻联播》早期具备出镜报道的播音员有刘佳、李娟、赵忠祥、

---

① 笔者对卢静的专访，详见附录。

邢质斌等，80 年代初，杜宪、薛飞、张宏民、卢静、罗京、李瑞英这些来自北京广播学院播音专业（现中国传媒大学播音主持艺术专业）的新生力量陆续进入《新闻联播》，为当时的电视新闻事业注入了新鲜血液，也为电视新闻播音事业的发展奠定了坚实基础。及至 90 年代初，随着电视新闻节目的日渐成熟，《新闻联播》的播音员也进行了新的调整，除邢质斌、张宏民、罗京、李瑞英之外，又加入了李修平、王宁，并逐渐固定由以上六人来播音，并进行出镜报道。《新闻联播》的历任播音员出镜报道的语言风格深受中央人民广播电台《新闻和报纸摘要》和《各地人民广播电台联播》播音风格的影响，继承和延续了新中国成立以来新闻播音的特质，端庄大气、权威厚重、沉稳典雅。

（一）权威厚重，真实可信

《新闻联播》特殊的政治地位决定了其新闻内容的权威性，作为国家重要新闻的发布平台，《新闻联播》的播音员出镜报道体现出了极高的可信度和权威性，具有国家新闻发言人的性质，代表着国家的整体形象。权威性并非指外在的严肃面孔，它是播音员身份职能把握、内容理解、语言处理、宣传意识融会贯通之后一种由内而外的气质和状态。在出镜报道过程中，播音员通过心理调整、创作技巧将权威真实的感觉通过有声语言和整体播报状态传递给受众。

《新闻联播》出镜报道场景往往涉及国家领导人及重大会议，在报道内容上以时政新闻、政策宣传为主。这意味着报道者首先应当在职业角色定位上明确自身形象代表着国家形象。这就要求出镜报道者始终坚定正确的导向意识和理想信念，同时在业务上力求精益求精。《新闻联播》的播音员都是经过严格选拔而来，他们不仅具备丰富的工作经验，在镜头前亦能做到状态自如，即使面对突发情况，也能沉着冷静地应对。出镜报道多在新闻现场进行，由于现场情况复杂多变，对报道者的声音有着特殊的要求。《新闻联播》的播音员们与记者们相比吐字发声方面具有较强的控制力和表现力，吐字圆润饱满，用声结实沉稳，语气坚定平和，能够灵活适应不同新闻场景的出镜报道需要，给观众以权威感和真实感。在形象塑造上，《新闻联播》的播音员作为国家形象的代言人，化妆、服装均与国家时代发展以及人民群众的审美情趣相适应，彰显出权威厚重、端庄大气的气质。总而言之，从职业角色、语言表达、形象气质等方面来看，《新闻联播》的播音员出镜报道都显得权威厚重、真实可信。

（二）庄重大方，真诚朴实

《新闻联播》在不断改革与探索中逐渐形成稳定的风格和传播样态。一直以来，《新闻联播》被称为"对内代表党和政府，对外代表中华民族"①。《新闻联播》的播音员更是被视为"国家形象代言人"，这是《新闻联播》与其他新闻栏目相区别的重要标志。我国是有着悠久历史的文明古国，中华文化博大精深，创造了五千年灿烂的文化，有着高尚的道德准则、完整的礼仪规范，改革开放以来中国更是展现出了开放的胸襟和大国风范。《新闻联播》因其特殊的政治意涵，其播音员具有政治符号意义，代表着党和人民的声音，这在客观上要求《新闻联播》的播音员们言谈举止庄重大方、真诚朴实，以体现大国风范与气度。

从传播功能与传播效果来看，庄重大方、真诚朴实的风格是对真实的客观现实生活和真实的主观评价的反映。《新闻联播》的播音员在新闻播报、出镜报道等活动中着重彰显国家、民族形象，不刻意凸显个人风格。追求国家民族层面的"大我"。播音员作为党和政府的喉舌、人民的宣传员，出镜报道要庄重大方，真诚朴实，既不虚情假意更不虚张声势。播音员在镜头前要举止端庄，言语措辞准确清晰，态度真诚积极，形象朴实无华，这些正是对庄重大气的国家气度的最佳注解。在播音员卢静看来，真诚是播音员与观众交流的重要方式。

> 卢静（口述）：真诚说话，永远是发自内心的说话。在镜头前对自己要求镜头前和镜头后，平时都一样。在播音也好，出镜也好，不管是什么就是俩字"真诚"，就是把我的自己本真的东

---

① 李挺：《站在时代的前沿——写在〈新闻联播〉创办20周年之际》，《电视研究》1998年第2期。

西告诉镜头前的观众真诚的跟观众交流①。

(三)规范流畅,措辞准确

《新闻联播》在有声语言表达上体现出了极高的艺术水平。播音员在传播信息的同时,树立了普通话语音的典范,给人以美感的享受。播音员们深知身份的特殊性和重要性,作为党和政府的喉舌,不仅承担着信息传播的功能,还肩负着传播中国文化的重任。播音员主持人"引领语言传播的高规格和高标准,在此基础上,更要明确作为文化传承者的身份认同,坚守语言传播的文化品位和文化使命"②。《新闻联播》的播音员因为其规范流畅,早已成为人们普通话学习的典范。语言浸透着民族文化的精神,《新闻联播》的播音员具有吐字清晰,内容准确,分寸得当的特点,即使实现直播之后也能够很少出现失误。这体现出了播音员们较高的政治素养和自身业务能力。播音员们在节目中对自己高标准严要求,出镜报道前认真准备,播时精力高度集中,精益求精。据《新闻联播》播音员卢静口述,当时的播音员们在从事播音相关工作时继承了老一辈播音艺术家的传统,对工作极其认真细致,虽然早期的节目是录播,但是播音员们都是以直播的状态对待,播出前认真准备,尤其是出镜报道大多是跟随国家领导人出访,代表着中国形象。每一次出镜报道前都会踩点准备,细致准备出镜报道相关的活动,并且与同事深入探讨出镜语。

卢静(口述):我们是要先打前站的,我们的记者团是由新华社、央广,这几个大的媒体的记者站组成的。记者站的工作人员是先于国家领导人先去打前站,先拍一些空镜头,然后大概了解一下风土人情。(出镜语)开头大概编辑会写,(播音员)不会完全照着念,肯定是根据他了解的,也不可能完全一字不差背,也会参与一些自己的看法和想法。但是总的方向意思是根据大家

---

① 笔者对卢静的专访,详见附录。
② 鲁景超:《播音主持语言的文化功能》,中国传媒大学出版社 2016 年版,第 17 页。

一起讨论的，不会就是说我自己随意发挥，在个别词上或者语气上或者是什么有所调整，不会就是说完全是我想说什么就说什么。我没有特定的风格，但是我对自己的要求就是第一准确不出错，虽然是录播，我绝对是要求自己一遍过①。

《新闻联播》的播音员都是经过了高标准的筛选，如观众熟悉的卢静、罗京、李瑞英、张宏民等都毕业于北京广播学院播音系（中国传媒大学播音主持艺术学院）。他们在入学时在声音、形象等方面都已经具备了良好的先天条件，经过学校专业系统训练学习，在声音控制、语言表达、心理调控等各方面具有成熟的驾驭能力。此外，《新闻联播》对从业者有着严格的管理制度，节目长期坚持业务考试制度。基于主客观多方面的因素，最终形成了《新闻联播》播音员出镜报道规范流畅，措辞准确的风格特征。

二 "主持人"字样首现:《观察与思考》中的出镜报道

1980年7月12日，中国第一档电视新闻评论性节目《观察与思考》播出。在首期节目中播音员庞啸首次以"主持人"的身份走出演播室采访居民，并且面对镜头对新闻事件进行评述，这是中国电视荧幕上第一次正式出现"主持人"的称谓。这次新闻实践开创了中国电视主持人出镜报道的先河。与传统的播音员端坐在演播室内的电视播报方式不同，出镜报道的新颖形式被认为是电视媒体与观众交流的重要形式，庞啸的出镜报道迈出了主持人出镜报道的重要一步。

《观察与思考》节目组是由中国第一代电视记者和摄影师组成，这些电视从业者是当时的电视骨干力量。即便如此，这些电视人对于节目该怎么办，办成什么样开始时没有清晰的思路。但是节目的大致走向还是很明确的："一是再也不能走电影新闻的老路；二是侧重报

———————

① 笔者对卢静的专访，详见附录。

道社会经济现象、经济问题；三是把目光投向老百姓，按照老百姓实际需要办节目。"① 节目组下设多个节目小组，分别独立完成制作拍摄，节目播出的具体形式并不固定，而是视节目效果而定。结果，首期制作完成的节目既有主持人现场评述式的，也有纪录片式的。

《观察与思考》节目组成员通过反复实践摸索，逐渐清晰认识到出镜报道的简单规律：电子信息采集技术 ENG 的使用为电视提供了自我发展的技术可能性，电视新闻要充分利用这种可能性。能够记录新闻事件现场同期声，就不能只记录影像；能够让新闻人物自己讲述新闻事实，就不应以解说词的形式代讲。当时，中外电视业务已经才开始展开交流，人们有机会通过阅读译文、参加中外研讨会等方式了解国外新闻制作的流程与范式，诸如电视出镜报道与播音员口语化表达的探讨，当时的学界、业界主张"电视评论应当由播音员（主持人）通过屏幕向观众述说的方式进行，不宜用居高临下、训人口吻，而应采用亲切交谈的方式"②。于是，《观察与思考》节目组成员特地向上级领导写报告申请记者、主持人出镜资格。然而，若想在当时的电视实践中迈出出镜报道的第一步绝非易事。改革开放初期，人们在"左"的思想观念中形成了集体意识，而记者、主持人出镜报道一度被认为是资产阶级做派，有突出表现个人之嫌。"文革"时期，我国新闻媒体一度取消了记者对新闻作品的署名权。这种集体意识的思维模式有着强大的社会心理基础，记者、主持人出镜报道仍然被视为追求个人名利的表现。随着新闻改革的不断推进以及社会开放程度的提升，人们渐渐接受了记者、主持人出现在电视荧幕上。学界、业界也开始探索记者、主持人采编播合一的新闻主持人实践模式。《观察与思考》探索出的记者、主持人出镜报道形式最终得到了中央广播事业局以及中央电视台领导的批准支持。当时批准《观察与思考》具备出镜报道资格的共有 5 人，但后来考虑到出镜报道者的语音、形象等因素，在实践中只有 3 名报道者可以在自己采制的节目中出镜露面，他

---

① 刘习良：《中国电视史》，中国广播电视出版社 2010 年版，第 179 页。
② 王永利：《社会热点透视〈观察与思考〉》，北京广播学院出版社 1992 年版，第 2 页。

们有时端坐在演播室中与观众面对面交流，有时又会到新闻事件现场调查采访，对新闻事件发表现场评论。

1981 年，在《观察与思考》播出的一些节目中，主持人的形式悄然发生了一些变化，主持人与记者一体的模式开始分离。有时候主持人并非新闻事件的采访报道者，主持人的出镜更多出现在对记者调查的事实进行结论性评价阶段。主持人更多开始参与节目策划，成为节目创作的具体组织者，也是节目中负责与观众见面的代表。这一时期的《观察与思考》基本具备了电视新闻节目主持人出镜报道的基本形态。从多个方面来看，《观察与思考》是这一时期成熟的电视新闻节目形态，具有电视特色"将现场实况、现场访问、形象资料同演播室评论录像交替使用"①。

1980 年前后，电视台的节目除《新闻联播》外还不是固定周期播出，《观察与思考》也是如此。加上受到当时不鼓励突出表现个人的思想的限制，因此主持人出镜报道的实践尝试没有引起更深层次的理论探讨。随着节目骨干力量陆续调走以及公众关注的诸多"热点"问题还处于限制中，《观察与思考》节目历经波折，主持人的影响有限。尽管如此，《观察与思考》在出镜报道方面的尝试仍然为后来者提供了诸多可借鉴之处，其在出镜报道中呈现出如下特点：

（一）访谈叙事——质朴、真切、引人深思

《观察与思考》节目中主持人、记者通过与采访对象现场访谈的出镜方式获取信息。访谈是向采访对象提出问题以获取新闻事实的直接、便捷方式和重要手段，也是获取信息的基础和中心环节。出镜报道者通过现场访谈的方式不仅能从采访对象那里获得报道的重要材料、生动细节，从而取得有价值的新闻素材，还能在提问过程中准确锚定新闻主题。如 1991 年《观察与思考》栏目中的一期节目《让我们伸出双手》，报道者将镜头对准我国西北农村贫困地区基础教育落后的问题。主持人肖晓琳通过出镜报道的方式，现场访谈了贫困的失学儿

---

① 叶家铮：《电视特性与电视新闻作品的主要特征》，《北京广播学院学报》1981 年第 2 期。

童及家长，通过生动的对话再现了西北贫困地区教育落后的面貌，将观点寓于访谈之中，层层递进，借新闻当事人之口道出事实，语言朴质、真切，给人以客观真实之感。如新闻的开篇，主持人肖晓琳为了真实呈现出失学儿童生活现状，通过问孩子的年龄、属相、是否会写名字等细节间接给观众答案，将抽象的问题化为形象的表达，充分发挥了电视的视听传播优势，富有较强的感染力。

让我们伸出双手①

外景：崎岖的山道、颠簸的汽车、小村庄，三三两两的农妇。

字幕：目前，我国农村人口中文盲和半文盲人数为 2.19 亿。在贫困地区，有 100 多万适龄儿童因为贫困而失学。为此，我们到西北地区进行采访。

（采访一群蹲在地上玩泥土的孩子）肖晓琳：告诉阿姨，你几岁了？

女孩甲：不知道。

肖晓琳：不知道自己几岁了？那你呢？

女孩乙：不知道几岁。

肖晓琳：她也不知道自己几岁了。

农民甲：你属啥？

女孩甲：猪。

农民甲：属猪，9 岁了。

肖晓琳：9 岁了。你叫什么名字，能告诉阿姨吗？

女孩甲：杰杰。

肖晓琳：杰杰（随手递过一根小树枝儿），是哪两个字，能写给阿姨看看吗？不会写啊？没上过学？哦，还没上学。

（采访一个牵着两头耕牛的小男孩儿）肖晓琳：你叫什么名字啊？

---

① 饶立华：《电视新闻专题作品选评》，中国广播电视出版社 1995 年版，第 58 页。

放牛娃：叫小多（音）。

肖晓琳：你几岁了？

放牛娃：9 岁了。

（二）现场评论——中肯、真挚、打动人心

评论能够使主题表现得更加鲜明、更加突出，颇具振聋发聩的力量。电视评论更多的应采取述评方式，述中有评，评中有述，述评结合。述得生动，评得有理，就能提高节目的吸引力。《观察与思考》中的主持人在新闻中多以现场评论的方式出镜，主持人不同于传统的说教，而是紧紧依托扎扎实实的访谈叙事，主要由主持人在现场有感而发，充满人文关怀。从叙事视角来看，主持人多以平等视角展开评论，与观众对话。人际交往心理学的研究发现，人际之间那些存在巨大相似的交际双方容易相互吸引，并建立亲切关系，这种现象被称为"自己人效应"。百姓化特色定位的主持人和受众之间因为身份的接近性，较容易建立平等的传播关系。这种关系的建立基于主持人作为传播者与受众之间存在身份角色的相似性。这些相似性逐渐消解了大众传播媒介与受众之间的不对等关系，使受众在心理上更容易对主持人产生接纳感、亲近感、认同感，从而更愿意接近和接收来自主持人所传达的信息。如《观察与思考》中主持人肖晓琳在新闻《让我们伸出双手》中的现场评述。主持人以第一人称视角的叙述方式，阐发了自己对新闻事件的真实感受，从而引发了观众的强烈共鸣，起到了很好的传播效果。

肖晓琳（主持人在村口人群中现场评论）：看到他们的目光，我的心确实难以平静。"希望工程"毕竟是刚刚开始，到现在为止，接受"希望工程"直接救助的孩子只有3万多名。相对于那100多万名还没有获得救助的因贫困失学的少年儿童来说，他们是1%的幸运儿。此时此刻，我仿佛看到了那100万双渴望学习的眼睛。他们什么时候才能获得接受基础教育的机会和权利呢？

帮助这些孩子获得读书的机会，帮助贫困地区发展基础教育，是我
们全社会都应该来关心的事情。那么，观众朋友，让我、让您、让
我们大家一起，用自己的双手去帮助他们，去托起明天的太阳！①

三　追求现场真实感：《记者新观察》中的出镜报道

1988 年山西电视台创办《记者新观察》栏目。这是首档地方电视
台创办的全现场的监督类电视评论性节目。栏目播出时间为每周五晚
上，每周播出一期。这个节目将镜头对准山西地区诸如教育、消费者
权益、环境污染、廉政建设等老百姓息息相关的民生实事。按照新闻
性、知识性和服务性的要求，及时深入对这些热点问题进行分析评述，
提出解决办法，批评不良风气。主持人高丽萍走出演播室，深入报道
现场参与选题策划工作，运用大量的出镜报道，充分展现了电视新闻
报道的现场感、参与感等传播优势，形成了《记者新观察》独特的风
格特征。

《记者新观察》的主持人高丽萍最早是淤泥河工地广播站的广播
员，后来成为山西省大同市的一名播音员，1977 年调入山西电视台。
据高丽萍回忆，早期在广播站时期的经历为其日后的电视新闻出镜报
道打下了坚实的基础。

> 高丽萍（口述）：我是在 1974 年的时候就已经开始做（广播
> 现场报道）了。那时候我是做广播的，在我插队的时候，在大同
> 市有两个郊区，我是在北郊区也就是跟内蒙古交界的地方，在那
> 儿我做广播，每天从早到晚的活动。那里完全就是一个治河工地，
> 战地广播站就从那个时候开始，其实那是真正的现场报道，因为
> 你那会儿还没有录音机，全部都是现场直播了。后来我到了新荣

① 饶立华：《电视新闻专题作品选评》，中国广播电视出版社 1995 年版，第 66 页。

区广播站，我们会做很多现场录音报道，必须把一个最真实的很生动的活灵活现的现场呈现给听众。那个时候我就对这种现场的东西有一种灵感，觉得这个比坐在那播更生动、更直接、更有代入感。其实那个时候那是最早期的（出镜报道），到了电视台我的优势就出来了。我会一点不怵现场，我能一直一口气说很长时间，那是我做（出镜报道）早期的形态。直播的形态最早置入我的血液里，置入我的骨子当中的。我一直都是现场说，现场看到什么说什么，练这种出口成章，立马可待的这种业务①。

初入山西电视台时，高丽萍主要负责播音工作，为了拓展职业宽度，发挥专业优势，高丽萍主动申请走出演播室，到新闻一线现场尝试和探索出镜报道。虽然当时的电视业界和学界已经认识到电视的传播规律，开始注意运用同期声等手法发挥声画同步的传播优势，出镜报道的形式被越来越多地应用到各类新闻节目中，但能够将现场感的特点发挥出来的报道者并不多，高丽萍是其中的佼佼者，凡是高丽萍参与报道的新闻几乎都有出镜报道。其中电视新闻《昔日走西口，今日致富路》《我国结束蒸汽机车历史》《辞烧土旧业，开煤气新篇》等新闻在全国短新闻评选中多次获奖。高丽萍的出镜报道以朴素、平易、亲切的风格广受社会好评。总体来看，高丽萍主持的《记者新观察》呈现出以下特点：

（一）朴实自然，亲切感强

出镜报道者以人格化的方式和屏幕前的观众建立了一种"面对面"的交流场景。报道者以独特体验、独特感受和独特表达习惯，通过个性话语特征表达出来，这种屏幕上的传播方式接近于日常生活中的人际传播，因而更容易获得观众认可。生活中的高丽萍端庄亲切，见面几句话就可以拉近交谈对象之间的距离，显示出她特有的亲和力。在高丽萍看来，《记者新观察》将触角对准普通老百姓，让老百姓走上屏幕讲述发生在身边的事，因此出镜报道者应当将自己"沉下去"，

---

① 笔者对高丽萍的专访，详见附录。

以平等的姿态与采访对象交流，从而帮助采访对象消除畏惧感，获得自然的屏幕效果。

> 高丽萍（口述）：因为我所处在的现场不是工人，就是农民，是普通老百姓，你要去什么地方采访你的着装，你的状态，你的话语，你一定姿态要特别低，他们才有勇气来跟你对话。那时候出个镜可紧张了，包括省委的领导出镜都很紧张，灯光一打非常紧张的。你现在看咱们都侃侃而谈了，可之前那是 40 年前的事了。所以你要把自己的姿态要放的很低，千万别让他们很紧张，我觉得这就是我心里能想到的，出镜报道应该是让人能看得懂听得懂，才叫入心入脑，否则你跟他（观众）有什么关系？所以语言一定是平等的，没有那种居高临下的状态①。

1989 年为庆祝新中国成立四十周年，主持人高丽萍沿着当年农民走西口的逃荒之路，行走了 5000 公里的路程，从山西的河曲到达内蒙古高原，以出镜报道的方式完成了《昔日逃荒路　今日致富路》的报道。在报道中高丽萍借助农民的回答生动诠释了新闻主题，她与农民的访谈朴实自然，极富亲和力。如采访中先以"老乡"称谓对方，拉近了彼此的心理距离，继而像老朋友一样与农民寒暄问候，逐步将采访问题引向深入，客观如实地报道了当地的发展变化，杜绝了成就报道刻意"拔高"的做法。这种讲述感给人一种清新质朴、自然流畅的感觉，该作品因此不仅获得全国大奖，还成为高校电视新闻专业课上的经典解析作品。

昔日逃荒路　今日致富路②

高丽萍：老乡，你担菜是去陕西保德卖吗？

---

① 笔者对高丽萍的专访，详见附录。
② 中央电视台《弹指一挥间》编辑组：《弹指一挥间　献给中华人民共和国成立四十周年》，中国广播电视出版社 1990 年版，第 204 页。

农民：是。

高丽萍：你是保德人吗？

农民：是。

高丽萍：家里过去有走西口的人吗？

农民：有，我爸和我父亲走过。

高丽萍：那你现在不也是走西口吗？

农民：我现在走，和他们不一样。

高丽萍：咋不一样？

农民：说一千，道一万，我们走西口人现在不走了。原因是我们富起来了，这主要靠政策好。

(二)　至真至诚，现场感强

新闻的真实性原则是建立可信度的核心实践原则。直接观察是构建新闻真实的重要法则，而出镜报道者作为权威的信息源直抵新闻现场以目击者、见证者、参与者、报道者的身份直面观众，报道的直接性和出镜报道者对事件的接近性都是确保报道真实性的重要修辞手段。另外，报道者以人格化形象出镜，是一种用人格来担保新闻真实的行为，其在镜前的所说所想不仅代表个人，也代表所在的媒体。在高丽萍看来，出镜报道中现场的东西是最真实的，增强现场感能够避免过去的摆拍、声画两张皮等问题。

高丽萍（口述）：现场的东西是最真实的，最真实的感染人，最能把大家都带入现场。另外现场是没有任何这种"穿靴戴帽"的，不用写很多这种描述性的（语言）。现场必须是最真实的，现场一就是一。那个时候我觉得（出镜报道）其实是一种非常归真的，就是说你不可能造假，你也不可能说我去拿别人的话来抄，因为你在现场，你会发现你说的东西，不是人家现场的东西，观众都能看到，不管1分钟、2分钟、5分钟、8分钟全部都是来自现场的东西，我觉得现场其实是新闻生命的体现①。

无论是重大事件的新闻报道还是日常新闻报道，高丽萍对自身业务素质要求极高，出镜时以"把关人"的角度审视自身行为，把每一次出镜报道当作直播状态来完成。参与完成的各项重大或常规任务的出镜报道都力求准确无差错。这种对自身业务素养的高标准要求既增加了新闻的真实性和权威性，还增强了新闻的现场感和可视性。高丽萍认为出镜报道者应当具备驾驭现场的综合素养，要在有限的时间和空间内，快速、准确地完成选题构思、素材选择、结构搭建，寻找合适的采访对象、选择最能代表新闻现场氛围的出镜场景等内容。报道者只有以直播的状态进行出镜报道，才能保护好现场的气氛使其不受破坏，获得新闻的真实感②。

本章小结

随着1978年我国进入改革开放新时期，党的工作重心转移到经济建设上来，在改革话语的主导下，中国电视开始"自己走路"，中国电视屏幕上新闻节目全面改进，电视新闻开始探索摆脱原有生产模式的束缚，发挥电视媒介传播优势的路径。从20世纪70年代末期中央电视台首次进口电子新闻采集设备（ENG）开始，电视新闻能够实现新闻现场图像、声音信号的同步摄录，越来越多的电视播音员主持人、记者开始面对摄像机尝试出镜报道实践活动。加之微波、卫星传输等通信技术的发展，电视新闻节目在传送手段上也实现了多样化传送，既可以录像播出，也可以现场直播。技术进步推动了电视新闻报道形式的创新，为出镜报道的出现和发展奠定了技术基础。

从传播观念来看，由于受到"纪实"思潮的影响，这一时期的中国电视新闻出镜报道语言方式发生了显著变化。同期声以及长镜头的

---

① 笔者对高丽萍的专访，详见附录。
② 叶子：《中国电视名记者谈采访》，长城出版社1999年版，第164页。

大量纪实手法构建了真实的时空结构。以"物质现实的复原"为核心观念的"纪实"影像思维在理论上也普遍受到重视。20 世纪 90 年代初开始的中央电视台新闻改革中,主张本台播音员主持人、记者手持话筒在现场开口说话,明确提出新闻报道要增加出镜报道。

从接受心理上看,这一时期的电视受众收看电视新闻的目的是满足对新生事物的好奇心、新鲜感、崇拜感。在信息渠道相对单一和匮乏的状态下,电视观众对于电视新闻内容是被动接受状态。由于传播者和受众之间的不平等关系,早期中国电视新闻出镜报道语态呈现出权威的"讲话"口吻。

总体而言,这一历史时期的电视新闻出镜报道还处于探索过程。由于技术条件和传播观念的共同制约,这一时期的电视新闻出镜报道多以录播型出镜报道形式呈现,且多以固定姿态、固定景别的静态模式出现,报道者所报道的内容通常是事先写好再背诵的文字稿,这样容易形成刻板的语态,缺少现场感及动态丰富信息,且主要以消息资讯类节目和新闻专题类节目为主。出于政治安全的考虑,这一时期的出镜报道资格有着严格的限制,能够出镜的多以中央电视台《新闻联播》的播音员为主,传播主体相对单一,其播音主持风格特征基于电影美学的技术精英主义文化的影响,总体上表现为庄重、雅致、规范的特征。随着新闻改革的不断推进以及社会开放程度的提升,人们渐渐接受了记者、主持人出现在电视荧幕上,在当时的媒体环境之中,播音主持创作活动乃至整个新闻话语呈现出真诚质朴、贴近生活的话语风格。考虑到出镜报道者的语音、形象等因素,在实践中具备出镜报道素养的主持人数量并不多。学界、业界也开始探索主持人、记者采编播合一的新闻播音员主持人出镜报道实践模式。

第三章 快速成长时期（1993—2002 年）

20 世纪 90 年代初期，随着我国改革开放的全面推进，政治、经济、文化各个领域都进入转型时期，中国电视新闻出镜报道抓住机遇焕发生机。在改革开放的大背景下，特别是 1992 年邓小平发表南方讲话以后，电视界也随即迎来了更为巨大的变化。邓小平批评当时的电视新闻文风存在问题，他指出"电视一打开，尽是会议。会议很多，文章太长，讲话也太长，而且内容重复，新的语言并不是很多"①。广播电视系统坚持以邓小平建设有中国特色社会主义理论为根本方向，也随之进入了快速发展的新时期。在这种历史背景下，中国电视适应形势和满足观众需要，进行了深入改革。从 1993 年开始，以中央电视台为代表的电视媒体实施了新闻变革的重大举措，综合性新闻节目在早、中、晚不同的时段全面布局，新闻时段的增多为电视新闻出镜报道的快速发展奠定了平台基础。在以宣传新闻主义为主导的新闻意识形态影响下，电视新闻出镜报道者开始批判性地吸收专业新闻理念和商业新闻理念的做法，电视新闻出镜报道"看"的特色日益突出。可以说，这一时期我国电视新闻出镜报道在创作观念、话语样式以及社会影响力等方面，都实现了重大突破。

---

① 邓小平：《邓小平文选》第 3 卷，人民出版社 1993 年版，第 381 页。

第一节　电视新闻出镜报道的变革

一　新闻类节目突破性变化

20世纪90年代以来，随着我国经济体制改革的全面深入展开，新闻类节目逐渐成为各级电视台节目的重要阵地，自办新闻节目在全国各级电视台中越来越多，其中以新闻为特色的中央电视台第一套节目覆盖了全国大部分地区。"以中央电视台新闻为主干、带动各地电视台自办新闻的中国电视新闻传播总体格局业已形成。"[1] 1997年中央电视台对全国电视观众的收视情况展开调查发现，从1992年开始，我国电视观众收看电视的动机从"娱乐消遣"转变为"了解世界、获取信息"[2]。电视新闻节目成为人们获取新闻和信息来源的最重要渠道。电视新闻在市场观念下愈发强化受众意识，高度关注受众需求，这使"以观众为本"的传播理念逐渐落到实处。为了适应不断变化的媒介环境，满足受众的需求，电视新闻时效性显著提高、新闻内容日益丰富、新闻语态平等随和，为电视新闻出镜报道的发展提供了平台基础，丰富了表现形式，促使语态进一步发生转变。

（一）开发多个新闻时段，时效性显著提高——出镜报道发展的平台基础扩展

1993年，中央电视台每日播出新闻节目的次数从过去的4次增长到13次，播出时长由过去的65分钟增加到165分钟，播出新闻总量由80年代的几千条增长至数万条。从1993年开始，开发时段成为中央电视台新闻变革的重大举措，综合性新闻节目在早、中、晚不同的时段全面布局，初步搭建起了新闻频道的播出内容框架，实现了新闻整点播出以及重大新闻滚动播出，大大提升了新闻的质量和时效性。新闻时段的增多为电视新闻出镜报道的快速发展奠定了平台基础。

---

[1] 刘习良：《中国电视史》，中国广播电视出版社2007年版，第311页。
[2] 刘习良：《中国电视史》，中国广播电视出版社2007年版，第311页。

1. 早间新闻栏目——注重新闻集纳

清晨播出的早间新闻栏目能够发挥新闻集纳功能，既能将过去发生的重大新闻汇编，又能够对当天最新发生的新闻事件及时报道。1993年5月1日早晨7点整，伴随着东方的清晨阳光的升起，中央电视台开播了足以改变中国电视新闻史的全新电视新闻杂志型栏目《东方时空》。《东方时空》"以纪实的手法反映生活，以平视的角度贴近群众"[1] 为创作理念，开始走进千家万户。《东方时空》中产生了以白岩松、敬一丹为代表的记者型主持人，出镜报道形态被广泛运用在新闻报道之中。《东方时空》节目亮相伊始即以新鲜的形式给观众带来极大的冲击，改变了中国人过去早晨不看电视的收视习惯，标志着中国电视节目栏目化进入了一个新的发展阶段。在《东方时空》的影响之下，其他地方电视台纷纷效仿，开发早间新闻节目时段。如天津电视台的《今晨相会》，北京电视台的《北京您早》，湖南电视台的《潇湘晨光》以及上海电视台的《上海早晨》等。这些栏目均与《东方时空》一样借鉴报纸杂志的叙事结构方法，最大限度整合不同类型的新闻信息。这种全景式的新闻视野和板块式的结构能够满足电视观众多样化的信息需求，受到较好的收视效果。

2. 午间新闻栏目——强调时效性

我国电视新闻午间时段在过去很长一段时间里并未得到充分开发利用。中央电视台和地方电视台的午间时段的新闻内容多是前一天晚上新闻的"炒冷饭"。至1992年以后，这种状况才有所改观，各地电视台开始重视午间时段新闻节目的开发。1995年，中央电视台为了巩固已有的早、晚黄金时段，挖掘新的午间时段，明确提出"巩固提高两头，发展中间"[2] 的发展策略，并以此探寻更符合观众接受心理的电视新闻栏目。1995年4月3日，中央电视台延长过去的《午间新闻》，并将其更名为时效性更强的《新闻30分》。《新闻30分》集各类新闻于一体，报道题材贴近群众，并且大量采用出镜报道的方

---

① 苗棣：《中国广播电视节目概论》，南京师范大学出版社2010年版，第51页。
② 刘习良：《中国电视史》，中国广播电视出版社2007年版，第311页。

式，吸引了不少观众的青睐。另外，《新闻30分》在午间时段播出，利用时差优势能够第一时间播发国际新闻，大大提升了国际新闻的时效性。

3. 晚间新闻栏目——突出社会性、接近性、趣味性

中央电视台《晚间新闻报道》从1985年开办以来，收视率一直不佳。1994年4月，中央电视台开始对《晚间新闻报道》进行改版，明确提出要"贴近生活、贴近老百姓"，加大播出与老百姓日常生活息息相关的社会新闻、法制新闻、灾害事故新闻等的报道，使得这个新闻栏目呈现出生动鲜活的特征，受到观众的欢迎。改版以后的《晚间新闻报道》节目收视率上升明显，从过去的2%上升并稳定在6%—7%之间。

在中央电视台《晚间新闻报道》改版经验的基础上，各地方电视台也纷纷对晚间新闻节目改版，创办了一批风格特点鲜明的新闻栏目。如湖南卫视《晚间新闻》、北京卫视《晚间新闻报道》等，这些新闻栏目将镜头更多地对准普通百姓的衣食住行等方面，重点突出新闻价值要素中的接近性、趣味性，报道者则较多地采用与观众进行平等、亲切交流的"说新闻"播报方式。晚间新闻栏目还会根据社会新闻题材的特色，灵活运用出镜报道、同期声等视听符号方式，给人一种耳目一新的视听享受。

除了早、中、晚新闻时段的开发，我国各级电视台对周末双休日新闻时段也进行了符合观众收视心理规律的开发利用。一方面在题材上注重挖掘报道与观众地缘接近的具有普遍社会意义的新闻事件；另一方面以生动活泼的导语、故事化的叙事方式，巧妙地运用一种轻松的"软"视点呈现"硬"题材，追求细节的画面追求，达到吸引眼球的传播效果。

（二）新闻内容丰富深厚，表现形式多样求变——出镜报道呈现方式多元

1993年，《东方时空》的开播标志着中央电视台的新闻改革进入了新的阶段。《东方时空》用"真诚面对观众"的方式，一改灌输式、

说教式的新闻传播模式。与此同时,《东方时空》将焦点放在新闻人物、新闻现场、新闻故事等容易被忽略的元素上,中国电视从内容到形式都开始发生重大变化。深度报道的发展促进了记者型主持人的壮大,出镜报道形态被广泛运用在新闻报道之中。

地方电视台根据地域文化的特色设计了各具特色的栏目,如广州电视台的《城市话题》,浙江电视台的《新世纪论坛》,河南电视台的《中原焦点》、新疆电视台的《今日访谈》,广东电视台的《社会纵横》等,这些以新闻事实为基础的新闻述评栏目,广受观众好评,同时也为电视新闻出镜报道提供了发展的土壤。

随着社会民主化进程的加速,电视新闻报道不断推进电视新闻节目的深度;随着移动卫星技术的发展,电视媒体开始越来越多地运用现场直播的技术手段,凸显了电视传播的优势。这一时期的电视直播报道,内容不再局限于国家会议,涉猎更为广阔,表现形式更加丰富多样,直播内涵也更加深入,中国电视出镜报道水平不断在追赶世界先进水平。出镜报道者由被动操作转向主动控制,形式上由单一的记录实况转播向多样化、立体化的现场报道转变,增强了信息的时效性和现场感,经历了大量的重大事件直播报道的历练,中国电视出镜报道在技术、内容、人才等方面都实现了重大发展。

(三)文本趋向朴实,报道语态趋向平等——出镜报道的传播语态形成

在政治环境和社会文化等综合因素的影响下,中国早期的电视新闻文本在报道重大新闻事件时以"新华体"为特色,依靠"拽大词""高八度"串联起新闻稿来凸显新闻事件的"重大"。这种"新华体"式的宣导性话语固然能够给人以权威感,但难免会营造出居高临下的单向交流感。以1985年6月8日中央电视台播发的新闻专题系列片《红旗插上乔治王岛》为例,以下是该专题片的部分解说词。

主持人(解说):庄严的五星红旗升起来了,升在南极的大地,飘扬在南极的上空。这是十亿人民的宿愿,这是中华民族的骄傲!在这庄严的时刻,在这激动人心的日子,为了南极事业而

拼搏的人们，怎能不思绪万千，热泪盈眶![1]

这段解说词使用了"庄严""飘扬""宿愿""骄傲""激动人心""热泪盈眶"等带有话语使用者主观情感的书面词语，加之播音员庄重大气的配音，营造出了一种权威感。然而全篇新闻以解说词＋画面的单一方式呈现，且缺乏必要的细节描写和同期声的运用，容易与观众之间产生心理距离。

早间新闻杂志《东方时空》倡导"真诚面对观众"，我国电视新闻出镜报道的语言风格逐渐转变为口语化、个性化的"中新体"，即不直接凸显电视新闻的主观导引意图，注重观众的接受心理和审美趣味，以平等的姿态与观众交流，缩短与观众的距离，破除以往电视媒体高高在上的姿态。以下是 1993 年 8 月 8 日《东方时空》110 期特别节目中，白岩松在海拔 3700 多米的青海和西藏接合部，出镜报道采访一名流动电影放映员赵克清时所说的一段话。从这段话中可以看到，白岩松以"你好""您"等称谓与观众互动，语言接近于日常口语状态，以平等的姿态与观众交流，让人倍感亲切。

白岩松（出镜报道）：你好！观众朋友，我现在是在青藏高原上的青海省都兰县的科尔村向您报道。这里呢，海拔 3100 米，空气缺氧量已经达到 40%。也许您是在很多业余生活中选择了坐在电视机前面，但是对于这里，每平方公里只有一个人的游牧人来说，隔几个月能够看到一次的流动电影就是他们最高级的精神享受[2]。

1994 年，中央电视台的《晚间新闻》改版后，着手改进新闻报道的形式，主持人与出镜记者现场连线、切入现场直播信号等模式在

---

① 全国优秀电视新闻评选办公室编：《优秀电视新闻评选专辑》，内部发行，1985 年，第90 页。

② 臧树清：《电视解说词选》（三），东方出版社 1996 年版，第 265 页。

《晚间新闻》中首次出现。1995 年开播的《新闻 30 分》明确了"说"新闻的语言风格。1999 年 7 月 5 日 21：00 开播的《现在播报》定位为"汇集天下大事，关注老百姓和社会生活的方方面面"①，节目自开播以来已经形成简洁、明快的语言风格，新闻内容极具贴近性，关注社会热点、关注老百姓生活，央视新闻节目的价值标准逐步向观众的心理需要靠近。

中央电视台新闻播音主持语态逐渐转变的同时，省级电视台的上星运动也在展开。省级电视台面对更广阔的市场和激烈的收视竞争压力，在新闻的文风、语态、视角等方面效仿中央电视台。如湖南电视台《晚间新闻》从 1999 年开始突破过去僵化的结构模式，以新闻故事化、叙述细节化的表现方式吸引观众的注意。

二 电视新闻报道传播观念的变化

（一）"谈话"的语言观念——出镜报道语言观念的突破

电视依靠语言符号和非语言符号共同建构起电视新闻的传播空间，是人类视觉与听觉器官的延伸。而电视新闻出镜报道的语言符号具体由代表视觉的屏幕、文字和代表听觉的画外音解说、同期声两个方面构成。在我国电视新闻发展相当长的历史时间内，电视新闻工作者对电视新闻传播的语言符号的认知，仅仅停留在画外解说的层面上，这种认识的形成与早期电视新闻采制设备无法有效实现声画同步摄录的技术因素有关。同时，也因为当时媒体实践者受到电影纪录片"格里逊模式"传播意识的影响，使得我国电视新闻传播的语言传播观念难以突破。另外，当时电视语言风格的形成还受到当时电视观众的审美情趣的影响。20 世纪 90 年代以前，我国电视观众早已接受了电视屏幕的唯美主义倾向和理想主义色彩，电视屏幕上的人物从举止到言谈都表现出表演化特征。生活化的画面和语言会被传受双方视为对电视

---

① 黄匡宇：《当代电视新闻学》，复旦大学出版社 2010 年版，第 60 页。

屏庄严感的亵渎。在追求电视新闻文本表达高度文学性和修饰性的历史语境之下，如聊天一样的自然口语语言，自然难以获得生存空间，这与西方发达国家电视新闻注重新闻人物谈话的方式不太一样。

随着我国电视新闻传播发展的逐步成熟，电视的主体性日益显现，具有纪实风格的现场同期声逐渐被广泛运用于各类新闻节目中，电视屏幕上的"谈话"语态越来越常见，出镜报道形态越来越普遍。20 世纪 90 年代"谈话"语态在中国电视屏幕的兴起有其深刻的社会背景和历史原因，这种语态的形成是社会文明、开放程度日益提升，社会个体自我意识、独立意识日渐凸显的产物，也是中国电视人不断学习国外电视节目制作经验，结合中国国情探索出的结合我国电视观众需求的创新产物。这一时期，我国电视新闻领域除了出现大量以各类采访对象的"谈话"为主体构建的节目，还有包含着"谈话"的出镜报道，如报道者对新闻事件的现场报道和主持人评述、对新闻事件的描述等。"谈话"语态的形成使我国电视新闻更具亲近感，使电视观众和电视媒介之间信任关系得以建立，这无疑是我国电视新闻语言观念的全新突破。

电视传播"谈话"形态的出现符合人类的认知习惯，这种重要的语言元素出现在屏幕上并且被广泛运用并不是偶然形成的，背后蕴涵着科学的传播规律。人类的心理认知包含着词语和非词语两个层面的认知，其中人的感性和经验表达通常通过非词语认知方式实现，而理性思维则主要通过词语认知方式呈现。电视作为视听兼备的传播媒介，将词语和非词语两种表达方式融合，能够从多个层面满足人们的认知心理需求。随着中国改革开放的深入推进，社会出现多元价值观点的碰撞与交锋，传统的电视新闻报道注重事件结果的展现，而这种先入为主的传播观念难以得到受众的认可，媒体实践者转而将报道重心转移到对事件过程的阐释。受众对新闻的需求不断提高，不再满足于基本信息的知晓，而希望获得关于新闻事件的全面、深入地报道。报纸、广播等媒介在认清受众心理需求的基础上，逐渐丰富新闻内容，为受众提供了新闻事件的综述、解释、评论。电视对物质世界的表达不再停留在直观与肤浅的表面层次，而应当进入更深入、更抽象的精神层次。"谈话"这种出镜报道语态的出现帮助电视改变了传统电视解说居高临下的不对等传播方式。"谈话"语态的运用，不仅可以使电视媒介利用新闻人物的语言表达深化报道内容，还能利用声画形象的生动真实呈现，真实客观反映新闻事实。电视媒介呈现的真情实景加上接近自然状态的"谈话"话语方式，使观众通过电视媒介能够对客观世界获得更为广阔的感知、联想与判断空间。

（二）电视直播的观念——直播类出镜报道彰显电视传播优势

在我国电视初创时期，因录播技术的缺乏，电视直播还是一种不得已而为之的传播方式。直到 20 世纪 70 年代后期，随着电子信息采集技术设备从国外引入，我国电视转而以录播为主要的电视传播形式。录播技术条件下，电视新闻节目可以实现编辑、编排、保存，这对于提升电视新闻节目的制作质量有着巨大的促进作用。然而随着人们对电视新闻收视需求的提高，录播技术由于制作周期较长影响了新闻传播的时效性，难以适应时代的发展要求。电视媒体得益于电视直播技术不断完善，现代电视直播观念逐渐形成。

首先，从媒介技术视角来看，现代电视直播观念的建立离不开电视制作与播出技术的发展。从 20 世纪 80 年代开始，我国不断引进新的电视制作技术手段。为了使出镜报道者可以现场同步记录被拍摄者，我国从国外引入电子现场制作 EFP（Electronic Field Production），实现了电视新闻的现场同步编辑、播出制作。这为现代电视直播的实践提供了稳定可靠的技术支持，使电视直播能够跨地域、多点进行。

其次，从社会背景以及媒介竞争格局来看，我国改革开放进入 20 世纪 90 年代以后，社会主义市场经济得到进一步的发展。面对传统的纸媒竞争与新兴的网络媒体发展的竞争压力，电视媒体在不断探索发挥其自身优势的传播方式。在开放的时代背景之下，电视新闻直播以独具魅力的传播方式，充分发挥了电视媒介的特性。

经过了 20 多年录播积淀的电视新闻，我国电视逐步具备了现代直播实践的基础。事实上，在以录播为主要传播方式的时间里，我国直播的理论与实践探索也在不断进行着，比如文艺、综艺和体育节目的直播，然而涉及重大政治事件的新闻直播却受着各种条件的限制，没有得到充分施展。1996 年 1 月 1 日，《新闻联播》改版后，以直播形式与观众见面。在中央电视台的引领下，部分省市级电视台的新闻节目也逐步实现了直播报道。1997 年，中央电视台做了多场大型直播活动：3 月 9 日，"日全食和彗星天象奇观"，中央电视台通过现场直播的方式，历时 2 小时 20 分，与天象的发生同步，充分发挥了电视直播的优势，及时生动地为观众展示了神奇的天文现象，普及了天文知识。7 月，香港回归直播，在这个重要的历史时刻，中央电视台调集了精干力量，集中一批先进设备，派出最强阵容，以多个城市作为报道点，充分发挥电视声画结合的特质，运用多机位、多角度、同地和异地时空同步展现的技术能力，同时，多点式立体化的报道网络，对时空进行全面、集中、合理的组合，从而使整个报道具有了其他媒介所无法比拟的优势①。这些电视手段的使用，使观众能够最大程度地感受到现场氛围，观众不仅仅是旁观者，更是这段历史的参与者和见证者。同年 10 月，黄河小浪底水利枢纽工程截流直播以及 11 月 8 日的"三峡工程大江截流"直播。一次又一次的重大新闻事件现场直播实践，为我国电视媒体成长奠定了坚实的基础。1997 年因此被称为中国电视直播元年，标志着中国电视开始进入一个全新的"直播时代"。从此，电视新闻出镜报道完成了从实验探索到常态化直播的转变。1999 年的"澳门回归"出镜报道，是中央电视台进行直播报道的又一次成功尝试，这次报道体现了我国出镜报道的成熟发展，我国电视新闻媒体在国际媒体竞争中占有了一席之地。2000 年 11 月，改版后的《东方时空》时长从原来的 40 分钟扩展为 150 分钟，并且推出多个直播类的专题节目，如《直播中国》《直通现场》等，这些节目注重报道者的出镜报道，运用大量现场纪实镜头语言，展现新闻现场的细节和过程，让观众能够真切感受到出镜报道的魅力。这些大型现场直播实践，一是使电视迅速在众多媒介竞

---

① 王启祥：《我国重大事件电视直播报道回顾与反思》，《电视研究》2010 年第 5 期。

争中占据上风，成为最具影响力的媒体。电视对重大事件同步现场直播，充分发挥了多模态的传播优势，实现了声音、图像、文字多种传播符号同步记录新闻事实，这是其他媒介形式难以企及的。二是充分展示了中国电视新闻的实力。电视直播是展现媒体实力的重要手段，因为电视媒体对重大事件的现场直播，需要的不仅仅要具备先进的电视制作技术，更要具备协调各类媒体资源的现代直播观念。

（三）电视"栏目化"观念——出镜报道走向品牌化传播

电视栏目是电视节目的重要载体，电视播出平台"把一些或一组题材内容、性质、功能目的，或形态相近的小节目纳入一个定期定时长的某时段中播出，并将这一定期、定时长播出的某时段冠以名称，这一冠名播出时段的节目我们习惯于称为电视栏目"①。相较于电视节目而言，电视栏目具有稳定的标识，以便形成观众与传播内容较为确定的"约会关系"。

"栏目"原本指报纸编辑的构成单位，电视栏目借鉴了报纸专栏的形式，具有综合性、系统性、固定性的特点。中国电视事业诞生之初，由于电视节目还是一种稀缺资源，节目难以做到稳定播出。进入20世纪90年代，随着我国电视事业的迅速发展，电视节目大量增加，电视栏目的种类门类齐全，但电视台的节目播出常常不准时，栏目的播出时长也缺乏规范。为了解决这一问题，使电视节目达到规范化、类型化，中央电视台率先提出电视节目"栏目化"，便于观众定时收看，从而培育稳定的受众群。经过长时期的积累，中国电视"栏目化"的观念以1993年4月《东方时空》的播出为标志逐步趋于成熟。

从电视"栏目化"观念的探索上来看，《东方时空》是国内外电视媒体实践综合影响的产物，既有中国原有电视栏目的实践探索，又借鉴吸收了国外、境外优秀电视栏目的经验，在电视"栏目化"观念的实践方面为中国电视提供了新的运行经验。从生产理念来看，日播版的《东方时空》为了支撑栏目的内容体量，改变了过去电视节目选

---

① 赵淼石：《电视节目策划》，重庆大学出版社2016年版，第107页。

题、拍摄、制作的落后单一理念，逐渐探索出了连续、系列报道的路径。在节目选题方面善于结合特定时间推出有主题、成系列的报道。为提高新闻生产效率，《东方时空》采用流水线作业的方式，从选题策划到采访拍摄再到后期剪辑制作，分工细化、各司其职，这使得节目生产能力大大提高。从传播理念看，以往节目缺乏个性化特征，偏重单向传播。《东方时空》则努力打造个性化品牌，向互动传播迈进。栏目高度重视出镜记者和主持人的作用，将人际传播与大众传播理念相结合，营造与观众面对面沟通的效果。其中，尤其是主持人、出镜记者以富于人格化魅力的个性形象面对观众，使《东方时空》栏目形象更具个性魅力。正是基于上述现代电视栏目理念探索的成功，《东方时空》不仅获得了较高的社会效益，同时也取得了可观的经济效益；不仅推出了白岩松、水均益、敬一丹、张泉灵等一批名出镜报道代表人物，同时也培养了一批忠实的稳定的观众收视群。

　　20世纪90年代中期《东方时空》的成功实践，使电视人的传播观念由以节目为核心转变为以栏目为核心，中国电视的生产与传播全面进入了"栏目化"阶段。从中央电视台到地方电视台，电视"栏目化"的观念逐渐被认可，许多电视栏目根据不同的媒介环境进行了本土化探索，按照现代电视栏目的观念，许多优秀的新闻栏目在逐步推广，中国电视形成了丰富多彩的屏幕景观。从总体上看，电视"栏目化"是对中国电视节目生产与传播整体能力与水平的提高，对满足广大受众不断变化的审美和需求有着重要意义和作用。

三　重大事件出镜报道进入全新阶段

（一）对重大事件进行全方位、多角度的同步直播

　　1997年对于中国电视而言具有特别的历史意义，这一年被称为"直播年"。在这一年中央电视台提出"重大新闻要采用现场直播的手段"[①]。

---

① 刘习良：《中国电视史》，中国广播电视出版社2010年版，第423页。

中央电视台在这一年的时间内先后组织开展了6次大规模的直播活动。

1997年初，中央电视台率先从国外引进移动卫星地球站，这一先进技术的引入使中国电视多点直播报道成为现实。1997年3月9日，中央电视台与黑龙江、江苏、云南各地方台合作，首次采用"多点联动"的方式成功地向国内外现场直播了漠河地区的日全食及全国各地的日偏食这一天文景观，充分发挥了电视直播的优势。这次直播实践全程记录了天文现象，是中央电视台在科技领域直播报道的一次突破。

1997年3月18日，中央电视台电视直播了"南昆铁路全线铺通"。这是中央电视台首次在经济领域的直播报道。1997年4月24日，中央电视台运用报道与评述相结合的方式首次现场直播国际重大政治活动"中、俄、哈、吉、塔五国边境裁军协定签字仪式"。1997年6月30日至7月3日，中央电视台多套节目打破既定编排格局，按照新闻频道的设计对"香港回归"实现72小时连续直播。这是我国电视新闻直播历史上时长上的新突破，也是中央电视台自建台以来规模最宏大的一次直播报道。这场报道综合运用转播车、卫星转发器、直升机等各种技术设备，通过出镜报道等方式，充分发挥了电视直播的优势，在国内外引起强烈反响。据调查测算，国内收看这些香港直播报道重要活动的人数逾8亿，开创了当时中国电视收视的最高纪录。1997年10月28日，"黄河小浪底水利枢纽工程截流合龙"直播，这次现场直播未设置固定的演播室，而是以主持人出镜报道的方式进行多点移动式直播，让主持人在重大新闻事件的第一现场，以走访的形式将整体工程介绍给观众，营造了强烈的现场氛围。1997年11月8日，"三峡工程大江截流"直播中，为了营造新闻现场感，中央电视台首次将节目的总控制中心放置新闻现场，实现了一次大胆的尝试。

随着重大新闻事件直播的增多，1998年中央电视台的各类直播报道改变了过去只有大事才会组织特别报道的惯例，逐渐向常态报道转变。直播报道的频次增加，报道的领域不断扩展，报道的组织水平逐渐提高。1998年中央电视台现场直播了第九届全国人大一次会议和全国政协九届一次会议，首次加入主持人出镜报道现场评述的形式，对大会的热点议题以及新闻背景进行分析充分发挥电视现场直播报道的优势，极大地树立了中央电视台作为国家电视台的权威性。1998年2月，中央电视台派出以水均益为代表的8人报道组赶赴伊拉克首都巴格达，对伊拉克武器核查危机事态进展进行跟踪式报道，这次报道开创了中央电视台对重大国际事件进行出镜直播报道的先河。1998年7月底，柬埔寨大选之后，中央电视台派报道组赴柬埔寨，派出报道组对重大国际事件进行远程跟踪式实况报道。

1999年12月19日9：00到21日9：00，中央电视台对澳门回归进行特别报道。得益于之前香港回归报道的经验，这次直播报道给予主持人更大的主动权和话语空间，强化了演播室功能的重要性。参与这次直播的孙玉胜曾撰文写道："大型直播报道毕竟不是专题片和新闻播报，二者最大的区别是大型直播报道的不确定性"①。这次直播中白岩松、敬一丹在镜头前展示了各自的魅力。整个48小时直播节目显得格外流畅和鲜活。澳门直播的成功标志着央视重大政治事件现场直播报道走向成熟。

中央电视台及地方电视台新闻中心陆续推出了新闻现场直播节目，如《2000年全国高校网上录取现场直播》《2000年钱塘江潮直播特别节目》《北京老山汉墓挖掘现场直播》等，这些现场直播报道多是文化类题材的直播报道尝试，以人文为基础，突出报道的趣味性、知识性、科普性及观赏性。总而言之，这一时期的电视新闻报道凸显出全方位、多角度的同步直播的特点。

（二）应对重大突发事件的报道能力增强

突发事件指"公众难以预测和控制的事件"②，具有突发性、复杂性、异常性等特点，按照事件类型的发生过程、性质可以分为自然灾害、事故灾难、公共卫生事件、社会安全事件四类，而按照事件的严重程度又可以分为特别重大、重大、较大、一般四级。由于突发事件

———————————

① 孙玉胜：《十年——从改变电视的语态说起》，生活·读书·新知三联书店2003年版，第250页。

② 谢耘耕、黄慎慎、王婷：《突发事件报道》，上海交通大学出版社2009年版，第1页。

变化节奏快，充满悬念和未知，具有较强的新闻性和冲击力、吸引力。受到宣传、新闻体制的影响，出于对社会稳定和政治因素的考量，我国政府对于突发事件的报道一直持谨慎的态度。加之早期传播工具少，信息传播渠道有限，突发事件报道通常报喜不报忧，逐渐形成了"轻描淡写的灾情＋党和领导的关怀＋灾区人民的决心"①的灾难新闻报道模式。

随着改革开放的逐步深入，20 世纪 90 年代以后，外国新闻机构驻派我国的新闻从业人员不断增多，我国突发事件报道面临着国外新闻机构的严峻挑战。为了在国际舆论中争夺有效的话语权，中宣部等部门先后多次发文要求改进突发事件报道工作，要求我国新闻机构在对突发事件报道中应尽可能及时公开连续报道，力争在国外媒体报道之前发布。1997 年以前，我国电视新闻直播报道还集中在对可预见性的新闻事件的报道，对于不可预见的突发事件的报道还未涉足。1998 年夏季，我国遭遇了特大洪涝灾害。在长达 3 个月的抗洪报道中，中央电视台派出强大的报道团队对这一突发事件进行了直播报道，"派出新闻记者 303 人、50 多个摄制组，采访区域覆盖四川、湖北、湖南、江西、安徽等省区的 20 多个重要地段"②，准确及时地宣传了党中央的决策部署，真实反映了中国人民万众一心抗洪抢险的壮烈场景。

中央电视台 1998 年的抗洪报道有力推动新闻界乃至全社会形成抗洪斗争的舆论热潮，充分发挥了电视媒体弘扬抗洪精神的媒介作用。在这次抗洪救灾报道中，中央电视台新闻中心打破过去部分分工细化的模式，集中优势力量组成大编辑部，有序调配采编播力量。新闻中心先后派遣 300 多名记者前往全国各地灾区前线，这些记者由新闻中心策划组负责统一协调、联络。策划组根据灾区水情、灾情的实时变化情况及时调派报道组，各个报道组相互协调配合。科学有序的组织

---

① 沈正赋：《灾难新闻报道方法及其对受众知情权的影响——从我国传媒对美国"9·11"事件报道谈起》，《声屏世界》2004 年第 3 期。

② 中央电视台台办公室事业发展调研处编：《传承文明　开拓创新　与时俱进的中央电视台》，东方出版社 2003 年版，第 66 页。

调度使报道组能够抢在重要事件发生之前赶到现场,为观众呈现来自一线的鲜活报道。这次抗洪报道作为一场百年难遇的"阵地遭遇战",对新闻工作者是一次思想和意志上的考验、锤炼和洗礼,也是业务和报道工作的升华,标志着我国的电视新闻直播进入突发事件领域。

这一时期的突发事件如 1999 年的科索沃战争美国轰炸我国驻南斯拉夫大使馆事件、2001 年中美撞机事件、广西南丹矿井重大事故等事件,考验着电视新闻出镜报道者的应战能力。中央电视台及时进行报道,我国电视媒体应对重大突发事件的能力大大增强。

第二节 电视新闻出镜报道的创作分析

一 记者与主持人身份合一:《东方时空》中的出镜报道

1993 年 5 月 1 日,中央电视台开创了首档早间新闻杂志栏目《东方时空》。创办之初《东方时空》的筹备负责人孙玉胜将栏目的传播理念定位为"以纪实的手法反映生活,以平时的角度贴近群众"①。《东方时空》按照不同的节目内容设有《早新闻》《东方之子》《东方时空·金曲榜》《生活空间》《焦点时刻》等子栏目。《早新闻》集纳昨夜今晨最新发生的新闻事件的相关消息。《东方之子》以主持人出镜报道的方式将镜头对准那些为国家和民族做出突出贡献的杰出人物,通过访谈的形式再现这些杰出人物的人格魅力。《东方时空·金曲榜》展现富于时代气息和民族特色的经典歌曲。《生活空间》以纪实的手法为观众讲述一个老百姓自己的故事。《焦点时刻》用调查记者出镜报道的方式将镜头对准老百姓关心的社会问题,及时反映国内外热点新闻事件。全新节目样态的《东方时空》以精致的新闻片头、新颖的结构布局、生动的出镜报道、深刻的热门话题,迅速赢得了观众的喜爱。

为了进一步凸显平等的话语形态,《东方时空》主张从名记者中

---

① 梁建增:《〈焦点访谈〉红皮书》,文化艺术出版社 2002 年版,第 5 页。

培养名主持人，高度重视出镜记者和主持人的作用。主持人不但是新闻播报者，还是新闻采访者、评论者，不仅出现在演播室当中，而且还出现在新闻现场，将人际传播与大众传播相结合，以富于人格化魅力的个性形象面对观众，营造与观众面对面沟通的效果。以白岩松、水均益、敬一丹为代表的记者型主持人不同于传统意义上的播音员。他们通过出镜报道实践，运用大量现场纪实镜头语言，展现新闻现场的细节和过程，让观众能够真切感受到出镜报道的魅力，实现了"记者"身份和"主持人"身份的合一，成为 90 年代中国电视新闻领域耀眼的"明星"。

（一）真诚自然，平等语态

在很长一段时间，中国电视新闻报道的记者、主持人在面对社会地位较高的采访对象时，是以一种仰视的状态在与对方交流，有的记者、主持人甚至跪着提问①。《东方时空》栏目组提出"真诚面对观众"的口号，开启了中国电视平等语态的大门，标志着中国电视传播开始向以人为本的方向进行转换。相较于新华语态的高高在上，平等语态给人一种平等对话的感觉。电视语言开始从说"官话""套话"向说"人话"转变。"说人话，关注人，像个人。"② 这句话是刚刚步入电视行业的白岩松写给自己的座右铭。

> 白岩松（口述）：《东方时空》可能就干了一件事：平视。用《东方之子》平视人，不仰视不俯视；用《生活空间》平视生活，不涂抹不上色；用《焦点时刻》平视社会，不谄媚不闪躲，最后用不同于以往的平实语气，说人话、关注人、像个人，平视自己③。

"平等语态"具体是指电视新闻的传播者用平实、亲切、贴近百姓生活的电视语言，平等地与观众真诚交流的话语方式。这种话语方

---

① 笔者对童宁的专访，详见附录。
② 白岩松：《幸福了吗?》，长江文艺出版社 2016 年版，第 275 页。
③ 邹煜、白岩松：《一个人与这个时代》，上海交通大学出版社 2013 年版，第 29 页。

式的基本特点是以受众接受心理为原则,以满足受众需求为取向。在节目中,白岩松出镜报道时善于实现一种"聊天式"的谈话方式,将自己化身为一位普通民众,然后就观众最关心的问题向采访对象提问,在看似随意的氛围中,逐渐将话题引向深入。如 1993 年 8 月 8 日《东方时空》110 期特别节目中,白岩松奔赴海拔 3700 多米的青海和西藏接合部,出镜报道采访了一名流动电影放映员赵克清。报道以纪实的手法真实呈现了一名普通放映员扎根西北边疆的感人事迹。开篇身穿绿色夹克的白岩松身处新闻所在地青海省都兰县的科尔村,以朋友的身份,自然亲切的语言向观众介绍了故事的主人公赵克清。

图 3 −1　白岩松在青海省都兰县的科尔村出镜报道

(来源:《东方时空》110 期特别节目视频截图)

　　白岩松(出镜报道):你好!观众朋友,我现在是在青藏高原上的青海省都兰县的科尔村向您报道。这里呢,海拔 3100 米,空气缺氧量已经达到 40%。也许您是在很多业余生活中选择了坐在电视机前面,但是对于这里,每平方公里只有一个人的游牧人来说,隔几个月能够看到一次的流动电影就是他们最高级的精神享受。所以,一到放电影的时候,就是附近游牧民的一个节日。在这里我认识了一个流动电影放映员,他的名字叫赵克清,他穿山越岭为附近游牧民服务，已有 28 年了。所以附近的游牧民都把他称为"中国最棒的电影艺术家"①。

在之后的采访中，白岩松如赵克清的老友一般，一起来到游牧点支帐篷、放电影。出镜报道在"闲聊"中悄然展开。白岩松通过一个又一个感人的细节的呈现，将赵克清为了给游牧民族提供服务而"舍小家顾大家"的敬业奉献形象表现得淋漓尽致。在出镜报道中，为了缓解采访对象面对镜头的紧张情绪，白岩松趁采访对象正在劳动时根据现场情景发问。另外，在采访时白岩松始终放低姿态，以平等的姿态与采访对象交流，如赵克清俯下身子干活时，白岩松则同样蹲下身子与采访对象保持合适的交际距离，整个交流过程亲切自然。

白岩松：下一站去哪儿？

赵克清：龟山。

白岩松：这一站又得走多远？

赵克清：毛驴、骆驼都得四天，四天到昆仑山有 19 个点儿，全是马、毛驴、骆驼都上不去的地点，那个地方无法生活，一年只看一次电影，就去这一次，一年就看一次。

白岩松：在家里待上两三年吗？

赵克清：没有，28 年在家待了几天，28 年在外过了 19 个春节。

白岩松：你自己不想呀？

赵克清：想啊，在家坐在一起吃团圆饺子。我想在家的时间，虽然举家团圆了，但少数民族在春节期间闲着，闲着就想看电影，我和他们在一块的时间比我家的人更多更多②。

白岩松出镜报道时以平等的语态与被采访者交谈，这种方式符合说服理论的"自己人"效应。美国学者卡尔·霍夫兰通过观察传播实

---

① 臧树清：《电视解说词选》（三），东方出版社 1996 年版，第 265 页。
② 臧树清：《电视解说词选》（三），东方出版社 1996 年版，第 267 页。

验而得出说服理论。该理论认为"假设传播对象喜欢传播者，就可能被说服，如果接受者认为信息的来源是来自一个与他自己相似的人，即具有同一性，就更是如此"①。白岩松与被采访者以及观众建立了一种平等的关系，进而拉近了彼此之间的关系。这种亲近关系的建立更容易使传播者的观点被接受者认同，从而起到增加和改善传播效果的目的。

（二）适度追问，贴近事实

提问是出镜报道者获取新闻素材，了解新闻事实最便捷、最有效的方式和手段，也是出镜报道的重要环节。善于提问的出镜报道者不仅能从采访对象那里获取丰富生动的新闻素材，还能在提问过程中确定新闻主题。《东方时空》的主持人在出镜报道以及节目主持中都十分重视采访提问，白岩松认为"采访就是传媒人的射击"②。电视新闻出镜报道者在采访的过程中只有深入理解受众心理和社会心理，真切了解公众和社会关切，才能在日常的采访过程中主动发现新闻的真实意义。

白岩松在出镜报道中经常用追问的方式，根据采访对象的现场回答，捕捉具体的新闻事实和细节，即兴调整提问方式。通过不断追问逐步将采访引向深入，贴近事实真相。在《东方时空》中，白岩松采访赵克清放映电影时，赵克清回答的关于电影放映相关的技术问题，白岩松为了让观众对专业术语有更清晰地了解，特意使用追问的方式，将陌生的术语转化为通俗易懂的语言。以下为《东方时空》中，白岩松采访赵克清放映电影时的对话片段：

　　白岩松：您隔多少时间换一部片子？

　　赵克清：一圈都转完了。

　　白岩松：这一圈是多少个点？

---

① 郑兴东：《受众心理与传媒引导》，新华出版社1999年版，第231页。
② 白岩松：《四大核心能力，白岩松给传统媒体人指出路》，《廉政瞭望》（上）2019年第2期。

赵克清：47 个点儿。

白岩松：多长？

赵克清：5.6 万平方公里，边边角角都转到了[1]。

(三) 人性化表达，彰显人文情怀

"新闻三角"是学者甘惜分在其《新闻理论基础》中提出的重要理论，该理论认为新闻本源、新闻媒介和新闻受众构成了新闻传播过程。在"新闻三角"中最核心的要素是人，因为人是传播主体，贯穿于整个新闻传播的始终。主持人、记者出镜报道与访谈对象的谈话实际上说给观众听的，所以必须处处考虑到观众的心理需求、审美情趣、接受水平、接受习惯。白岩松曾说："我当下最关心的是人的内心和精神。"[2] 以白岩松为代表的《东方时空》的主持人之所以受到大众欢迎不仅仅是因为他们业务的纯熟、观点的犀利，更重要的是他们在新闻节目中始终坚持与人民群众共呼吸，以人性化的表达，关注新闻中人的故事，充分彰显人文情怀，把各类新闻以"与我有关"的叙事视角呈现出来，以"真、小、实"的话语力图改变新闻中存在"假、大、空"的文风。关注民生、凸显人文情怀已经成为《东方时空》栏目重要传播理念，这个理念让节目真正做到贴近群众、贴近生活。

人性化的表达方式具体表现在出镜报道的语言是电视口语，在一些电视节目出镜报道的语言中，有的主持人、记者直接将书面语背诵出来传递给观众，给人一种距离感，而白岩松等主持人则善于运用生活化的语言，加以提炼和扬弃，形成符合电视传播规律的语言。

除了报道者语言的口语化之外，人性化的表达方式还应当是一种人格化的真实呈现。区别于演员的表演，出镜报道者是社会分工中的真实存在的社会角色，肩负着大众传播媒介赋予的职责和使命，应当坚持真实、客观的传播原则。出镜报道者自然应该保持真实的身份，以真情实感面对观众，才能塑造权威的信息源，获得观众的认可。

---

① 臧树清：《电视解说词选》(三)，东方出版社 1996 年版，第 266 页。

② 邹煜、白岩松：《一个人与这个时代》，上海交通大学出版社 2013 年版，第 31 页。

人性化的表达方式还表现在出镜报道者个性化的语言。每一位出镜报道者因为长相、年龄、气质、经验等因素而不同，其所传播的内容也会带有个性特征。这种个性特征区别于大众传播，是人际传播的魅力所在。《东方时空》的出镜报道者各具特色，给人们留下了深刻的印象。如白岩松言辞犀利，敬一丹用语恳切，水均益机辨睿智。人们都喜欢个性化的东西，无论是视觉还是心理，个性化的东西总能给人留下深刻的印象。报道者要敢于说我，敢于让自己与众不同，并且以个性化的内容来吸引观众。在白岩松看来，主持人要善于面对自己内心真实的感受，只有发自内心的东西才是最准确的。

　　白岩松（口述）：我经常看到有一些做得不好的同行，他们的感受其实没错，但是他不相信自己的感受，不敢表达自己的感受，不能更有效地表达自己的感受。慢慢地你就很空了，别人看不到你，看不到你的真实情感，你的真实思考①。

二　用事实说话:《焦点访谈》中的出镜报道

20 世纪 90 年代的中国社会正处于社会转型期，社会现象复杂，大众媒介肩负的舆论监督和舆论引导功能变得空前重要。1994 年 4 月 1 日，中央电视台晚间 19 点 38 分黄金时段推出了一档电视新闻评论节目《焦点访谈》。这档深度报道节目，以观点鲜明的电视评论，实现了电视媒体的舆论监督和舆论引导功能，很快便成为中国最知名的电视新闻节目之一，赢得广大电视观众的喜爱。以《焦点访谈》为代表的中国电视新闻评论节目的兴起，必然推动电视新闻评论的发展，中国电视新闻从此扬起了自己的旗帜，特色更加鲜明。

在中央电视台新闻评论节目《焦点访谈》巨大传播效应的影响之

---

① 邹煜、白岩松:《一个人与这个时代》，上海交通大学出版社 2013 年版，第 69 页。

下，各省、市电视台纷纷效仿推出新闻评论类节目。1995 年，中宣部和广电部联合更是从政府层面发文，要求各全国各省级电视台设置新闻评论部。这一时期，地方各电视台的电视评论栏目如雨后春笋般出现。如辽宁电视台开办的《新闻观察》，沈阳电视台开办的《新闻视点》，黑龙江电视台开办的《今日话题》，南京电视台开办的《社会大广角》，江苏有线台开办的《公众视线》等。随着新闻评论节目的兴起，我国电视新闻评论的影响力越来越大，电视新闻在媒体中的地位也越来越重要，为我国电视新闻出镜报道走向深入奠定了坚实的基础。

《焦点访谈》从第一期节目开始便采用"主持人演播室导语（1 分钟左右）＋新闻事实陈述（10 分钟左右）＋主持人演播室评论（1 分钟左右）"的节目结构样式，将主持人评论与出镜报道相结合，叙议呼应。栏目内容重点关注"政府重视、群众关心、普遍存在"[①] 的话题，坚持"用事实说话"。这档栏目脱胎于《东方时空》子栏目《焦点时刻》，《焦点访谈》与《焦点时刻》相比更加凸显新闻评论的地位和分量。在具体操作上，《焦点访谈》打破了以往电视节目播音员主持人的常规模式，选择几位出镜报道能力突出的资深记者出任相对固定的主持人，打造"记者型主持人"。"这些主持人在声音、形象方面可能不如传统的播音员潇洒、优美，但他们以目击者、参与者的身份调查采访事实，叙述分析事实，大大提高了报道的真实性和言论的权威性"[②]。这些主持人逐渐成为节目的标识与符号，他们既具备丰富的采编能力，又具有较强的语言表达能力。在敬一丹看来，《焦点访谈》的主持人其实具有记者和主持人的双重职业身份。

敬一丹（口述）：其实在《焦点访谈》主持人这个位置上，我经常还是把自己定位为一个记者，因为从我到《焦点访谈》工作，就是采编播合一的，到现场就是出镜记者，回来面对编辑机

---

① 贡吉玖：《中国广播电视新闻奖 1998 年度新闻佳作赏析》（下），中国国际广播出版社 1999 年版，第 128 页。

② 李东生、孙玉胜主编：《焦点访谈精粹》，中国人民大学出版社 1998 年版，第 13 页。

的时候就是编辑，然后走到演播室面对镜头的时候，这时候才是主持人，很难分清这里面的角色。有的时候我在现场做报道的时候，其实我就在想到演播室以后我应该怎么说，然后到了演播室以后，我也会想到我在现场我所看到的某个细节，然后编辑的时候我已经把结构都构思好了，在特定场景里做怎样的表达，所以这是一种采编播合一的工作方式，已经不纯粹是主持节目了①。

《焦点访谈》培养出了一批具有丰富出镜报道实践经验的记者型主持人如敬一丹、白岩松、水均益、张羽、王志、董倩、杨春等，这些主持人中的大部分成为中国电视新闻节目主持人的标杆。

（一）娓娓道来，融"评"于"述"

随着新闻业的发展，新闻从业者不满足于陈述事实的"传递者"角色，而更要充当引领舆论导向，对新闻事实夹叙夹议、有理性判断的"报道者"角色。电视新闻评论是"电视媒介对最近发生的重大新闻事件、重要的有影响的社会问题、社会现象发表意见，并进行分析、评论的节目形式"②。电视新闻评论因其视听符号的双重属性，不同于报纸、广播等媒介的评论，不能单纯依靠文字或声音某种单一的语言形式来阐述观点，而要把观点与电视所独具的视听元素优势融合，使报道内容"绘声绘色"、评述有理有据、述与评相互支持、相得益彰。报道与评论相融合已经成为我国电视新闻评论的发展趋势。区别于传统的电视新闻评述类型，《焦点访谈》通过对新闻事实的分析，把观点寓于新闻事实之中，引导观众去思考判断。在电视新闻评论栏目《焦点访谈》中，为了增强新闻的可信度和影响力，主持人、记者常常用出镜报道的方式在新闻现场对新闻事实发表简明扼要的评述，这种评述是基于新闻事实基础上的分析，要求主持人、记者坚持以理性的目光自觉审视客观事物，透过现象挖掘事物的本质，并通过过程的展示，给观众以透彻了解事情真相的机会。另外，由于新闻事件的复

---

① 笔者对敬一丹的专访，详见附录。
② 叶家铮：《电视媒介研究》，北京广播学院出版社 1999 年版，第 243 页。

杂性,简单的线性叙述难以将事实说透,这就要求主持人、记者在出镜报道时以故事化的叙事手法,娓娓道来,将事物的关系、现象交代清楚,否则难以形成有理有据、入情入理的分析和合乎逻辑的结论。以下为《焦点访谈》中《育人者何以育烟》的出镜语:

> 记者(出镜):观众朋友,我们的车开入少普乡以后,一路上,发现这里的标语口号特别多,而且口号的内容几乎全都是教育方面的。我现在身后就有一条标语:再穷不能穷教育,再苦不能苦孩子。我想这些字写在这里的作用不仅仅是给人看的,是不是在实际工作中也应该有所体现呢?(《育人者何以育烟》)①

这段文字出现在新闻《育人者何以育烟》的末尾,报道者以出镜报道的方式评述了新闻事件,将观点与报道事实相结合,富有较强的说服力和冲击力。为深入了解贵州织金县少普中学全体教师来信反映该乡要求全乡教师承包当地农民烤烟任务一事的详细情况,报道者深入这个偏远乡村,采访事件的前因后果。采访结束后,报道者准备离开该乡时,看到了新闻事发地有一句"再穷不能穷教育,再苦不能苦孩子"的标语口号。出镜报道者巧妙借助标语为出镜画面背景,运用隐喻的修辞手法,将标语内容与新闻内容融合,将观点和事实相结合,起到画龙点睛之效果。节目播出后社会反响强烈,时任国务院副总理的李岚清收看了这期节目后,高度重视并指示有关部门要妥善处理新闻报道的事件并要求当地政府改善新闻事发地的教育条件。

(二)亲切质朴,分寸节制

《焦点访谈》以深度报道为特色,聚焦普通百姓、评说大众话题,其平等化的电视制作理念贯穿始终,这就必然要求出镜报道者以亲切质朴的形象面对观众。敬一丹在谈到参与《焦点访谈》出镜报道时的体会时谈到报道者要"平视和贴近人,尤其是最普通的老百姓,和他

---

① 李文明:《新闻评论的电视化传播〈焦点访谈〉解读》,四川大学出版社 2003 年版,第255 页。

们做心灵的沟通，使他们感受到浓浓的人情味，是我自然而然的感情流露"①。电视传播者改变过去居高临下的话语方式，平等地与观众真诚交流，展现平实、亲切、贴近百姓生活的电视语态。

　　敬一丹（口述）：从《东方时空》到《焦点访谈》，我觉得我们一直是有一种追求的，就是用一种更能够到达的方式来表达。就像孙玉胜在他的《十年》这本书里说的改变话语方式，用老百姓的话说就是说人话。有人说我们天天说话，我说的还不是人话吗？那老百姓为什么还会提出说人话这种说法呢，就因为在很多老百姓看来，主持人、记者说的是官话套话，那些都不是人话。什么是人话呢？你真正了解人心，有足够的尊重，然后找到一种合适的表达方式，这就是人话②。

　　除了以平等语态面对观众，《焦点访谈》作为新闻评论类型的新闻节目，出镜报道者在镜头前呈现观点时还应注意分寸感。出镜报道的分寸感是指主持人、记者通过有声语言、副语言所体现出来的态度、感情必须符合新闻传播规律和党的政策，做到准确鲜明，不温不火。作为一档新闻评论类的新闻节目，《焦点访谈》的重要职能之一是舆论监督和引导舆论，涉及社会热点话题，这就要求报道者具备较强的新闻素养，把握好政策分寸、态度分寸、表达分析，真正做到以理服人，用事实说话。一直以来，《焦点访谈》就坚持以适当的分寸感，以正确的立场来观察社会、分析问题，以建设性的监督来实现上情下达，既得到上级的支持，又得到老百姓的信赖。在《焦点访谈》的出镜报道中，敬一丹等主持人既要考虑到对事实进行精确地分析，也要照顾到不同受众群体的情感，还要考虑国家法律政策等相关内容，在多元利益主体中找到平衡点。敬一丹在总结出镜报道经验时说，出镜报道者应当始终有一种对象感，把握好职业角色，话语中尽量少用诸

---

① 叶子：《中国电视名记者谈采访》，长城出版社1999年版，第2页。
② 笔者对敬一丹的专访，详见附录。

如"必须、我们要、应该"这类带有命令语气的词语。

> 敬一丹（口述）：其实我以前在采访中也有过那种特别感性的时候，我甚至有一次在采访中流泪了，然后我和采访对象都出现在画面里，以至于后期我在编辑节目的时候，我都找不到一个不流泪的镜头，那次节目我觉得很失败，失败在哪里呢？就是我没能完成正常的传达。我虽然和这个被采访者很共情，但是我作为一个职业记者，没有克制自己的情绪，传播就受到了严重影响。在后来的出镜报道或主持节目中，我就提醒我自己，分寸是极为重要的，就是我内心再感动，我也不能忽略了，泣不成声就完不成传播。当节目播出的时候，我提醒自己克制，有分寸的表达，给观众留白①。

出镜报道的分寸感除了体现在有声语言的表达上，还通过体态语表达，如姿势、表情、举止服装等细微之处，无不流露出报道者的个人修养和与被采访者的关系。人际传播理论认为，人与人之间的交往65%的意义是通过体态语传递的。如果报道者能够通过体态语让观众感受到信任、亲切，那么传播者的信息也就更容易被受众接受。敬一丹等《焦点访谈》的主持人、记者大多很注意与采访对象的体态语交流。比如目光的平视、话筒距离的远近以及握手、服饰与语境的协调，通过体态语的分寸把握，能够迅速拉近双方的心理距离。

三　直播对话语态初现：《香港回归直播》等报道

这一时期的中国电视，数字技术、卫星技术等被广泛应用，使得我国电视新闻的制作手段发生了重大变化。新媒体的迅猛发展改变了媒介格局，也给传统电视媒体形成了较大挑战，为了应对其他媒介的

---

① 笔者对敬一丹的专访，详见附录。

挑战，我国电视新闻媒体开始对重大突发事件的直播。1996 年 1 月 1
日，中央电视台《新闻联播》改版后，改录播为直播的形式与观众见
面。在中央电视台的引领和带动下，部分省市级电视台的新闻节目也
逐步实现了录播改直播的转换。这一时期，中央电视台做了多场大型
直播活动，从《日全食和彗星天象奇观》到《香港回归直播》，从
《黄河小浪底水利枢纽工程截流直播》到《澳门回归直播》，中国电视
开始进入一个全新的"直播时代"，在重要的历史时刻，中央电视台
总会调集精干力量，集中一批先进设备，派出最强阵容，充分发挥电
视声画结合的特质，运用多机位、多角度、同地和异地时空同步展现
的技术能力。

　　1997 年中央电视台对"香港回归"实现 72 小时连续不间断直播
报道，创造了我国电视新闻直播时长上的新纪录，成为中央电视台建
台以来规模最大的一次直播报道。该直播报道充分发挥了电视直播的
优势，在国内外引起强烈反响。在中央电视台 1997 年香港回归直播报
道中，驻港部队车辆经过管理线时，白岩松站在落马洲大桥的中央位
置，指着脚下的管理线完成了经典的出镜报道。

　　　　白岩松（出镜报道）：大家可以看一下，这里有一条这样的
　　　线，在桥的中央。我现在左脚一面是香港，在右脚的一面是深圳。
　　　按说这条线是不应该存在的，深圳和香港自古就是一个县，但是
　　　后来英国人入侵之后便有了这条让很多人伤心的线。今天，驻香
　　　港部队越过管理线的这一小步，却是中华民族的一大步①。

　　白岩松在这次直播报道中充分发挥现场环境的优势，挖掘与现场
主题香港的细节，让整个报道充满立体感。据白岩松回忆，当时按照
彩排计划原本报道点是在皇岗口岸现场报道驻港部队驶入香港，在直
播前临时更换了更具象征意义的落马洲大桥分界线出镜报道，用一条

---

　　① 白岩松：《痛并快乐着》，华艺出版社 2006 年版，第 135 页。

图 3 – 2 　白岩松在"香港回归"直播报道中的出镜报道

（来源：1997 年中央电视台《香港回归直播》报道视频截图）

分界线将香港回归这一抽象的宏大新闻事件以生动、具体可感的形式
呈现了出来，将观点与事实，现场信息与背景信息结合，极富视觉冲
击力和感染力。但由于央视缺乏大型直播报道的应变经验，直播报道
中竟然多次出现"真空"状态。在驻港部队进入指定口岸办理入关手
续时，演播室主持人在直播时不知所措，在查尔斯王子和彭定康一行
在添马舰举行告别仪式的过程中，演播室主持人和前方出镜报道者也
出现"失语"状况。香港回归直播报道中的遗憾在后来得到弥补，中
央电视台 1999 年澳门回归直播中，赋予演播室主持人更大的话语权，
主持人除了串场和解说，还能够根据现场情景即兴评述，演播室主持
人白岩松、敬一丹摆脱对提词器的依赖，根据事先准备的新闻背景资
料与演播室嘉宾一起谈话讨论，使直播报道灵活性更强。主持人、嘉
宾、出镜报道者有序配合共同完成了一次内容丰富、衔接流畅、镇定
自如的重大政治性事件的直播。

　　直播是最能体现电视媒体传播优势的媒介形态。直播意味着观众
可以通过收看电视信号实现异地实时信息共享，在电视新闻直播中，
主播与出镜报道者之间的直播交流具有即时、现场感强、影响力大、
不可预见等特点。主播与记者在一问一答的交互之间完成对新闻事件

的报道，这种对话式的传播方式强化了电视传播交流互动感。主播代表观众向出镜报道者提问，报道者的回答实际上也是围绕观众关心的问题展开的，这种一问一答表面上是主播与报道者的交流，实际上已经将观众卷入互动过程之中，实现了受众"参与"。为了强化与观众的互动，这一时期部分直播节目开始引入网络评论员角色，让受众直接在报道过程中参与互动，尽管这种直播模式尚不成熟，但它显示了我国电视新闻工作者强化与互动意识的主动性。因此，我们可以说，电视新闻直播状态之下的主播与出镜报道者之间是一种"对话"的语态。

这一阶段"对话"的直播叙事语态开始形成，出镜报道者和主播在电视新闻的呈现过程中共同承担了向观众呈现新闻事件的任务。我国电视新闻工作者根据具体的题材，有针对性地运用不同的直播报道方式。如与新闻事件同步发生的同步直播，可以预知事件的前导式直播和已经发生的新闻事件的追溯性直播。较于常规的出镜报道，这一阶段的直播出镜报道最大的突破是对叙事时间的把握，尤其是创造性地处理"共时"和"历时"关系，以实现更好的传播效果。"共时"和"历时"最先由符号学者索绪尔在语言学框架内提出，用"共时"探究元素之间的关系，用"历时"探究叙事中各个事件之间的联系[①]。在具体的直播出镜报道中，由于新闻事件处于变动之中，这种变动需要出镜报道者以时间的顺序叙述出来，新闻播报仍以出镜报道者"历时"性表述为主体，但在新闻事件进展缺乏变化的情况下，出镜报道者则通常会使用大量与现场相关的信息如新闻背景、影响因素等来填补，直播出镜报道的叙事也因此转向"共时"关系，由新闻事件的第一落点转向第二、第三落点，或者通过演播室里的主播、嘉宾或评论员对事件的发生、发展和走向给出的分析、评价、预测，横向拓展新闻事件在"共时"性的信息量。

---

① ［瑞士］费尔迪南·德·索绪尔：《普通语言学教程》，高名凯译，商务印书馆1980年版，第143页。

本章小结

随着中国经济改革和发展的深入，中国确立了社会主义市场经济体制的发展方向，进入经济转型和快速发展时期。在此背景之下，中国电视新闻业不断扩张规模，传播主体呈现出多元结构。在传统电视新闻系统的层级框架之下，市场这只看不见的手逐渐发挥着越来越重要的作用。伴随着电视新闻传播的运营体制机制改革和市场主体意识的增强，中国电视新闻越来越重视遵循传播规律。受到市场经济的影响，电视新闻越发重视受众的意愿，并将收视率看作是公众对电视节目接受程度的重要标尺。电视新闻媒体重视收视率客观上提升了受众作为传播客体的附属地位，电视新闻由此改变曾经存在的单向宣传、轻视受众的倾向，从重居高临下的教化向重平等尊重的服务转变。为了获得受众的认可，电视新闻媒体通过提供优质的服务获得电视市场的认可，在信息的可用性、可视性上付出了更多的努力。

电视新闻出镜报道内容走向多元，时政新闻为主的单一模式随着社会新闻、娱乐新闻比重的加大而改变；从电视新闻出镜报道形式上来看，过去重符号象征意义的出镜报道转变为重视故事化、差异化、刺激性为追求和取向的出镜报道。面对激烈竞争的传媒业态压力，电视新闻出镜报道利用新的传播技术手段和平台，实现了话语样式的更新。早期电视新闻存在的"传者本位"思想逐渐被"服务受众"的思想取代。传播角色定位的改变，直接影响到传播者话语方式的变化。出镜报道者重新审视传受关系之后，进而改变了媒体的叙事逻辑，并产生了新的"说话方式"。在当时的媒体环境之中，播音主持创作活动乃至整个新闻话语呈现出平易亲和、真诚质朴、贴近生活、生动自然、鲜活明快的风格特征。

随着媒介技术尤其是直播技术的发展，在重大媒介事件中，出镜报道更多以直播形式呈现。直播报道的内容不再局限于国家会议，涉猎更为广阔，表现形式更加丰富多样，直播内涵也更加深入。中国电视出镜报道水平不断在追赶世界先进水平。电视报道者由被动操作转向主动控制，形式上由单一的记录实况转播向多样化、立体化的出镜报道转变，增强了信息的时效性和现场感。经历了大量的重大事件直播报道的历练，中国电视出镜报道在技术、内容、人才等方面都实现了重大发展，呈现出常态化趋势，涌现出了白岩松、敬一丹等一批出镜报道业务能力突出的主持人。我国电视新闻出镜报道积累了一定的新闻直播经验，有效地将出镜报道融入日常电视栏目中，这为今后新闻常态化的直播做好了准备。但是，这一阶段的重大事件的报道，内容上多半是充分准备的可预见性直播出镜报道，这类报道在预先准备的情况下，报道者能够驾驭播出内容，计划性和可控性都很强，而面对重大突发事件时，我国电视新闻直播出镜报道经验还十分欠缺。

第四章　深化与创新发展时期 (2003—2011 年)

　　进入 21 世纪之后，中国进一步加快对外开放的步伐，加入世界贸易组织，成为世界市场经济和多边贸易化体系的一部分，经济体制由过去的自上而下式的政府主导型、政策性的对外开放，转变为全社会自觉践行的市场主导型、体制性的对外开放。2003 年 3 月 28 日，中共中央政治局审时度势，要求新闻报道要努力践行"三贴近"原则——贴近实际、贴近群众、贴近生活。在"三贴近"原则的宏观政策思想的指导下，我国电视新闻节目实施了一系列卓有成效的改革举措。电视新闻开始更多关注观众的声音、受众的地位得到提升，受众的参与性与主动性得以激发。这一时期，我国的电视新闻改革进一步深化，频率频道专业化改革加速推进，电视媒体的国际影响力进一步增强。在新闻节目改革中，新闻频道纷纷设立，电视新闻出镜报道在新技术条件和人们思想观念的变化影响下已经由"新近发生的事实的报道"演变为"新近或正在发生的事实的报道"[①]。国内外媒体对国内外重大事件及重大突发事件直播报道成为常态。随着卫星新闻采集在各电视台的广泛应用，民生新闻的蓬勃发展加剧了电视新闻业的竞争态势，电视新闻出镜报道这种实践形态日益受到各级电视台的重视。无论是重大媒介事件还是百姓生活小事，报道者从新闻"第一现场"发回的出镜报道很快成为各大电视台提升收视的重要手段。

---

　　① 　雷跃捷：《新闻理论》，北京广播学院出版社 1997 年版，第 73 页。

第一节　电视新闻出镜报道的深化与创新

一　新闻频道专业化生成出镜报道全时段直播平台

随着市场经济的深入发展，人们的物质、经济、文化生活水平不断提高。经济社会的转型，带来中国当代文化的大众化转型。为了适应多元文化的发展潮流，在受众需求与媒体竞争的双重压力之下，中国电视新闻媒体在坚持舆论引导的前提下，要从以生产为核心的模式转向以受众为中心的模式，必须适应观众在收视需求上的多层次差异性和收视心理的多样性。面对栏目化带来的对频道的系统优势的消解，为了建立重大突发事件采编随机播出机制，保证时政、民生重大新闻超越栏目的制约，新闻频道专业化之路是电视新闻发展的必选之路。"广大观众摆脱了过去的被动状态，拥有了更多的选择权和主动权。他们从集群化转向分众化，电视的传播从'广播'转向'窄播'，在这种情况下，中国电视业的发展，从节目时代到栏目时代再到频道时代已经成为历史的必然趋势。"①

专业化频道是指面向特定服务对象，制作特定专业性内容的频道。每一个专业化频道都具有鲜明的特色风格内容，具有统一性、独特性。为了加大新闻的容量，我国各级电视台开启了开辟新闻频道的探索。2003 年 2 月，中央电视台向上级部门提出的新闻频道总体策划方案，得到了中央领导的肯定回复，并提出 16 字方针"贴近群众，服务大局，办出特色，办出水平"②。2003 年 5 月 1 日，中央电视台新闻频道试播成功，实现了 24 小时滚动播出，内容涉及国内外重要新闻。同年 7 月 1 日，中央电视台新闻频道正式开播。中央电视台新闻频道开播

---

① 彭吉象、杨乘虎：《中国电视频道化生存的理论构想及其营销策略——访北京大学艺术学院副院长彭吉象教授》，《现代传播》（中国传媒大学学报）2006 年第 3 期。

② 赵化勇主编：《传承文明　开拓创新——与时俱进的中央电视台》，东方出版社 2003 年版，第 80 页。

以来进行过多次改版，始终未改以新闻立台、增强时效性作为改革的目标。以中央电视台为代表的新闻频道的专业化为我国电视新闻重大事件的直播提供了条件，也为迎接突发事件出镜报道做了充分的准备。

2003年，中央电视台新闻频道播出后第一次改版，以《面对面》《法治在线》为代表的新节目受到观众的喜爱。2004年，中央电视台新闻频道开始了第二次改变，进一步调整频道节目的设置。2005年3月1日，央视新闻频道第三次改变，这次改变更加注重品牌化效应，更换了多个新闻栏目的包装。2006年，中央电视台新闻频道进行第四次改版，再次调整频道相关节目，新增《朝闻天下》早间新闻节目。2008年，中央电视台进行第五次改版，因南方突发暴风雪袭击事件，央视开始增加新闻直播报道，晚间黄金时段开辟了《新闻1+1》新闻评论性节目，强化主流媒体对重要新闻的分析解读和舆论引导。2009年7—8月，中央电视台新闻频道第六次改版，重点推出《新闻直播间》《环球视线》《24小时》等新闻资讯节目，开辟了新闻频道夜间新闻报道的黄金时段。至此，中央电视台新闻频道已形成了早、中、晚、夜四个时段的新闻全方位的格局，成为全方位、立体化、多层次、强时效、重评论的24小时新闻资讯平台。从传播理念上来看，中央电视台新闻频道的开播贯彻了四个层面的创新：人民性与党性的有机结合；新闻特性得到空前加强；国际影响日益扩大；开放性与国际性的相得益彰、运作机制符合现代传播规律。

（一）"以人为本、贴近生活"，人民性和党性的有机结合——出镜报道者的角色定位

2003年5月1日中央电视台新闻频道创办伊始，其建设的重要方面就是确定频道理念。新闻频道明确地提出了"以人为本，贴近生活"的观点，并将其作为频道建设的重要指导思想。"以人为本、贴近生活"传播理念的提出是贯彻落实中共中央政治局关于新闻报道要实现"三贴近"和"以人为本"思想的具体体现，凸显了在实现党的十六大宏伟蓝图中宣传思想文化和新闻报道工作的重要地位和作用，也是这一时期电视新闻出镜报道的重要传播理念。

党的十六大以来,"立党为公、执政为民"执政理念贯穿于党和政府的各项工作中。这一执政理念的提出是中国共产党在新形势下对党的责任和位置、生存和发展等重大问题进行深入思考之后做出的高度概括。我国各级电视台作为党的"喉舌",新闻宣传报道必须准确、及时、生动地体现党的执政理念。中央电视台明确地提出"以人为本、贴近生活"的观点,在新闻报道实践中充分反映和贯彻党的一系列理念,就是跟随党的理念转变而对媒体在党、国家和社会工作与发展中的位置、责任和取向做出相应的调整。

"以人为本、贴近生活"的传播理念意味着新闻频道的出镜报道要改变存在的"官本位"倾向,通过"贴近生活"的方式向"民本位"方向转换。作为国家级的新闻专业频道,新闻频道既是党的喉舌,要准确及时地传达党和政府的声音,同时也是人民群众的"代言人",要充分表达人民群众的意志。新闻频道具有人民性和党性的双重角色属性,它决定了新闻频道必须把党和政府的决策部署以生动形象的方式传达给广大人民群众,同时也要把人民群众的真实社会生活实践生动形象地反映出来。长期以来,新闻媒体更多地发挥出了党和政府"发言人"的作用,而人民群众"代言人"的角色缺位。具体来看,"以人为本,贴近生活"的传播理念要求出镜报道者准确把握社会脉动,真正了解人民群众需求,分析研究新闻传播科学规律,及时捕捉社会舆论热点,努力实现新闻报道的思想性、艺术性和观赏性的有机统一,真正做到将"以人为本、贴近生活"传播理念贯穿在频道的栏目设置和节目内容之中。出镜报道者要充分尊重并满足观众的文化、心理需求,充分、真实反映人民群众的意愿、心声。在媒体报道实践中,将镜头对准人民群众,最大限度地满足人民群众日益增长的多元信息需求和舆论诉求。

新闻频道除了整点播报的24档综合新闻外,观众还可以看到一大批新老新闻专题节目,这些节目无不体现着新闻传播者满足广大观众多层次的需求,努力提供多样化的新闻信息服务的目标追求。在新闻频道24小时新闻播出内容中,既有事关党和国家命运未来的重大活动时政新闻报道，也有与普通百姓息息相关的社会新闻播报；既有全面深刻的客观事实报道，也有以主流价值观纵论天下时事的理性分析；既有不间断播出的最新动态新闻资讯，也有专业化、满足观众特定人群需要的深度新闻报道；既有对国内重大新闻的全面整合，也有对国际时事的精准扫描。观众除了通过收看常规新闻和专题栏目之外，还可以在重大事件发生之时通过电视直播，及时接收最新消息，做到与事件发展同步。这些形态各异的电视栏目通过多样化的内容呈现，贯穿"以人为本，贴近生活"思想，使新闻频道的人民性和党性得到了有机统一。总而言之，新闻频道"以人为本，贴近生活"的整体指导思想的提出，既是中央电视台探索新闻规律的必然结果，也是"三贴近原则"在新闻传播实践中的具体运用，指导着我国电视新闻出镜报道的发展方向。

（二）"三个第一"，新闻特性得到空前加强——出镜报道的目标追求

2003 年 5 月 1 日，央视新闻频道的开篇词中响亮地提出新闻频道的目标追求："第一时间、第一现场、第一需要。"① 从深层次来看，新闻频道提出的"三个第一"目标追求传达了当代电视新闻传播的效率意识与受众意识，表达了新闻频道以及出镜报道所追求的新闻特性。

"第一时间"意指新闻媒体以最快速度报道新闻事实，追求新闻的时效性，抢占舆论制高点和话语权。时效性是新闻事实的新近程度，是新闻价值的首要因素，"时效性越强，新闻价值越高"②。"第一时间"强调新闻媒体应在新闻事件发生后以最快时间占领受众的信息空白和理解空间，向受众传递权威信息，从而满足受众在新闻事实中的社会需求。"第一时间"不仅是指新闻报道"第一时间"，也是指新闻媒体对新闻事实解释的"第一时间"，揭示新闻事件的因果关系，表明新闻媒体的立场。就电视媒体而言，随着中央电视台新闻频道的开播，传输技术手段的进步以及编播方式的变革，电视新闻在追求新闻

---

① 李挺、孙金岭：《论中央电视台新闻频道的理念创新》，《现代传播》（中国传媒大学学报）2004 年第 6 期。

② 曾祥敏：《电视新闻学》，中国传媒大学出版社 2016 年版，第 22 页。

时效方面有了新的突破,新闻播出与新闻事件同步而行的"现在消息现在报道"模式成为现实,直播类出镜报道越来越成为常态。

所谓"第一现场",就是指"与新闻发生最直接、距离最近的地点、场所、场景与环境"①。新闻频道提出的"第一现场"理念,要求出镜报道者敢于、善于、勤于走向新闻发生的现场,直接获取真实客观鲜活的视听感受材料。这样不仅能维护新闻的真实客观,而且能够最大限度发挥电视媒体声像的丰富性,达到新闻报道主观与客观的统一,增强新闻报道的现场感。电视新闻出镜报道通过电视屏幕再现新闻事实,将时空之中的各种物质运动呈现给观众,刺激观众的视觉、听觉,从而产生身临其境的现场感,进而接受新闻现场的信息。2003年新闻频道开播后的大量报道,报道者以出镜报道的方式出现在新闻事件的前沿阵地,为观众带来第一现场的新闻事实报道,使观众能够近距离感知新闻事件。有学者指出:"记者进入第一现场,观众才能进入新闻,新闻频道的影响力取决于第一现场的重大新闻所占的比例。"② 电视新闻出镜报道深入新闻现场,不但能从现场获取丰富的现场信息,更能利用现场对新闻信息真实客观展现。新闻事件发生之时,报道者是否能够以"第一时间"抵达"第一现场",体现着新闻媒体的媒介专业水准高低,也是新闻频道参与国际竞争的重要法则之一。

"第一需要"则道出了新闻频道的终极诉求,追求的是新闻的有效性,也就是满足观众的认知欲和知情权。无论是追求"第一时间"抑或是"第一现场",最终的目的都是为了满足观众对信息的迫切需要。人类收看(听)新闻,是感知、认知社会存在的重要方式之一。客观世界与人类社会与日俱新,人与客观世界的连接方式不断变化。人类是新闻的制造者,亦为新闻所塑造。因此,追逐新闻是人类进化中的本质需求。新闻伴随着人类社会的发展而变化,人类正是基于感

---

① 吴风、韩彪:《光荣与梦想:新闻频道周年全备忘》,《现代传播》(中国传媒大学学报)2004年第2期。

② 吴风、韩彪:《光荣与梦想:新闻频道周年全备忘》,《现代传播》(中国传媒大学学报)2004年第2期。

知和认知需求，接受或选择性地接收不同类型的消息，在认知中巩固或调整或改变社会个体与社会或客观世界的联系方式，再以个体行为影响社会和客观世界进而导致新的新闻发生。新闻频道提出满足观众"第一需要"的口号，升华了新闻的要义，为频道发展树立了重要的传播理念。

总而言之，成立电视新闻频道的目的就是要通过"第一时间""第一现场"满足受众的"第一需求"，更好地将党和国家的精神意志与人民群众的呼声有机结合。新闻频道作为信息传播的专业电视频道，唯有把握新闻的规律与特性，以"三个第一"的理念驾驭新闻的传播要素，增强电视新闻的影响力。在"第一时间、第一现场、第一需要"新闻目标的指引下，新闻频道用具体的出镜报道实践将传播化为现实图景。新闻频道在一系列重大国际国内新闻中的出镜报道，充分发挥了其快速反应、滚动播出、调整灵活等优势，极大地增强了新闻报道的时效性和客观性。

（三）"与世界同步"，国际影响力日益扩大——出镜报道的国际传播

中央电视台新闻频道明确提出"与世界同步"的频道宗旨。"与世界同步"反映了中央电视台新闻频道在信息全球化时代，以崭新的面貌走向世界，主动投入世界电视新闻媒体竞争之中，争取实现世界一流大台的宏伟目标。全球传播带来电视新闻领域空前激烈的竞争，西方国家在强大的政治、经济、军事实力的支持下推行"全球化"战略，在世界传播格局中占据话语霸权，掌握信息传播的主动权。随着我国对外开放的深入发展，中国的国际化程度不断提高，在国际上的地位不断提升，然而我国彼时的国际传播能力相较于西方发达国家而言还比较滞后，国际话语权被西方霸权主义垄断。西方国家依靠其媒体地位输出意识形态，这种意识形态支配和影响了世界其他国家对中国的认知。中国对外舆论影响力的薄弱与经济社会发展水平以及国际地位的迅速提升之间形成的极不相称局面亟须改变。面对国际舆论发展的不平衡态势，中国迫切需要打造具有国际影响力的专业化新闻频道，掌握国际舆论话语权，在世界舞台上发出响亮的中国声音，形成

与我国经济社会发展水平和国际地位相适应的对外舆论力量。

"与世界同步"的频道宗旨具体包含三个方面的内容,具体到电视新闻出镜报道体现在:从新闻内容上来看,电视新闻出镜报道要与我们生存的客观世界同频共振,即电视新闻即时、准确、生动记录时代,充分发挥中央电视台在信息传播与整合方面的优势,根据时代发展的客观要求,不断满足广大观众日益增长的信息需求,力求最快速地、最全面地表达、反映中国和世界的变化;从媒介地理视角看,电视新闻出镜报道不仅要同步报道国内新闻事件,也要同步报道国际上具有普遍价值的新闻事件,以开放的姿态选择和吸纳海内外的信息资源,使新闻频道成为国内外新闻精华的总平台;从新闻制作形式来看,出镜报道在新闻传播观念、运行机制、创作手法上要与国际舞台同步,及时汲取国内外先进的新闻传播观念,大胆探索新闻传播手段,构建世界信息传播平台。

2003年3月21日,美国对伊拉克发动大规模战争,中央电视台在战争爆发后8分钟开出了直播窗口,进行了长达5个多小时的现场直播报道,围绕伊拉克战争的现场直播报道,在新闻报道的时效性、持续的规模、品质的提升等方面,超越了以往国际新闻事件的出镜报道水平,战地记者、驻外记者通过大量的现场实况电视信号,及时将战争有关的信息,全面生动地传达给了观众,成为我国电视新闻出镜报道历史上标志性的事件,中国电视新闻媒体在世界舞台上发出了自己的声音。2005年10月12日上午9时,万众瞩目的"神舟六号"载人飞船在位于我国内蒙古的酒泉卫星发射基地成功发射升空,中央电视台新闻频道在内的多个电视新闻频道直播出镜报道了这一振奋人心的历史时刻。千百万双眼睛通过中央电视台新闻频道的直播报道,目睹了"神舟六号"载人飞船刺破苍穹的光辉灿烂瞬间。央视新闻中心在多艘远洋航天测量船上设置独家报道点,首次实现从南太平洋、南大西洋远距离发回现场报道,并在当天推出长达17个小时的直播特别节目,完整地记录了"神六"从发射升空至"穿舱"的全部过程。中央电视台新闻频道作为全面深度参与报道这一重大事件的主流媒体,从报道之初就严格贯彻执行党中央精神指示，以世界一流的直播水平和运作模式圆满地完成了报道任务。针对新闻事件特别设置了以信息播报为特征的"特别新闻"和以专题节目及演播室访谈为主的"特别报道"，综合运用口播新闻、滚动字幕新闻、新闻特写、双视窗出镜报道、现场直播等报道手段，紧紧围绕"神舟六号"的事件进展情况，调整新闻报道的侧重点。新闻频道为世界观众呈现了大量与"神舟六号"有关的新闻报道，充分满足了观众对重大新闻事件的收视需求。世界多家主流媒体在报道这一举世瞩目的事件中均采用了新闻频道的画面，增强了中央电视台在世界媒体中的权威性和公信力。

（四）"大编辑部运作"，运作机制符合现代传播规律——出镜报道的制度基础

为了适应中国电视的改革发展需要，以中央电视台为代表的各级电视台大胆借鉴国内外的先进做法，不断更新管理体制，从 20 世纪 90 年代开始引入"制片人制"到电视新闻的创作管理中，到打破"铁饭碗"式的"第二用工制度"改革，再到实行具有现代传播新理念的"主持人制"，一次次运行机制的改革激活了电视新闻媒体的活力，实现了人才与栏目"互动、双赢"的理想目标。但是毋庸讳言，以央视为代表的电视新闻行业的上述管理机制变革适用于单一的个体化栏目运作，而对于 24 小时滚动递进播出且直播常态化的新闻频道而言，电视新闻栏目化带来的条块分散的劣势显而易见。要想确保新闻媒体根据新闻事件的发展即时跟进新闻直播及现场实时同步报道，必须革新现有条块分割的运行模式，寻找到一套全新的管理机制和组织结构，从频道整体利益出发，全面整合丰富新闻资源优势。央视新闻频道在综合借鉴了国内外同行的先进管理运行经验，充分结合我国新闻媒体发展的实际情况之后，提出了"大编辑部运作"的管理运行思路。

"大编辑部"思路的关键是设立频道编辑部，将频道作为管理的基本单元，从频道整体出发，协调选题策划，把握各个新闻栏目对各类新闻事件的报道。这种思路强化了新闻频道的整体意识，在日常的节目报道之中，频道编辑部统一协调和把握新闻频道的各部门各栏目

组的内容、形态、风格等方面，确保各栏目在充分发挥长处的基础上，大显其能，又符合频道的整体要求；在重大突发事件报道时频道编辑部牵头打破部门、栏目之间的间隔，集中调配频道的力量对重大新闻事件作持续跟进报道，提升快速报道的能力，展现频道的整体水平。

"大编辑部运作"思路确立之后，频道能够有效整合现有新闻资源，形成新闻采集一体化的高效运行管理模式，促使新闻频道内部的新闻资源库得以形成。2003 年 12 月 15 日，中央电视台新闻中心率先在全国建立内部新闻资源共享系统。在这套新闻共享系统之中，出镜报道者们采集回来的新闻素材不再由某个部门独享，而是由频道编辑部统一调配，让各部门、各栏目根据频道、栏目自身需求自由调取。频道各栏目已经播出过的节目内容资源也不会像过去一样被"抛弃"，而是存储到媒资系统之中，供各栏目组的记者、编辑自由调取使用，极大地提高了新闻资源的利用效率。

总之，新闻频道这种"大编辑部运作"模式的管理组织结构的建立，丰富了中央电视台频道专业化整体运作的实践，完成了管理机制上的系统组合，为我国电视新闻出镜报道的发展奠定了制度基础。同时，这一创新思路与举措统一了中央电视台新闻流程中各工种的工作标准，形成了现代管理体制。这种体制能够实现高质量的新闻内容生产与规范化的市场运作之间的有机结合。

二　地方电视台民生新闻崛起促使出镜报道走向常态化

2003 年 3 月 28 日，中共中央政治局要求各媒体行业的新闻报道要实现"三贴近"——贴近实际、贴近群众、贴近生活。在"三贴近"总的原则指导下，我国电视新闻节目推行了一系列卓有成效的改革举措。电视新闻报道开始更多关注观众的声音、受众的地位得到提升，受众的参与性与主动性得以激发。电视媒体为了满足观众的期待，在节目中开始大量运用出镜报道的方式。

随着我国社会经济的快速发展，城市化进程不断加快，市民阶层逐渐崛起，观众的主体地位进一步得到增强①。与中央电视台相比，各地方电视台开办的专业新闻频道由于缺乏覆盖全国的播出网络和资源优势，只能立足本土需求，将重心放在民生新闻的制作与挖掘上，争取自身在重大事件，尤其是发生于本地的重大事件中发声的机会。地方电视频道在自负盈亏的经营压力下，逐步探索出一条民生新闻发展之路，以期在激烈的市场竞争之中获得生存空间。以关注民生、贴近百姓生活为宗旨电视民生新闻，在内容制作、话语样态、等方面呈现出人本主义的传播理念和价值取向，迅速受到当地老百姓的欢迎，迅速占据了城市新闻的主导地位，为这一历史阶段我国电视新闻改革提供了新的发展思路。

地方电视台民生新闻的崛起是以 2002 年 1 月 1 日江苏电视台城市频道直播新闻栏目《南京零距离》的开播为标志。这档栏目正式打出"民生新闻"的旗号，并成为引领国内民生新闻风潮的先驱。据考证，早在 20 世纪 90 年代中期我国一些地方电视台即已出现一些带有民生新闻雏形色彩的栏目，如 1997 年北京电视台开播的《点点工作室》，1999 年福建电视台新闻频道开办的《现场》，以及 1999 年黑龙江电视台开办的《新闻夜航》等。只是这些悄然兴起的新闻栏目没有亮明民生新闻的旗号，直到《南京零距离》的崛起，并正式为民生新闻"正名"，这类新的新闻节目形态才成为一种风潮。

电视民生新闻作为一种全新的新闻报道类型，研究者一时难以准确地用一个概念定义其内涵。复旦大学孟建教授等人认为："民生新闻是以城市居民为传播对象，以频道主要覆盖城市为报道范围，以市民日常经济、社会生活息息相关的新闻事件为主要题材的一种电视新闻体裁，从本质上仍属于社会新闻的范畴。"② 我们不妨将电视民生新闻看作是在政治、经济、文化综合作用下，媒介生态环境日益走向大

---

① 侯迎忠：《媒介与民生 电视民生新闻的理论与实践》，中国传媒大学出版社 2008 年版，第 25 页。

② 孟建、刘华宾：《对"电视民生新闻"现象的理论阐释》，《中国广播电视学刊》2004 年第 7 期。

众化的产物。电视民生新闻以民本思想为基准，使用出镜报道的形式，以普通百姓的视角和饱含人文情怀的叙事手法记录百姓生活生存状态以及情感现实需求为主体内容的新闻传播模式。

首先，就新闻报道题材而言，电视民生新闻关注百姓日常生活的新闻，不同于过去传统的记录国家大事和政府行为的宏大叙事模式。新闻事件的现场就是普通百姓的日常生活、工作的真实场景。即使涉及时政新闻内容，民生新闻也会将政府决策以老百姓个体的视角呈现出来，挖掘政府政策与老百姓需求之间的平衡点，让时政新闻带有民生色彩，贴近百姓生活。

其次，从新闻采编播业务上看，电视民生新闻采取差异化生存的竞争策略。与传统电视新闻节目相比，电视民生新闻的时段长度、节目编排、技术运用、播报风格等方面有很大区别。民生新闻采用大时段的传播策略，增加信息量；新闻信息的编排处理方式采用间隔式，用故事化的口语播报方式，加上主持人、出镜报道者充满生活气息的"说"新闻风格，使观众能够对节目保持在相对较长时间内收视兴趣；大多数民生新闻采用完全直播模式下的 SNG 现场连线的方式，大量出镜报道的运用在保障新闻时效的前提下，极大增强了节目的视听效果，出镜报道者以个性化、人格化的传播方式拉近了与电视观众之间的距离，增强了与观众之间的互动，保证了新闻报道的时效性、延续性、过程性，从而达到与老百姓的日常生活与精神世界保持亲密接触；出镜报道的声画结合的形式以现场真实的音视频素材为基础，大量使用同期声与现场声相配合，有效地提升了电视新闻传播的质量与信息量。这些独特的传播方式使民生新闻从内容到形式都充分凸显了电视新闻的传播优势。

最后，从报道立场上来看，电视民生新闻将镜头对准老百姓，报道视角下移，注重信息传播与受众需求之间的关系，突出新闻信息的服务功能。电视民生新闻将当地居民作为主要传播对象，着重反映与老百姓日常生活息息相关的新闻事件，并且从普通老百姓的立场叙事，为百姓搭建了平等交流的话语平台，老百姓的话语权得到空间提升。

部分学者将民生新闻的兴起看成是中国电视"本土化新闻"的发轫①。电视民生新闻带有浓郁的本土化特色，开启了中国电视节目本土化的实践尝试。本土化新闻善于以富有亲和力的出镜报道方式强化本地民众对其所在城市、区域的文化认同，这种本土化竞争策略将新闻价值的接近性发挥到极致，这一点也是地方电视新闻取得成功的重要法宝。

三 重大突发事件直播出镜报道增多

回顾我国重大突发事件出镜报道的历史，早期我国媒体因受到国际政治环境以及人们思想观念等因素的影响，对重大突发事件的报道处于报喜不报忧的状态，突发事件新闻的时效性被忽视。面对重大突发事件，新闻报道更多是从正面报道抗震救灾的感人事迹，而对突发事件造成的实际危害等新闻要素则较少作出正面回应，这种宣传报道模式符合当时的舆论需要，也很好地遵守了报道纪律，但报道时机被大大地延误了。改革开放后，随着社会经济的不断发展，人们的思想意识逐渐改变，我国的媒体在追求新闻时效性方面开始有所探索，第一时间发布报道的新闻理念逐步显现。如1987年5月6日东北大兴安岭火灾的电视报道，电视媒体开始比较成熟地运用第一时间发布报道、最大限度地追求新闻时效的典型案例。在整个报道过程中，我国电视台摸索出一些电视媒体提高报道时效的创新经验。在5月11日，中央电视台在播出大兴安岭火灾消息的两天后，为了及时报道火灾最新情况，前方的电视记者开始尝试通过电话连线的方式将当天的新闻动态及时传回北京，并提供口播新闻消息，大大提高了电视新闻报道的时效性。另外，在这场火灾电视新闻报道中还尝试以飞字幕的方式第一时间播发最新消息。20世纪90年代末期，电视媒体开启了第一时间报道重大突发事件的进一步尝试。1998年8月7日，九江长江城防大

① 胡智锋、刘春：《会诊中国电视——关于中国电视现状及问题的对话》，《现代传播》（中国传媒大学学报）2004年第1期。

堤发生决口，江西电视台记者日夜驻守在抢险第一现场，用镜头真实地录下了九江长江城防堤决口和堵口的整个过程。江西电视台记者和九江电视台的记者为了及时报道新闻事件，火速将新闻录像素材带从堵口现场送至当地电视台，通过微波传输传到江西电视台新闻部，成为全国第一个报道九江决口被堵住的新闻媒体。

进入 21 世纪以来，重大突发事件出镜报道进入全面报道的阶段。2003 年 3 月 21 日，美国对伊拉克发动大规模战争。中央电视台围绕伊拉克战争的现场直播报道，在新闻报道的时效性、持续的规模、品质的提升等方面，超越了以往国际新闻事件的出镜报道水平，战地记者、驻外记者通过大量的现场实况电视信号，及时将战争有关的信息，全面生动地传达给了观众，成为我国电视新闻出镜报道历史上标志性的事件。2003 年 5 月 1 日，中央电视台新闻频道试播，7 月 1 日正式播出。央视新闻频道的开播为重大事件的直播提供了平台，也为迎接突发事件出镜报道做了充分准备。中央电视台新闻频道开播后推出的第一个大型直播节目就是《抗击非典直播特别报道》。连续播出 11 天的《抗击非典直播特别报道》围绕宣传重点、新闻热点展开，在短时间内整合各类素材，及时出击抓住新闻第一落点，为及时传播真实讯息、消除公众恐慌、稳定社会情绪起到了积极的作用，也是中央电视台电视直播史上非常典型的突发事件大型出镜报道，对我国电视新闻改革将具有承前启后的深远意义。2003 年 7 月 10 日，央视新闻频道的《安徽蚌埠堤防　加固工作紧张进行》现场直播，依托前方图像信号对抗洪进行了直播，也是央视从可预测性出镜报道向突发事件出镜报道迈进的坚实的一步。2003 年央视新闻频道的开播，标志着我国电视新闻出镜报道进入了一个新的阶段。从此之后，在预测性出镜报道的基础上，中国电视不断尝试对突发事件的出镜报道，经过多次重大事件报道的实践历练，央视各类直播出镜报道朝着专业化、职业化、规范化方向迈进。

2008 年 "5·12" 汶川大地震的直播报道，中央电视台新闻频道电视出镜报道水平实现了明显提升。这次直播反应速度快、报道时间长、协作能力强，创造了历史记录。在这次重大灾难性突发事件的直播报道中，央视第一时间奔赴灾区现场，为观众带来了最迅捷、最权威的信息，大大缩短了观众知晓新闻信息与地震发生、抗震救灾等新闻事件发生的时间距离，使观众与事件进展实现了同步。报道者在现场出镜报道采访受灾群众、救援人员以及抗震救灾指挥部人员，向观众当场讲述抗震救灾所发生的一切。央视的这次直播报道不仅成为公众了解信息的主要方式，而且成为政府和社会团体集结力量进行抗震救灾的重要渠道。与此同时，四川、重庆等地方电视台利用自身区位优势，也纷纷从不同的角度对灾区进行直播报道，共同完成了新闻报道。由于重大突发事件尤其是灾难性事件的影响力大、难以预测，电视媒体在对这类事件进行直播时，一方面需要媒体自身的传播实力，同时也需要宽松的外部舆论环境。"5·12"汶川大地震直播报道，是改革开放伟大历史成就的一个不可磨灭的历史丰碑，也是中国电视媒体出镜报道的又一次历史性跨越。

（一）新闻报道观念创新

在媒介信息尚不发达的历史时期，我国电视媒体在报道重大突发事件时习惯于等待上级指示，等到新闻事件完成后才做报道，避免报道出现"错误"和"失误"，这种新闻观念虽然能在一定程度上保证新闻的真实性，但因为层层上报审批可能会耽误报道时机，影响新闻的时效性。随着我国政府信息公开观念的形成以及相关法规的出台，电视媒体也开始接受"不完美"的报道。媒体为了及时抢占信息的"真空"地带，占领舆论制高点，开始尝试对新闻事件进行动态报道。在每一次新的报道中扩展新闻事件的最新情况，同时及时修正前一阶段报道中出现的偏误，媒体报道通过持续关注新闻事件，不断接近事实真相。

以汶川地震中地震等级的报道为例，中央电视台第一时间以口播的方式报道了汶川地震的消息。随着媒体掌握的信息不断增多，关于地震等级的数据也不断在变化。国家地震局将汶川地震的等级由先前公布的 7.6 级升级为 7.8 级，再到 8.0 级，中央电视台不断更正之前关于地震报道相关内容。在汶川地震报道中，电视媒体按照中央统一部署，准确、及时、客观地报道了灾情，使全国观众第一次通过电视新闻报道目睹了人类与灾害作斗争的全过程。电视新闻媒体对重大突发事件报道的观念创新，在很大程度上得益于政府对信息公开观念革新。若没有政府信息公开观念革新，电视媒体在突发事件发生时很难发挥新闻传播的渠道作用。正是由于政府出台了《突发公共卫生事件应急条例》《国家突发公共事件总体应急预案》等一系列关于突发公共事件的法治条例，才使得媒体在关键时刻能够发挥信息的权威发布作用。中国媒体面对突发事件快速准确地发布权威信息，确保了主流媒体的权威性，使中国在国内事务上获得了国际舆论的主动权。外媒纷纷以我国媒体播出的消息为信源，防止了谣言的滋生与蔓延。

(二) 电视新闻报道方法、形式创新

电视媒体为应对重大突发事件报道，在第一时间展现第一现场，报道方式和方法创新不断。从滚动字幕、口播新闻到前方连线报道，报道方式又有了新的突破。电视媒体在重大新闻的报道中充分发挥了声画结合的优势，在报道形式、手段创新方面大胆创新，给电视观众带来了全新的视听感受。

以中央电视台新闻频道对2011年日本大地震突发事件的报道为例。2011年3月11日，日本大地震事件发生后，中央电视台驻东京记者站的出镜报道者在第一时间向国内发回报道。为了在国际重大新闻事件中抢占第一落点，中央电视台在此次突发事件中大胆尝试引入国外媒体机构的电视直播画面，并辅以同声传译直播播出，做到了零时差发布灾情相关情况，并多次以双视窗、三视窗等视觉技术手段，丰富电视新闻信息传播量。

与此同时，中央电视台在国际新闻报道中全面创新了传播理念，重点关注新闻中的"人"。从灾区华人的生存状况到财产受损情况，媒体发挥了信息咨询服务的功能。中央电视台新闻频道与驻日本特派记者、中国驻日大使馆等保持密切联络，并联合网络媒体开展"地震寻人"行动；以直播连线的方式与灾区华人群体保持信息沟通，充分报道了在日本的华人相关情况。

（三）媒介技术创新

媒介技术的变革会对媒介的演进产生划时代的影响。对于电视新闻出镜报道而言，媒介技术尤其是直播传输技术的变革会大大影响报道形式和传播效果。随着卫星通信技术的发展，在省级或市级电视台，数字卫星新闻采集卫星车是电视台报道重大突发事件的首选媒介技术传输方式。不同于之前的卫星直播报道，这一历史阶段的直播出镜报道采用 DSNG（Digital Satellite News Gathering）卫星车。这种直播卫星车在保证直播信号的前提下充分发挥了可移动的优势，成为各大电视台应对突发事件直播出镜报道的利器。2006 年 11 月，厦门广电集团对常规的数字卫星新闻采集卫星车进行技术改造，建立了一套移动卫星新闻直播系统——新一代 DSNG 系统。DSNG 系统将移动通信卫星技术与广播电视技术相融合，解决了卫星在移动过程中出现的信号不稳定问题。相对于其他媒介通信方式而言，DSNG 卫星车机动性、稳定性较强，可以迅速抵达新闻事件现场，减少新闻播发时耗，实现新闻即时直播。DSNG 系统将卫星天线控制系统直接安装在可移动的卫星车上，在卫星车不断移动的过程中自动更新设备所处的地理坐标。通过卫星信标信号完成天线漂移修正，能够在移动状态下通过卫星不间断地进行广播级视音频信号的传输①。DSNG 卫星车的这种以无线传输为主的可移动传输方式，能够大大压缩直播报道的技术准备时间，在遇到紧急突发状况时，甚至可以零时差直接由出镜报道者在移动状态下向观众发回报道。这种媒介技术的创新真正实现电视新闻出镜报道的零时差、零距离的动态直播。DSNG 卫星车的使用并非十全十美，其对外部环境有着特殊的要求。在使用 DSNG 卫星车时周边环境如果出现高大建筑物的遮挡，或者频繁移动直播地点，则可能会出现信号中断。

（四）体制机制创新

在遇到国内外重大突发事件时，电视媒体倘若成立临时报道组应

---

① 哈艳秋：《当代中国广播电视史》，中国国际广播出版社 2018 年版，第 333 页。

对一时之急，这对于媒体的发展而言并非长久之计。要想在重大突发事件中抢占先机，电视媒体要形成一整套成熟的应急突发事件报道常态机制。

对于重大突发事件的报道，电视媒体具有传播及时、覆盖面广的独特优势。2008 年，中央电视台建立和完善全台统一指挥、调度、保障的 24 小时播出新闻应急机制，在南方冰雪灾害、汶川抗震救灾重大突发事件报道中发挥了其他媒体无法比拟的重要传播作用。以中央电视台处置重大突发事件的报道机制为例，2006 年中央电视台制定了《关于突发事件和重大活动报道管理规定》，该规定对突发事件的性质、响应机制、报道架构、报道力量等均做出明确规定。在 2008 年的汶川地震抗震救灾报道中，规定所设置的机制起到了重要作用。中央电视台围绕报道主题迅速成立了 17 个报道小组，建立了信息获取统筹协调机制、新闻策划组织机制、新闻制作运作机制和播出协调配合机制，为报道的顺利推进提供了配套的机制保障，使我抗震救灾报道取得圆满成功。2009 年，中央电视台进一步完善重大突发公共事件报道应急体系，建立新闻报道的主要公共应急机制，明确应急响应新闻机构的分级系统、内容要求、基本运行机制和工作流程，使重大突发公共事件的出镜报道更加规范化、制度化。

第二节 电视新闻出镜报道的创作分析

一 讲述老百姓的故事:《南京零距离》中的出镜报道

2002 年，随着江苏电视台城市频道栏目《南京零距离》的开播，我国民生新闻迅速崛起。我国的电视新闻出镜报道进入常态化发展阶段，这种常态化模式逐渐由地方向中央辐射。为了满足观众多层次的收视需求，电视民生新闻节目多以直播形态呈现，且在节目中大量使用出镜报道的报道形式。不少民生新闻栏目均配备有 SNG（卫星新闻采集）直播车，用以确保报道者在第一时间发回第一现场的出镜报道。《南京零距离》播出后，不仅在当地广大电视观众中大受欢迎，其率先开启的民生新闻报道方式及模式也在全国引起了强烈反响。各地电视台纷纷效仿，引发了全国民生新闻节目播出热潮。中央电视台由于受到地方电视媒体民生新闻热潮的冲击以及凤凰卫视等境内外电视媒体的竞争压力，也开始在电视出镜报道方式上积极探索，出镜报道不仅在重大报道时才出现，日常新闻中也时常能看到出镜报道者的身影。出镜报道者以人格化的具体形象，有效架构起新闻与电视观众之间的传播关系，充分发挥出镜报道的优势。

2002 年 1 月 1 日，江苏省广播电视总台城市频道播出由社会新闻、生活资讯、甲方乙方、孟非读报、小璐说天气、新闻调查、现场热线等板块构成的日播类新闻直播栏目《南京零距离》①。出镜报道成为节目重要亮点，报道者以个性鲜明的评论见长，语言表达方式独树一帜。《南京零距离》关注发生在老百姓身边的事，将镜头聚焦到普通百姓的喜怒哀乐，以大量的直播出镜报道、新颖的编排方式、独特的语言风格，真正实现了与观众的"零距离"，迅速成为江苏地区收视率最高的电视新闻节目。《南京零距离》从开播之初起就坚持直播，强调新闻的时效性，也是国内最早实现 SNG 直播常态化的电视媒体。直播常态化能够让新闻事件的报道与市民同步，直播形态从最初的演播室主持人与现场记者的语音联系，发展到现场卫星直播连线。在每天的节目中，《南京零距离》直播组随时待命，遇到重大突发新闻便会打破常规节目编排，插播直播出镜报道。

除了在直播连线中运用出镜报道之外，《南京零距离》还致力于打造主持人。为了让节目更具亲和力和吸引力，《南京零距离》注重打造一批形象佳、业务好的出镜报道记者、主持人群，在不同的民生领域打造专业化的品牌出镜报道者。如民生维权类新闻的出镜报道者鲁青、尹美又、杨威，他们在节目中以鲜活的个人形象帮助百姓解决各类维权难题。还有《田柳探营》的出镜报道者田柳，由于田柳与军

---

① 中国广播电视年鉴编辑委员会编纂：《中国广播电视年鉴 2009》，中国广播电视年鉴社 2009 年版，第 143 页。

方保持着紧密合作，因此在国庆阅兵庆典仪式、汶川地震救援现场、军事演习活动等场景中也经常能看到她的身影。

(一)展示新闻细节，追求亲切、生动

传统的电视新闻采用"倒金字塔"式叙事结构，这种叙事方式优点在于能够将重要信息在最短的时间内传递给观众，但这种叙述模式的缺陷在于叙事生硬，缺乏感染力。在"倒金字塔"结构的出镜报道中，报道者以全知全能的视角向观众传达信息，给人一种权威感和客观感。这类电视新闻出镜报道通常会以"记者获悉""据介绍""据了解"等间接引语的话语讲述新闻事实。这种新闻叙事模式虽然从形式上看给人以客观真实质感，但因报道者的立场、情感被隐藏，难免让观众产生冷冰冰的距离感，较难与报道者形成心理认同。

民生新闻的出镜报道则大多重视展现新闻细节，突破了传统的新闻叙事模式，追求生动、活泼的语言特色。按照接受心理学理论而言"要将人的注意力由无意引入有意，需要产生一种刺激和振奋，而细节正是产生刺激、引起振奋、保持观众收视兴趣的一种重要手法"①。细节语言包含富有冲击力的图像和语言、音响等元素。在信息传播过程之中，围绕主题思想的细节能够揭示新闻事件和新闻人物的本质，将观众的视知觉引入兴奋。出镜报道者通过对细节的刻画，放大了新闻人物和事件的特点，将抽象的事物以具体可感的形式呈现，增强了观众的记忆深度，也强化了电视新闻传播的真实性，最终提高了信息的传递率。民生新闻较多地运用展示细节的手法，使新闻语言更加生动，以异于传统的叙事方式，力求为观众呈现一个个生动可感的故事，大大拉近了出镜报道者和观众的心理距离。这种展现细节的出镜报道手法，以戏剧性的情节来取代苍白的叙述，要求报道者坚持以受众需求为中心，把新闻事件以生动、亲切的叙事方式呈现，增强观众的情感认同，凸显出民生新闻的民生本质。

《南京零距离》的首席军事主持人、记者田柳以自己名字命名的

① 黄匡宇:《电视新闻语言学》，中国广播电视出版社2000年版，第271页。

特别节目《田柳探营》。田柳以观众视角揭秘我国军方海、陆、空、武警最新、最权威的资讯，在江苏新闻节目时段创下极高的收视率。田柳在出镜报道中善于抓住现场细节，围绕新闻主题，对新闻事件现场的环境、人物、场景进行客观描述，将专业而枯燥的军事器械、设备以生动、活泼的语言表达出来，客观展现了我国的军事实力，增强了观众的民族自信心和自豪感。如在《田柳探营》中报道了中俄双方互访舰艇的活动，田柳在登上俄罗斯"特里布茨海军上将"号反潜舰直升机甲板时，并非空洞地介绍武器装备的数据，而是结合现场细节，像导游一样以现场实物为依托，挖掘细节，生动而详细地向观众科普武器装备的用途。

图 4 - 1 主持人田柳在"特里布茨海军上将"号反潜舰上的出镜报道

（来源：2017 年 9 月 20 日江苏卫视《零距离》栏目视频截图）

田柳（出镜报道）：我现在是在"特里布茨海军上将"号反潜舰直升机甲板上，在我身后有两个这样的直升机机库，那么在这个甲板上呢，是可以同时停放两架舰载机。大家可以看到在这个二层的甲板上，这个地上有很多这样的一个铁轨，那这个铁轨呢，其实就是用来运送炮弹、鱼雷的。那我们再看看它有这样一个装置，这个主要就是发射装置，可以发射导弹等武器装备。

(二) 民生立场，聚焦百姓生活

出镜报道者的立场决定了其话语样态的呈现。传统新闻的出镜报道为了表现出新闻的权威性，通常会以全知视角聚焦权威人士、专家，解读新闻事件，鲜有普通百姓的观点。这样的叙事模式有较明显的讲述痕迹，大多以俯视的姿态示人，较容易给人一种高高在上的说教感。在以《南京零距离》为代表的民生新闻报道中，出镜报道者多以民生立场，聚焦普通百姓，越来越多地将镜头对准了小人物、普通百姓，为老百姓而发声，进而使新闻报道更准确地反映普通百姓的心声。比如出镜报道通常会有"最近市民张先生遇到了烦心事""市民发现"等话语样式。这些平实的叙述，虽然看似平常，但却蕴含着新闻理念的变化。民生新闻中的出镜报道适应了民生新闻报道在素材选择和视角上追求的大众化，站在普通百姓的立场去观察和思考现实问题，以大众化的视角去观察和叙事百姓生活。民生新闻中尤其是帮忙类的节目中，出镜报道者通常以普通市民的亲民形象出现在镜头中，其所呈现的角色不仅仅是主持人、记者，还是整个新闻事件的参与者，用平等的视角、互动的姿态，以"帮忙"的形式介入市民遇到的难题，起到沟通百姓与政府桥梁的作用。

(三) 故事化叙述，从小事入手

出镜报道是报道者将新闻事实以影像语言的方式展现出来，报道者要掌握好故事化新闻叙事方式。随着电视新闻的发展，我国电视民生新闻出镜报道逐渐形成了比较成熟的操作方法，即将新闻主题以具体的故事呈现出来，也就是新闻故事化，尤其是选择老百姓身边的小事入手。所谓新闻故事化是指："用故事来结构报道，以故事的方式来引出事件、解释事件，以此来构造起伏和悬念，达到吸引观众的效果。"[①] 故事是人类共同的语言，人类自然对故事充满了偏爱，如何运

---

① 曾祥敏：《电视新闻学》，中国传媒大学出版社2013年版，第76页。

用吸引人的故事技巧在镜头报道中抓住受众的诉求是电视媒体要考虑的重要因素。新闻故事改变了传统的短、平、快的报道模式，而采用细节化、情感化的处理方式突出了新闻事实本身的戏剧性因素。民生新闻以接近新闻的接近性为价值取向之一，这也就决定了民生新闻出镜报道应当采用故事化的方式呈现新闻事实，从微观具体的新闻事件入手，从与人们利益息息相关的角度切入叙事，贴近老百姓的生活，获得观众的关注、认同和共鸣。

在展现新闻事件时，出镜报道者要摆脱传统的第三人称的"外视角"叙事方式，这种叙事方式注重客观真实记录报道对象。出镜报道者在叙述中作为一个全知全能的叙述主体，它代表了客观真理。民生新闻中的出镜报道往往不代表客观世界本身的全景式叙事，而是站在公众的角度考虑问题，带领观众体验发生了什么，其叙事的潜台词是"我看到发生了什么"。叙事视角不再是客观的"外在视角"，而是用以微观叙事的方式从具体事件的角度出发的"内在视角"，观察解读新闻事件。在涉及住房、交通、医疗、城市建设等民生焦点和热点问题时，出镜报道者不重点突出业内专家和业内人士的视角，更多是从普通市民的情感出发，用简单朴实的语言再现普通市民的生活状况和生活困境。

总之，以《南京零距离》为代表的民生新闻出镜报道的语言风格，本质上贯穿了人性化和人本特质的表达观念。这种表达观念是对"三贴近"原则的充分体现，在业界及观众心中得到了广泛认同。出镜报道主持人、记者树立了亲民形象，其语言表达有了大胆的创新，内容丰富，态度鲜明，表达生动、活泼，使我国电视新闻出镜报道方式有了新的突破，也开启了新一轮的播音主持创作语态的变革。

二 直击法治现场：《法治进行时》中的出镜报道

随着受众的细分化，电视新闻报道日趋专业化，电视法治新闻节目因节目内容的现场感和情节的曲折性，对广大观众而言这类新闻节目具有较大的冲击力和吸引力，逐渐成为热门的新闻节目类型。《法治进行时》是北京电视台午间时段推出的一档日播电视新闻节目，每天报道各类案件或事件。该节目以其独特的新闻视角、迅捷的出镜报道和真实生动的法治案例，成为北京收视率最高的节目。《法治进行时》遵循节奏快、信息量大的特点，成为中国发布法治信息、解读法治案件的平台。首次将现场直击的方式应用到法治新闻报道之中，尽管每天节目的编排和风格各不相同，但是节目强调"现场"，采用现场直击的方式，为观众展现各类案件的侦破过程，具有很强的新闻性和纪实感。

以徐滔为代表的《法治进行时》栏目主持人多为记者型主持人，栏目的主持人借助独有的资源和快速的反应，采用现场采访、现场主持等出镜报道方式，每每有大案发生，观众总能看到主持人徐滔在办案现场出镜报道的身影，及时发回扣人心弦、惊心动魄的报道。"在现场"是徐滔在《法治进行时》栏目坚持的传播信念。她认为，主持人只有深入一线报道先让自己感动，才能准确地向观众传递信息。徐滔在出镜报道中要求自己不仅是见证者，也是参与者，这是她与其他同类节目主持人的不同之处，也是其魅力的所在。

出镜报道之所以能够产生强大的传播效果，是因为这种报道方式可以大大降低信息传播的流动层级，从而提高信息传播的真实性和可信度，避免信息在传播过程中的损耗。美国信息专家 C. 香农和韦弗首次为通信模型提出了"噪声"的概念："传播不是在封闭的真空中进行过程内外的各种障碍因素都会对传播造成干扰。因此，并不是传播者所有的信息都可以毫发无损的被受传者接受，而且在传播者与受传者之间如果相隔的传播层次越多，'噪音'含量自然越大，就越容易造成信息的损失和变形。"① 而《法治进行时》的出镜报道改变了传统的电视新闻报道层层转述的传播模式，减去了中间的转述层次，从主持人、记者直达观众的传播过程，减去了中间的撰稿、配音、编辑

---

① 李黎明：《传播学概论》，武汉大学出版社 2011 年版，第 38 页。

等转述层次，从而减少了"噪音"的影响，从而大大增强了报道内容的真实感和可信度。

（一）庄重严谨，具有权威性

电视法治新闻的语言主要呈现出庄重严谨的特点，这种语言特征的形成主要受语境的制约。口语修辞讲究"适应题旨情境"，也就是口语表达的修辞手法必须与内容相适应。在法治新闻中，出镜报道者要表现重要或严肃的事件，语言必然呈现为"庄重"的色彩。电视法治新闻节目由于表达内容的严肃性，其语言呈现出庄重、严谨、权威性的特征。庄重就是端庄肃穆、平稳持重，它与简洁相关，与幽默相对。严谨，指句子与句子之间、语段与语段之间的连接逻辑性强，转接严谨。

法治新闻内容涉及法律案件，出镜报道在追求生动性的同时，不应违背新闻事实和纪律性。《法治进行时》中的法治问题大多涉及多方利益冲突、矛盾，以及对政策和法律的灵活把握。《法治进行时》开播以来，很少因报道引起重大责任事故、导向错误、侵权纠纷，这与该栏目的出镜报道者善于在表达的过程中控制语言分寸，语言庄重严谨，凸显出权威性有关。如在 2004 年 2 月 8 日北京电视台播出的现场纪实新闻报道《惊心动魄的 22 小时》中，主持人徐滔在专案组破案现场的一段出镜报道。报道中徐滔向观众叙述了案件的最新进展和背景信息，在叙述过程中徐滔语气凝重，语速平稳较快，在描述案情时客观公正，语言准确简洁，在案件尚未定性之际，徐滔使用了"初步怀疑""犯罪嫌疑人""未遂"等法律规范词语，语句之间逻辑清晰，衔接紧密。先介绍了王立华的基本信息，随后分析了警方判断犯罪嫌疑人的根据，层层递进，结构缜密。

主持人徐滔（出镜报道）：（专案组破案现场）现在警方初步怀疑照片上的这个男子就是涉嫌绑架吴若甫的犯罪嫌疑人。资料显示，这个男子叫王立华，今年 27 岁，是北京人。1995 年王立华因抢劫罪被判处有期徒刑 9 年，2002 年释放出狱。那么警方为什么怀疑王立华是绑架吴若甫的犯罪嫌疑人呢？这要从去年发生在北京平谷的一起绑架案说起。去年的9月1日，北京平谷有一个姓王的男子被绑架了，可是犯罪嫌疑人在拿到了王某父亲的300万元赎金之后并没有释放王某，而是和王某一起消失得无影无踪。今年春节刚过，这伙犯罪嫌疑人又绑架了王某的弟弟，由于王某弟弟的奋力反抗，这次绑架案未遂①。

(二) 平实自然，富于交流感

电视法治新闻出镜报道交际形式是把经过思考和组织的语言用口语的形式呈现出来，这使得电视法治新闻节目的语言离不开口头语体的特点，体现出书面语体和口头语体的交叉渗透趋势。它一方面表现出庄重、严谨、注重权威性的色彩；另一方面又呈现出平实、自然、富于交流感的氛围。受到电视节目内容（法律问题的严肃性）及电视媒介（画面的直观性）两种语境的制约，电视法治新闻节目出镜报道语言形成了平实自然的语言特色。电视法治新闻节目的传播目的就是为了普法，通过出镜报道者对案件的分析，让人获得法律知识。所以，语言的平实自然，成为法治新闻出镜报道的另一语言特色。

主持人徐滔曾说："我们还视角于民，不做孤芳自赏的小众节目……用服务社会的行为培育自己的文化品牌。用我们的电视产品换来我们生存和发展的空间"②。正是节目的民生视角的定位，决定了《法治进行时》主持人出镜报道的自然语态。《法治进行时》主持人出镜报道交流感的形成是建立在其语言的内外部技巧的结合之上，也是语言的内容与形式共同作用的结果。从内部技巧来看，主持人徐滔运用想象和联想，调动内在的情感，面对镜头前的观众，激发话筒前交流的欲望，从而形之于声，及于受众。她曾说"感动不了自己的报道是感动不了别人的，只有深入一线才能让自己感动，才能进而把自己感动的

---

① 徐心华主编：《中国新闻奖作品选2004年度·第十五届》，新华出版社2005年版，第77页。
② 北京电视台史志办编：《2004年北京电视台大事记》，北京电视台史志办2004年版，第235页。

东西告诉观众"①。为了充分调动情绪，徐滔多次冒着生命危险深入各类突发事件的前线，与办案民警并肩作战，以独特而细腻的女性视角使报道生动感人。从外部技巧来看，主持人徐滔巧妙地运用重音、语气、节奏、停顿等技巧，尤其是语气的变化与现场报道的氛围相吻合，体现出强烈的交流感。徐滔出镜报道语言交流感的形成，还得益于她在现场将第一见闻、第一感受带给观众，并且条分缕析地为观众讲解案件的来龙去脉，使观众如同身临其境，最后达到说法与警示效果。

图 4-2 主持人徐滔在案发现场附近的警车内出镜报道

（来源：2004 年 2 月 4 日，北京电视台《惊心动魄的 22 小时》视频截图）

主持人徐滔（出镜报道）：（警车内）在电话里，民警还告诉我们，经过两个多小时紧张工作后，目前这起案件已经有了重大的突破。还有一点就是民警在电话里嘱咐我们，说现在豹豪酒吧周围的情况还不是特别明朗，不知道是否还有犯罪嫌疑人在附近打探消息，所以我们不能下车为您做现场报道。那么下面呢，我

---

① 吴郁：《冲锋陷阵凝聚品牌核心竞争力——析徐滔的主持风格》，《中国广播电视学刊》2005 年第 2 期。

们要到专案组去看一下这个案件的侦破情况①。

　　上述这段文字是主持人徐滔跟随办案民警来到案发所在地的出镜报道，整个报道词语不尚词彩，以生活化的语言与观众交流，语势起伏不大，多用陈述句，且语调去除了装饰感，以平直、降抑调为主，这样的语调形成了一种客观、平实的话语氛围。另外，这段即兴表达的话语以短句为主，适当加入了冗余，如"那么""还有一点""这个"等，以填补语流空白，十分贴近生活语言，使得整个出镜报道语言更加富于交流感，大大提高了大众传播的效果。在内容的表达上，徐滔贴近观众的视角，主动为观众解答了为何她在车内完成这次出镜报道，而非站在室外，交流感十足，缩短了报道者与观众之间的距离，最大限度地消除了观众接收信息过程中的障碍。整个报道十分出彩。

　　(三) 节奏明快，现场感强

　　在电视法治新闻出镜报道中，现场是节目聚焦的中心。《法治进行时》以现场化表达为主要手段，从案发现场到抓捕现场再到庭审现场，每一次从现场发回的出镜报道能够让观众充分享受来自鲜活的新闻现场带来的视觉冲击力。为了在出镜报道中充分展现出现场感，《法治进行时》的主持人每逢大案要案总会走出演播室跟随公安民警来到新闻事件的第一现场，以纪实性的报道将耳闻目睹的事实以节奏明快的语言呈现给观众。因为始终处在鲜活的新闻现场，所以《法治进行时》的主持总能够给观众带来精辟的解读，同时又能够置身事外发表独特而客观的评析。因此，《法治进行时》要求主持人必须有较高的出镜报道业务素养，并能够根据现场情况随机应变。这种"我在现场"的出镜报道可以真正发挥主持人"穿针引线"的独特作用。如2004 年 2 月 4 日，《法治进行时》制作和播出了救援演员吴若甫的现场纪实新闻报道的《惊心动魄的 22 小时》，主持人徐滔收到警方报告后第一时间组织三路记者跟随警察展开侦破行动的拍摄。徐滔在专案

---

① 徐心华：《中国新闻奖作品选 2004 年度·第十五届》，新华出版社 2005 年版，第 76 页。

组指挥中心、往案发地及人质关押处等核心现场进行了出镜报道，向观众传达了案件的最新进展。报道全程跟踪拍摄，以全现场的方式，多方位、多侧面、多角度地报道了北京警方成功解救人质的过程，将民警与嫌疑犯之间的斗智斗勇展现得淋漓尽致，主持人徐滔极富现场感的出镜报道给观众留下了深刻的印象。

> 主持人徐滔（出镜报道）：（警车内）我是《法治进行时》的节目主持人徐滔。现在的时间是 2004 年 2 月 3 日的凌晨 3 点，就在两个小时以前，我们大家都十分熟悉的影视演员吴若甫在从豹豪酒吧出来之后被三个不明身份的男子劫持。豹豪酒吧位于北京市的朝阳区，是一家昼夜营业的酒吧。大家顺着我手指的方向就可以看到豹豪酒吧，闪着红色霓虹灯的那个地点就是。我们是在半个小时以前接到了北京警方的通报①。

上述这段文字是现场纪实新闻报道《惊心动魄的 22 小时》的开篇之初，主持人徐滔配合警方侦破行动，在凌晨 3 点跟随办案民警来到案发现场。徐滔警车内压低声音，以节奏明快的语言交代了时间、地点、人物以及事件等基本情况。这段文字是徐滔根据现场信息即兴表达的话语，为了凸显出现场感，徐滔在说到案发地点等关键信息时，会配合现场画面信息加以补充，如"大家顺着我手指的方向就可以看到豹豪酒吧，闪着红色霓虹灯的那个地点就是"。徐滔紧张的神态和紧迫的语气与现场氛围融为一体，充分调动起观众收视的强烈欲望，并赋予了出镜报道丰富的现场信息。

三 迈向直播常态化：《汶川地震特别直播报道》

我国电视新闻的直播出镜报道在较长时间更多运用在可预见性重

---

① 中国新闻奖选委员会办公室：《中国新闻奖作品选》，新华出版社 2004 年版，第 76 页。

大事件领域，而对于突发性事件的迅捷报道还一直处于探索和努力阶段。随着新闻频道的开播，电视新闻直播出镜报道的理念和手法，在一次又一次重大突发事件中得以不断发展进步。

2008 年"5·12"汶川大地震的直播报道，我国电视出镜报道水平实现了重大提升，真正意义上实现了对重大突发事件全程全面报道。这次直播反应速度快、报道时间长、协作能力强，创造了历史记录。在这次重大灾难性突发事件的直播报道中，央视、四川、重庆等多家媒体第一时间奔赴灾区现场，为观众带来了最迅捷、最权威的信息，大大缩短了观众知晓新闻信息与地震发生、抗震救灾等新闻事件发生的时间距离，使观众与事件进展实现了同步。报道者在现场出镜采访受灾群众、救援人员以及抗震救灾指挥部人员，向观众当场讲述抗震救灾所发生的一切。这次直播报道不仅成为公众了解信息的主要方式，而且成为政府和社会团体集结力量进行抗震救灾的重要渠道。由于重大突发事件尤其是灾难性事件的影响力大、难以预测，电视媒体在对这类事件进行直播时，一方面需要媒体自身的传播实力，另一方面也需要宽松的外部舆论环境。"5·12"汶川大地震直播报道，是改革开放伟大历史成就的一个不可磨灭的历史丰碑，也是中国电视媒体出镜报道迈向直播常态化的重要一步。

对地面无法到达的灾区中心，中央电视台使用直升机、滑翔伞等进行高难度的航拍进行最早的直播报道。从"汶川地震"的直播报道中，我们看到白岩松、张羽、王志、李小萌、张泉灵等主持人、记者连续若干小时的直播，以直播出镜报道的方式，深入灾区城镇、山区，把所见所闻的最新信息发布出来。"汶川地震"的现场直播，是中国电视新闻出镜报道发展的一个里程碑。它使直播出镜报道走上了小型化、常态化的道路，改变了先前直播的预先设定的状态，使直播出镜报道领域向突发性、变化性和不可预测性的新闻事件延伸。

（一）以情感人，彰显人文关怀

人文关怀是对人的生存条件和尊严的关怀。人文关怀是社会进步的标志，是人类意识增强的体现，是"以人为本"治理理念的生动诠释。"汶川地震"电视直播报道在满足观众对信息基本需求的基础上，还应在报道中体现出报道者对灾区人民的同情、理解、爱、尊重等人文关怀，发挥媒体在灾难报道中的宣导抚慰的功能。

"汶川地震"直播出镜报道在内容上最大的闪光点就在于，出镜报道者在采访报道中充分尊重被采访者的内心感受，洋溢着浓郁的"关怀"的人文精神。救援行动开始以来，各级电视媒体迅速在全国范围内形成了"团结一致、抗震救灾"的舆论氛围，充分体现了对生命的尊重。在电视直播出镜报道中，"人"始终是报道的中心和焦点。白岩松说："从15日开始，我们在直播中就开始把人放大，人要有名字，有故事。"[①] 很多出镜报道者把握住了人文主义关怀精神的底线，彰显了良好的职业道德素养。将人文关怀精神贯穿于汶川大地震的报道之中。在报道过程中，出镜报道者将人文关怀和信息传播效果有机融合，既追求新闻效果的感官刺激，又充分关注事件当事人和受众的心理感受。这样的报道风格也赢得国际社会的赞赏。

在汶川地震的采访中，中央电视台记者、主持人李小萌偶遇朱大爷的一段出镜报道广受好评。2008年5月12日，北川县城有关部门已发出溃坝预警的消息，通知当地灾民撤离，在大多数人已经撤离灾区的情况下，仍然还有部分村民从安置点朝着受灾的方向"逆行"，其中就有68岁的朱大爷。虽然溃坝的危险让朱大爷感到恐惧，但他还想着回家收割麦子，减轻政府的负担。李小萌随机生成的提问平实感人，看似琐碎平淡的对话折射出出镜报道者对朱大爷的尊重、同情和理解。

李小萌：大爷您今年多大年纪了？

朱大爷：我六十八了。

一男子（对着老人）：你去哪里，回家吗？那边危险得很，你不要去。

朱大爷：我去看看我的麦子收得收不得，去把它收了。

---

① 梁晓涛：《震撼：电视档案》，中国民主法制出版社2008年版，第80页。

**图 4 - 3 李小萌在《汶川地震特别直播报道》中
偶遇朱大爷的出镜报道**

(来源:2008 年 5 月 13 日,CCTV - 1 直播节目《抗震救灾 众
志成城》视频截图)

李小萌:他刚才说什么?

一男子:他说他要去看看麦子熟了没有,去把它收了,给国
家减轻点负担①。

这段出镜报道采用了纪实的方式来讲述受害者的处境和想法。从
勒温的心理场域来看,李小萌与朱大爷的对话是非常自然和真诚的,
看似琐碎而平淡的对话,反映了记者与采访者在心理空间中的相互包
容,有一种无声的悲壮力量,闪耀着人文关怀的光芒。李小萌对个体
生命的关注和尊重,得体而含蓄的语言表达,使媒体人与受害者的情
感彼此融合。这组画面后被上传到网络,引起了观众和网民强烈的情
感共鸣。

(二)共时与历时结合,挖掘感人细节

直播画面擅长呈现"现在进行时",对于过去时态事件的展示则

———————————

① 占迪:《电视节目主持艺术教程》,中国广播电视出版社 2017 年版,第 187 页。

往往显得有心无力，受限于直播技术的时空局限，直播时所拍摄的画面只能从特定视角取景，呈现新闻现场的局部特征。为了在有限的时间为观众及时传达有效信息，报道者往往借助于出镜报道的形式，揭示直播画面背后的内容和相关的新闻背景，为观众进行全方位的展示，既可以引导观众收看直播状态下的实时画面，也可以揭示画面背后的故事与细节。在信息传播过程中，细节能够揭示新闻事件和新闻人物的本质，并将共时和历时关系有机融合，从而体现主题思想，将观众的视知觉引入兴奋。

主持人、记者张泉灵刚刚完成奥运火炬登上珠穆朗玛峰的报道，在地震发生后的第二天（5月13日）下午，从拉萨直接赶赴成都，成为第一个在地震现场的主持人。在汶川地震的出镜报道中，张泉灵多次深入最危险的一线采访，获取了直观、生动、感人的信息。她在抢修道路的前线，在抢救受伤灾民的废墟旁，在被摧毁最惨烈的北川县等核心区都有过出镜报道，她的足迹几乎遍布每一个地震救援战场。张泉灵用女性敏锐的独特视角捕捉到了地震救援现场直播中容易被忽略的细节，正是这些感人的细节成为抗震救灾直播新闻中最关键的因素。2008年5月14日，都江堰幸福新村的废墟里发现了一名女性幸存者，救援者与死神展开赛跑。张泉灵在废墟现场为观众带来了一场直播出镜报道，无数电视机前的观众实时收看了救援过程。在直播出镜报道过程中，张泉灵善于抓住与主题相关的感人细节，表达时将共时信息与历时信息完美融合，语言流畅自然，达到了现场感与时效性的双重效果。

　　主持人张泉灵（出镜报道）：（都江堰幸福新村一处废墟里）我们现在来看看幸存者的状况，她现在还在挂生理盐水，补充她的能量，现在压在她身上的还有一个非常重的水泥楼梯，他们（消防队员）现在的计划是把楼梯撤掉，那么基本上幸存者就可以安全得救了。那现在我们也能看到这个幸存者她激动的心情，因为我注意到她的手，刚才努力地动了一下，她也知道她获救的

图4－4　张泉灵在四川都江堰幸福新村一处废墟里出镜报道

（来源：2008年5月14日，CCTV－1直播节目《抗震救灾　众志成城》视频截图）

时间已经越来越近了①。

在幸存者即将获救的时刻，张泉灵抓住了现场的细节适当发挥，如"因为我注意到她的手，刚才努力地动了一下"，从而推测出幸存者的心理状态。再如从"她现在还在挂生理盐水"现场画面信息到"补充她的能量"背景信息。张泉灵在叙述新闻事实的同时，有机地加入事先准备的背景资料，以帮助观众了解新闻事实背后的脉络，还原事实真相。在现场不可预知、不确定结果的情况下，张泉灵善于观察，即兴组织语言，表达思路清晰流畅，逻辑分明，有条不紊，一气呵成，实属难得。在受困者被抬出来时张泉灵抓住现场一片欢呼的情绪细节，在现场用最大的力气喊着"这欢呼是对生命的礼赞！"将整个出镜报道的情绪推向高潮，敏锐地观察、细节的力量、画龙点睛的点评都给直播出镜报道增添很强感染力，完美地诠释了灾难面前党和

---

① 张泉灵：《都江堰幸福小区解救被压伤者全过程》，https：//v. youku. com/v＿show/id＿XMjc1NDkwMjg＝. html？from＝s1. 8－1－1. 2。

政府对生命的尊重，起到了较好的宣传效果。

本章小结

在"三贴近"原则的指导下，我国电视新闻节目进行了一系列卓有成效的改革举措。电视新闻开始更多关注观众的声音，受众的地位得到提升，受众的参与性与主动性得以激发。这一时期，我国的电视新闻出镜报道在新闻改革进一步深化，频率频道专业化改革加速推进以及新技术条件的背景下，传播思想观念已经由"新近发生的事实的报道"演变为"新近或正在发生的事实的报道"。国内外媒体对国内外重大事件及重大突发事件直播成为常态。随着卫星新闻采集在各电视台的广泛应用，民生新闻的蓬勃发展加剧了电视新闻的竞争态势，出镜报道日益受到各级电视台的重视。报道者来自"第一现场""第一时间""第一需要"的出镜报道成为电视台提升收视的重要手段，出镜报道特别是直播类出镜报道已经走向了常态化。

随着改革开放的不断深入推进，中国电视文化基本完成了从通俗的市民文化向流行的大众文化的气质转型。电视的大众文化带来电视新闻出镜报道传播观念的变革以及电视新闻出镜报道的人本化和报道视角的转换。随着大众文化的兴起，英雄主义和精英主义被取代，人际关系由依赖向对话转变。尊重生命、尊重人的观念，使电视传播平等语态成为必然。

随着直播常态化的到来，在直播过程中，主持人与出镜报道者之间的实时连线互动，实现了新闻传播方式的"互动交流"。为了充分调动观众的参与积极性，主持人、出镜记者围绕观众关心的问题展开直播交流，在这种"对话"的模式中，观众参与了新闻内容生产。在这种人际传播的拟态环境中，出镜报道者改变了传统的话语样态，开始以观众的参与为手段，以观众的取向为主导，呈现出一种主持人、出镜报道者、观众三方"对话"的姿态。

第五章 新时代发展时期（2012年—）

2012年，党的十八大以来，习近平总书记在领导全党和各族人民推进党和国家事业的实践中，提出了一系列具有开创意义的新理念、新思想、新战略。我国进入社会主义新时代，随着媒介技术的快速发展，5G、人工智能、VR技术、短视频、移动直播等逐渐兴起，舆论生态、媒体格局、传播方式发生了重大变化。在习近平新时代中国特色社会主义思想尤其是习近平总书记关于新闻舆论工作的相关论述的指导下，我国电视新闻立足新形势，推动传统媒体和新兴媒体融合发展。

随着网络和数字技术的迅速发展，媒体格局和舆论环境均发生了深刻的变革，给电视媒体带来了巨大的冲击。2014年8月18日，中央全面深化改革领导小组第四次会议审议通过了《关于推动传统媒体和新兴媒体融合发展的指导意见》（以下简称《意见》），这是中央层面第一次为推动传统媒体和新媒体融合的发展提出指导意见，标志着中国进入媒介融合新时期。习近平总书记提出要"加强互联网思维"，促进传统媒体和新兴媒体的融合。《意见》对新形势下如何促进媒体在新形势下的融合创新提出了明确的要求，并具体从内容、渠道、平台等方面给出指导意见，表明媒体融合发展已成为社会高度关注的领域。

进入新时代发展时期，各级电视媒体始终把政治取向放在首位，坚持新闻立台，高举旗帜、引导方向、服务群众，充分发挥新闻的舆论导向作用。新的媒介技术手段改变了传统的电视新闻出镜报道输出方式，引起了整个媒介格局的变革，这对于电视媒体转型来说是一个新的契机。在未来，随着人工智能技术的深入发展，出镜报道形态也会越来越丰富，传统电视媒体应该发挥自身专业内容制作人的优势，拥抱新技术，将专业内容渗透延伸到互联网平台，尝试更多在传统电视框架下难以表达的内容，在激烈的竞争中占据一席之地。

第一节　电视新闻出镜报道的融合发展

这一时期的电视新闻出镜报道适应多媒体传播的需要，呈现出鲜明的时代特征。新闻出镜报道的信息来源多样化，人们可以从多种渠道获取新闻。出镜报道的表现形式丰富多样，除了传统的视频以外，还有动画、数据、H5 等多种表现形式。出镜报道传受双方地位平等，强调用户的体验性，传播过程具有明显的互动性。

一　新闻来源多元开放

在当前融媒体环境之下，电视新闻出镜报道的信息来源呈现出多元化态势。传统的电视新闻信息来源相对单一，大多取自宣传部门指定或由新闻热线电话提供。在新媒体的影响下，新闻报道过程中"传播者"与"接受者"的界限越来越模糊。传统媒体与新媒体相互融合、相互发展，共同营造了媒介融合的环境。电视新闻报道在融媒体时期获取信息来源更加开放多元，可以一次采集新闻素材，多次生成新闻素材，整合和共享新闻资源，提高新闻资源的利用效率，更快地传播信息，传播渠道更加多样化，极大地方便了人们获取新闻信息。

在媒介融合背景下，随着社会化媒体平台的兴起，新闻的生产方式也发生了变化。部分具有一定新闻素养的网民自觉参与新闻制作，他们利用社交网络平台参与新闻信息的收集、发布、整合和传播，还参与新闻相关的评论和其他活动[①]。原创性新闻生产越来越多地出现

---

① 彭兰：《社交化媒体、移动终端、大数据：影响新闻生产的新技术因素》，《新闻界》2012 年第 16 期。

在微博、微信、抖音、快手等平台中。这些内容和专业机构的新闻生产的结合越来越紧密，包括图片、视频报道被电视和其他专业媒体接纳，成为电视媒体的信息来源之一，尤其是在一些灾害、事故等重大突发事件报道中，新兴社交化媒体的时效性优势尤其突出。如发生在2015 年 8 月的"天津港爆炸事故"，现场附近的居民以区位优势第一时间获取信息后，并将相关新闻和信息通过视频、文本等方式，通过微博等社交媒体平台迅速传播出去，这些信息已经成为电视新闻信息的重要来源。这些来自网民的新闻素材，经过专业媒体编辑的审核后，可以成为新闻报道的内容。这些来自网络的新闻素材也是对电视媒体出镜报道的有力补充。新兴的社交媒体在国内重大新闻事件的信息传播中发挥着越来越重要的作用，为受众提供了发表意见的平台。特别是在一些突发性社会事件中，受众的反馈更为及时，在这样的环境下，受众由被动的接收者转变为主动的发送者。在微博、微信、抖音等引发网民热议的新闻报道中，新兴的社交媒体平台汇聚了不同利益主体和社会阶层的声音，形成了强大的"舆论场"。

在融媒体电视新闻出镜报道中，新闻信息源的多元化，不仅带来了不同视角的新闻报道，也让网民意识到"人人都有麦克风"。融媒体新闻报道正是通过信息来源和新闻视角的多样性，颠覆了传统媒体电视新闻制作理念，拓展了电视新闻出镜报道的理论与实践。

二 报道形式丰富多样

在融合媒体的背景下，数字传播技术不断发展，电视新闻出镜报道的报道形式不断丰富，拓展了融媒体新闻传播的发展空间。融媒体电视新闻报道的实现需要物质载体的支撑。当前，融媒体电视新闻报道载体除了传统的电视媒体外，还包括微信、手机新闻 App 等各种新兴媒体。无人机、超高速摄像机、水下摄影设备等水、陆、空多渠道画面进入卫星直播系统，还有虚拟现实（VR）技术、3D 视频、5G 全息异地同屏传输技术、智媒云数据大屏等，短视频、Vlog、移动资讯直播等多种出镜形态并存，几乎包括了各类信息传播方式，形成了传统媒体与新兴媒体多元并存的新局面。

（一）移动资讯直播：重塑交流情境

传播者通过直播应用程序，实时制作并同步播出多媒体格式的声像和影像，为用户提供全方位、身临其境的资讯视听体验，使用户可以在移动终端设备上随时观看现场直播，这种新的传播形态可以称为移动资讯直播。2015 年网络视频直播开始真正进入公众视野，2016 年被行业公认为中国网络视频直播元年。在 2016 年移动资讯直播用户迎来了爆发式的增长，以手机移动客户端为主的新媒体逐渐发展起来，改变了用户接收信息的习惯，重新构建了信息的传播模式。移动资讯直播的出现，不仅仅意味着传播载体的变化，更引发了新闻产业的变革。移动资讯新技术带来传统电视直播转型，为自媒体直播赋权①。

在用户需求的推动下，直播逐渐传播到整个行业，并成为各个行业的辅助标准。新闻信息领域也不例外，各大主流电视媒体纷纷涉足移动资讯直播领域。与传统电视直播不同的是，手机新闻直播可以在视频之外添加更多的信息形式，辅助 VR 虚拟场景、H5、弹幕等技术功能。它具有表达形式丰富、存在感强、互动性强、实时性强等优势。

由于受到频道播出时间的限制，要求电视新闻直播出镜报道者在有限的时间内完成。大多数电视新闻直播以连线的方式呈现，时长一般控制在十分钟以内。这种直播方式要求出镜报道者通过线性时空的方式，对新闻时间进行高度组织化的方式叙事，注重在单位时间内的信息有效传递。移动资讯直播作为个人综合应用工具，用户进入、退出随机性强。为了有效吸引用户的注意力，发展用户黏度，移动资讯播放根据新闻事件需要而定，不再严格受时段限制，时长通常在 40 分钟以上。这样的直播时长不仅可以传达新闻的核心信息，还可以完整展现事件的全过程。移动资讯直播关注正在发生的事件过程，这个过程可以是事件本身发生发展的过程，也可以是直播者实地采访行动架

---

① 谈华伟：《移动资讯直播出镜记者的语言特点》，《青年记者》2019 年第 18 期。

构的过程。

现场直播使观众目睹和感受新闻事件正在发生的过程,实现观众信息接收与事件发生同步。观众对新闻时效性的要求越来越高,关注某地正在发生的内容,而不是已经发生了的事情。传统媒体的视频直播凭借专业的团队,能够在第一时间目睹新闻事件的发生与发展,这大大增强了电视新闻的传播优势。但是,由于电视直播门槛较高,需要投入大量的人力、物力,前期准备无形间消耗了时间。移动资讯直播由于门槛较低,只需要一部手机就可以实时实现直播报道,大大提升了报道的时效性,也满足了用户的需求。

人类交往理论认为,人与人之间的空间距离与心理距离息息相关。电视和观众之间的距离是一种社会距离,人们倾向于在商业或非个人互动中保持这种距离,我们通常与陌生人保持这种距离。而手机屏幕与眼睛的距离,属于亲密距离,出镜报道者通过手机直播出镜,看起来如同与亲朋好友视频通话一样,用户好像置身于移动直播的报道现场。出镜报道者面对镜头向大众传播信息,承担着社会责任,出镜报道者极力控制自己的言行举止,尽量呈现出标准、专业的职业角色,报道者的真实人格则被隐藏,而在移动资讯直播过程中,出镜报道者在输出信息的同时还与用户之间保持着互动关系。当人们拿起手机,可以突破时空的束缚,在任意时间和空间与报道者进行互动交流。通过观看实时评论,出镜报道者可以实时与用户互动,回答用户提出的问题,形成双向互动的交流场域。用户不再是模糊的群体形象,而是生活中鲜活的个体,甚至可以与出镜报道者一起完成直播内容的构建。此外,用户之间也可以在评论区形成交流场域。直播者是用户关注的焦点,用户群体的实时评论和反馈也会影响直播者报道的方向。

移动资讯直播从社会传播和人际传播两个层面重塑了人类的传播态势,推动人类的互动进入跨时空、全方位、立体、多元发展的媒介形态。未来,移动资讯直播将从身体、生理、心理等方面更真实地还原人际互动场景,加深"面对面"感知的真实性,更方便地满足人们的信息和社会需求。

（二）移动网络视频：超越"观看"的生活形态

随着移动智能终端的普及和媒介技术的发展，移动网络视频正成为越来越多人的内容消费习惯。与传统媒体相比，移动网络视频观看成本低，内容直观丰富，适合碎片化消费场景。随着视频技术的日益便携化，移动网络视频技术的门槛较低，加之视频技术与社交功能相融合，移动网络视频更成为人们的日常口语表达形式。移动网络视频已经超越了简单的"观看"层面，发展成为一种社交形态。这种传播媒介形式可以自由嵌入不同的平台，与人们的消费习惯和社会传播关系相连接。它以多元化的方式存在于多平台、多渠道、多终端。随着移动互联网的发展，除了短视频之外，移动网络视频迎来了一个新的成员——视频博客日志（Vlog）。Vlog 是一种以智能手机（或其他移动拍摄设备）为拍摄工具，以个人生活为主要拍摄对象和内容，适应移动通信中基于场景的社交传播需求的短视频类型。作为移动传播的视觉传播形态，Vlog 以个性化的表达样态表现了人们对生活的态度，其兴起受到媒介技术发展、受众需求等因素的影响。从媒介技术层面来看，Vlog 的兴起与移动设备的普及、网络带宽的升级和视频清晰度的提高是分不开的；从受众需求的角度来看，Vlog 视频简洁、直观、生动、有趣、易读，迎合了用户快速消费内容的习惯。此外，新内容类型的兴起需要新媒体平台的支持。随着商业资本的推动，各类具备移动视频剪辑、社交功能的应用平台相继推出，这些平台使用户能够轻松掌握基本的剪辑制作技能，促使 Vlog 视频得以快速、广泛传播。

Vlog 作为短视频的一种重要表现形式，不同于抖音、快手等短视频，它是一种介于日常生活性与审美性之间的新型媒介短视频艺术。在具体生产方式上，Vlog 不是简单套用模板的粗放型短视频，而是围绕某个主题、事件运用叙事技巧、策略，运用镜头、构图等视听语言生产的具有艺术性、审美性的视频作品，具有日常性、风格化、对话性等特征。

第一，日常性。相较于抖音、快手这样具有表演特征的短视频，Vlog 强调真实记录和拟真实状态，已经成为越来越受年轻人欢迎的记录生活的方式。作为博客日记，Vlog 以纪实叙述为主，聚焦日常生活场景，其视觉话语弥合了出镜者与粉丝之间的距离。

第二，风格化。Vlog 透过出镜者的主观镜头展现人格化的视频生活场景，但这种展现并非毫无掩饰的原始呈现，而是经过选题策划、剪辑等艺术手法进行的艺术呈现，从而使视频具有一定的审美价值，凸显了出镜者的个人风格，与日常生活型直播相比，Vlog 又实现了对真实日常生活的偏离。这就要求出镜者在某个领域具有一定的专业水准和影响力，Vlogger 往往是风格比较成熟稳定的社交媒体 KOL（关键意见领袖）、网红名人或明星，在前期已经形成了较为稳定的个人风格。

第三，对话性。在 Vlog 拍摄的过程中，出镜报道者已经与"虚拟粉丝"进行了对话，并试图引导粉丝参与到视频的再制作中，从而实现粉丝与短视频博主之间的对话，进一步延伸文本的审美意义。

在大多数 Vlog 视频中，出镜者往往会用口语化的语态，以符合其人设的语言与粉丝对话，回应网友的关切，拉近了对话双方之间的距离和关系，增加了接受者和接受者之间的交流愿望和交往实践。

近年来，主流媒体开始尝试用 Vlog + 新闻出镜报道的方式拓宽主流话语的传播路径，重塑影响力优势，并取得了良好的传播效果。如在 2019 全国两会期间，环球网推出 Vlog《在新闻背后，两会记者的一天这样过》，客观呈现了出镜报道者的幕后工作状态，一反传统的叙事方式和视角，为受众展现了不一样的两会。在场景呈现中，出镜报道者以第一视角，用自拍的方式，从报道者的角度和自身经历去观察和叙述整个事件，观众会产生一种"心理在场"，创造一种沉浸感和在场感。

在 Vlog 拍摄过程中，出镜报道者使用大量自拍画面，这种视觉呈现方式类似于人们在现实生活中交谈时的视觉图像，可以产生与观众"面对面"交流的效果，从而拉近出镜报道者与观众之间的心理距离。另外，这类 Vlog 通常是以幕后观察的方式叙事，能够满足受众的好奇心和窥视欲，激起受众的好奇心和注意力。

（三）VR + 新闻视频：创造沉浸式的体验形态

虚拟现实（Virtual Reality），简称 VR，使用计算机模拟来生成三维虚拟世界。这种三维虚拟世界可以刺激人的视觉、听觉、触觉等感官，使观众有身临其境的感觉。虚拟现实技术与出镜报道的结合是近年来新闻领域的一种新尝试。

2016 年被称为虚拟现实技术元年，VR 新闻也被看作是未来新闻业极具专业价值和商业价值的新闻表现形态。虚拟现实技术应用于新闻业并非技术与行业的简单融合，而是有深层的行业逻辑。电视新闻出镜报道的重要目标是追求真相和现场，虚拟现实技术的应用真正实现了新闻业的沉浸感、在场感，让观众能够置身现场。国内"VR 新闻"的起步最早是从 2015 年开始，当年的 9 月 3 日，《人民日报》全媒体制作了阅兵 VR 全景视频，此后各个媒体纷纷尝试在新闻报道中使用 VR 技术。2017 年 4 月 20 日，中国第一艘货运飞船"天舟一号"在文昌航天发射场成功发射。这是我国空间站货物运输系统在世界首次亮相，意义重大。为了能让观众身临其境地感受和了解中国第一份"太空快递"的运送过程，中央电视台综合频道《中国相册》栏目联袂央视网，近距离对此次发射事件进行了 VR 直播。这次 VR 直播创造了三个"第一次"：第一次在太空领域进行 VR 直播，第一次在火箭发射最近的距离进行直播，第一次在 VR 直播中引入专业解说员。这一全景 VR 直播创造了历史上火箭发射距离最近（100 米）的记录。观众不仅可以通过屏幕直接面对火箭发射瞬间的震撼视觉冲击，还可以在火箭吊装、运输等环节获得全方位身临其境的体验。通过电视、PC、移动社交媒体的多屏互动模式，无缝覆盖直播前后 72 小时，达到良好的传播效果①。

从某种意义来看，随着媒介技术的不断发展，人类对媒介的沉浸程度也在不断加深，从平面媒体到视听媒体再到虚拟现实技术，每一次技术变革都让人类获得了更强的沉浸感。VR 新闻彻底改变了镜头前的报道叙事。

1. 感知重构：沉浸在场成为现实

人类在追逐"复制"现实世界的同时，也在通过媒介寻求超越时

① 牛新权、王艳：《以守正促创新　以创新强守正——中国新闻奖中的"央视经验"》，《电视研究》2019 年第 6 期。

空的方法。影视屏幕就像一堵"墙",无论出镜报道者如何发挥主观能动性,都无法改变和打破这堵"墙"。虚拟现实技术的应用促进了出镜报道者与观众之间的互动,打破了叙述者与用户之间的"墙",增强了观众的沉浸感。虚拟现实技术为受众提升了从视觉、听觉、触觉等感官器官感知新闻的能力,本质上是一个多模态(Multimodality)系统。

在虚拟现实世界中,非言语信息变得真实可感,以往出镜报道者依靠大段语言描述所能达到的传播效果,在虚拟现实环境中只需要镜头的转换就能表现得淋漓尽致。VR 新闻的出镜报道,不仅以技术的形式实现了"在场",也改变了观众与出镜报道者之间的互动关系。受众不仅是新闻的"观察者",也是新闻事件的"目击者",甚至是参与者。

2. 视角重构:个性化叙事成为可能

新闻的叙事视角包含着报道者对新闻事件的认知、判断和倾向,具有意识形态属性。从实践的角度看,新闻叙事可以分为全知视角、有限视角和复合视角。不同的叙事视角具有不同的传播效果。电视新闻的出镜报道都是为了显示权威,多运用全知视角。随着虚拟技术的应用,受众可以参与到新闻文本中,这就意味着受众从有限视角参与到叙事中成为可能。

在传统的视频新闻中,出镜报道者是新闻叙事文本的"可靠叙述者",报道者的报道过程是对事件进行框定的过程。在 VR 新闻中,用户面对的是 360 度的三维空间,可以自主选择观看角度,打破了以往镜头框架的限制。以往出镜报道者可通过剪辑、镜头的调度等手段支配观众获取信息,在虚拟现实技术中这些手段因为技术的原因失效,观众对信息选择的自主性大大增强。

三　传播受众高度参与

随着我国进入移动互联网社会,互联网改变着人们的生活方式、思维方式和存在方式、审美情趣、价值观念和理想。在互联网文化语境中，本是经济学术语的"用户"具有举足轻重的地位，传统的"受众"地位进一步提升，从被动接受信息转变为参与新闻生产。未来的新闻制作也朝着智能化、移动化和交互化方向发展。移动互联网社会，传统受众演变为用户，这不仅仅是称谓的改变，更深入体现了信息接收者希望深入参与到新闻互动中来的强烈愿望，移动直播、短视频、Vlog 等传播形态为用户提供多种实时互动的方式，例如点赞、弹幕、评论等形式，可以有效让传播者及时收到用户反馈的信息，带动其近距离接触新闻报道。传统媒体与社交媒体相互促进，取长补短，传统媒体与社交媒体合作实现用户关系的维护，社交媒体通过传播传统媒体的内容，进一步激发用户活跃度，这种融合发展的方式为电视新闻的属性转型注入了全新的思维。

融媒体新闻报道注重用户参与，在新闻出镜报道的各个环节都能看到用户的身影。一方面，随着新兴媒体的大量涌现，传统的受众变为用户，主动参与新闻生产的意识不断加强，一改过去被动受新闻信息的局面，开始主动参与新闻报道。另一方面，传统媒体为了加强传播效果，吸引受众注意力，也在积极寻求与新媒体之间的合作，为用户搭建更多交流的平台。在融媒体传播环境下，传统媒体通过门户网站、"两微一端"等平台实现与新兴媒体的融合发展，同时也为用户参与新闻报道提供了便利的条件。目前，全国几乎所有的媒体都开通了官方微博和微信公众号，利用微博、微信平台加强与用户之间的交流，吸引用户参与到新闻生产与传播过程中。除了媒体组织之外，许多新闻工作人员，上至总编，下至一线记者和编辑，几乎都开通了个人微博或者微信公众号。如 2015 年"天津港'8·12'特别重大火灾爆炸事故"发生之后，网民除了为电视媒体提供新闻相关的视频资料外，在媒体对新闻事件报道后，通过微博、微信平台等平台以留言、发帖等互动方式参与到新闻事件的互动之中，在某种程度上促成了新闻事件的生产与传播。

此外，在全媒体新闻报道中，用户参与度的提高也离不开技术的支持。还是以"天津港'8·12'特别重大火灾爆炸事故"直播报道为例,事故发生之后,电视等媒体运用高科技手段,通过 3D 动画、360 全景等可视化技术手段,立体化、多角度呈现事故发生的原貌,鼓励或者推动用户参与到新闻出镜报道之中。

第二节 电视新闻出镜报道的创作分析

一 主持人型记者的典范:《4·20 芦山地震直播报道》

重大突发事件具有不可预知性、非常态的制作与播出等特性,对社会具有较大的冲击力,较为容易成为舆论关注的热点和焦点。对重大突发事件的出镜报道检验着电视媒体快速反应的应变能力和舆论引导力。随着全球化进程的不断深入,以互联网、手机为代表的新媒体逐渐成为影响社会发展的重要媒介环境变量,电视媒体如何发挥自身优势,在重大突发性事件报道中凸显自身的传播优势,发挥应有的引导力、影响力、传播力和专业性显得极为重要。

2013 年 4 月 20 日 8 时 02 分,四川雅安芦山发生 7.0 级地震。地震发生后,成都广播电视台利用区位优势,充分发挥专业优势,各频率频道采、编、播人员在没有任何指令的情况下自觉赶往灾区,锁定震中位置,成为全球首家进入震区进行直播特别报道的广播电视媒体,连续不间断地对芦山地震进行了 72 小时特别直播报道,引起社会广泛关注。其中,成都电视台主持人、记者蒋林直播组的表现颇为抢眼。蒋林的直播连线出镜报道由于最靠近新闻事件的核心区域,报道全面及时准确,被当晚的央视《新闻联播》《焦点访谈》等节目大篇幅采用,成为电视媒体中表现最出色的出镜报道者。蒋林本人则被观众亲切地称为"连线哥"。除了与央视的直播连线外,他还在地震发生当日与全国多家地方媒体如上海东方卫视、深圳卫视、山东卫视等连线报道 30 多场。蒋林以专业的出镜报道赢得了同行及观众的一致好评。在出镜报道中,蒋林具有敏锐的现场观察力、快速的现场应变能力、清晰流畅的语言表达能力以及英俊的外表。蒋林的出镜报道被央视评价为"这是目前灾区最全景式的报道",被网友们称为"现场报道的教科书",成为主持人型记者的典范。

(一)快速反应,融合新闻报道

新闻事实的发生与新闻事实之间的时间差(时间距离)称为新闻的时效性。新闻产生的社会效果与时效性密切相关,尤其在重大突发事件中,时效性的强弱在某种程度上决定着新闻价值的大小。在新闻报道中,准确、及时地向受众发布有价值的信息是出镜报道者在突发性自然灾害报道中的重要使命。由于突发新闻事件的不可预测性,电视媒体在镜头前进行直播更加困难,这就对电视媒体的快速反应能力提出了更高的要求。在雅安地震报道中,成都电视台主持人、记者蒋林和他的直播团队是世界上第一个到达震中进行现场直播的电视媒体。正是蒋林及其团队的快速反应,在最短的时间内满足和尊重了公众的知情权,化解了公众对事件的不确定性,取得了良好的传播效果。

> 蒋林(口述):我是所有的非芦山当地记者中第一个出发的外地记者。所以我当然第一个到,我当然就可以选择我认为当时最C位的一个现场报道的地点去做我认为最好的现场报道的场景设计。我觉得能够抢到第一时间,让别人关注到你的报道,特别是在突发报道当中,新闻的时效性是非常强的。因为你越接近于大家的心里的这种未知,大家非常想了解当地的情况,你越接近他心里的时间刻度,那么你会获得的几何效果的放大,就是会比你晚到一两个小时甚至一天的记者,我觉得那是几何倍数的关注度①。

蒋林及其直播团队除了具备传统媒体所具有的新闻敏感性及快速应急能力外,在这次报道中,熟练运用社交媒体对电视新闻直播报道时效性的提升有着不可估量的作用。雅安芦山地震发生后,中国媒体

---

① 笔者对蒋林的专访,详见附录。

报道的整体格局相比五年前的汶川地震发生了巨大变化，以微博、微信为代表的自媒体迅速崛起。随着社会化媒体平台的兴起，新闻生产模式发生改变。网民利用社交网络平台参与新闻的采集、发布、整合、传播以及相关评论等活动。在灾害、事故等重大突发事件的报道中，新型社交媒体已经成为电视新闻信息来源的重要渠道。

在突发事件中，尤其是重大的自然灾害发生后，SNG 大型直播设备无法及时进入新闻现场，此时，通过自媒体用户获取信息是最有效的方式。在雅安地震报道中，各大媒体的直播报道自觉与社交媒体融合，集纳社交媒体的有用信息，实现了电视新闻多层次、多角度、快速、高效的抗震救灾报道。

蒋林在芦山地震直播报道中善于利用社交媒体提供的信息，并将这些信息融入出镜报道之中。在地震发生后，由于地震对通信设备造成了破坏，成都电视台 SNG 直播组成员之间失去了联络。为了尽快获得震区确切信息，蒋林通过对微博新闻的收集、分析，通过微博、微信等方式确定了地震震中所在地的准确位置，大大节省了出镜报道者收集准备信息所耗费的时间和精力。在之后的直播连线报道中，蒋林密切关注微博信息动态发展，调整报道重点和方向。2013 年 4 月 23 日 8 点，多个微博在转载关于四川全天县物资告急的消息。为了核实网络信息的真实性，蒋林及直播报道组深入全天县实地调查，进行了较为全面的采访，并在连续两天的直播出镜报道中，对部分影响巨大的时间性失实的微博求助、微博呼吁进行了修正与纠正，及时回应了公众关切，避免网络不实消息的传播，发挥了电视媒体引导舆论功能，实现了新媒体与传统媒体的融合报道。

（二）信息密集度大，思路清晰

信息密集度是指"信息的浓缩度"，即用最简洁的文字、数字、符号、图像来表达信息量大、目的性强的信息，使信息接受者在最短的时间内获得最有价值的信息。信息社会里的信息传播方式、传播质量是信息传播规律中的重要内容。出镜报道作为电视语言传播的重要形态，其传播方式是诉诸视听觉的电子传播，其特点十分明显，即线性、限时性、瞬时性。传播者必然要考虑在有限的时间段，传播尽可能密集的信息，达到尽可能高的传播效率。

在电视新闻出镜报道中，信息密集度保有清晰度的信息越密集越好。倘若因为密集度大而失去了清晰度，信息会成为无效信息，从而达不到信息共享的目的。传播者在传递信息时应当考虑受众的听觉、视觉阈限，遵循传播规律。具体到出镜报道中，出镜报道者在词语系列的铺排，声音抑扬顿挫的变换，起承转合的驾驭，色彩分量的变化等方面均要做到和谐统一。

2013 年 4 月 20 日下午 1 点 22 分时，蒋林与央视《新闻直播间》做了一次直播出镜报道。在这次报道中笔者粗略统计发现，在 3 分钟的出镜报道中，蒋林的话语量达到了 1084 个字，平均每分钟 361 个字，这对于在同一时间内传播更加丰富的信息无疑具有进步意义。更为难得的是蒋林在语速快的同时语音清晰，做到了快而不乱，快而不赶。在整段出镜报道中，蒋林紧紧围绕着主持人长啸抛出的提问，从"受伤人员情况"和"现场救援情况"两个方面展开，围绕地震现场最重要的元素——应急帐篷和救护车展开叙述，从现场信息描述到背景信息的补充介绍，在不断转换新闻场景的过程中，流畅自然地将地震中的救援情况展现在观众面前。对于观众相对陌生的概念，蒋林会用平时的语言细致解释，比如"分诊治疗"。

　　蒋林（出镜报道）：现在帐篷已经有了基本的分工，比如我旁边的这个帐篷是急诊一号棚，这个呢是急诊二号棚，已经开始有了这样的分科急诊。一个医生带上两个护士，骨科或脑外伤科的工作人员组成了一个应急的抢险队，他们就是一个应急抢险的小分队①。

这些有声语言结合现场画面信息，客观真实地向观众传递了信息：

---

① 笔者对蒋林的专访，详见附录。

图 5 - 1 蒋林在芦山县人民医院的出镜报道

(来源:2013 年 4 月 20 日,央视《新闻直播间》视频截图)

灾区的医疗救援工作已经在有序、规范、科学地开展。

(三) 准确鲜明,话语形式灵活

"准确鲜明"是蒋林语言表达的一大特点。言语的准确鲜明体现说话者话语的含义与表述内容相吻合,能够真切地呈现客观世界主观体验。电视新闻的客观性要求出镜报道的语言应该是准确鲜明的。出镜报道者是以语言为主要媒介的传播者,有声语言是出镜报道者最有力的信息载体。准确、清晰的有声语言是出镜报道的基本要求。为了控制新闻现场的话语权,出镜报道者必须准确把握新闻事实,注意声音语言表达过程中的情感操控。

在此次芦山地震中网民批评了有些出镜报道者喊口号式的报道方式,某些出镜报道者在报道时语言空而无物,缺乏对新闻现场的基本认知,过度渲染灾难,在情绪上主观拔高,以模式化的方式塑造"典型性场景",这种报道方式难以获得公众的认可。

在雅安地震报道时,蒋林的出镜报道语气现场的气氛融为一体。他善于捕捉重点信息,并将重点信息以重音的方式突出显现,以保证信息的有效传递。如在芦山县人民医院,蒋林连线央视《新闻直播间》时介绍现场环境信息时说"大家现在应该通过我们的画面可以感觉到，现在的芦山县是大太阳，很多的受伤群众，特别是有受伤、虚脱的话，如果这样的太阳一直直晒，对于后续的抢救会更加危险"①。在这句表述中，蒋林将重音放在"现在""很多""特别""如果"上。"现在"体现出新闻的及时性，表明直播连线中给出的信息是与观众同步的。为了向观众传达搭建帐篷的紧迫性和必要性，蒋林将重音放在了"很多""特别"表示程度的词语上，同时为了表达的准确性，蒋林用"如果"表示假设，进一步准确表达出搭建帐篷这项工作的重要性。

另外，为了保证信息的准确、全面，蒋林灵活变化话语形式，巧妙使用插入语的方式对重要信息进行补充说明，以确保语言表达的规范准确。如蒋林在介绍应急帐篷已经有序分工的信息时，并没有直接给出现场画面信息，而是以插入语的方式加上了动态信息，以保证信息的完整、准确。"我们看到这个帐篷，和之前的时候，就是来了辆车大家先冲上去抢救伤员不太一样，现在帐篷已经有了基本的分工。"② 这句话实际上表面在抢险救援过程中早期确实存在不规范的现象，但是现在已经在好转，这样的话语方式既正视了问题的存在，同时也肯定了救援工作的进展。又如蒋林在介绍芦山县人民医院医护人员将抢救所需的纱布直接从楼上扔下这一新闻细节时说"现在我们可以看到窗口上还有医护人员把他们抢救需要用的一些纱布，可以从楼上直接扔下来的东西。出于安全，同时也出于最快速的方式直接先抛到楼下，然后大家再做收捡"。这段话中蒋林在陈述事实的过程中发现直接将医疗物资从楼上扔下在观众看来可能会引起质疑，这类清洁卫生用品以这种方式运送是否科学？蒋林在陈述事实后以插入语的方式补充解释了这种做法的原因"出于安全，同时也出于最快速的方式直接先抛到楼下，然后大家再做收捡"，保证了信息的准确清晰。

---

① 文字转录自中央电视台新闻频道《新闻直播间》栏目2013年4月20日13点22分的直播连线。

② 文字转录自中央电视台新闻频道《新闻直播间》栏目2013年4月20日13点22分的直播连线。

二　数据新闻的可视化表达:《数说命运共同体》中的出镜报道

随着大数据、云计算和数字技术的快速发展,人类已经进入了大数据时代。新媒体技术的出现改变了原有的信息接收模式,对传统的信息生产模式提出了挑战。电视新闻节目不断受到互联网的冲击,业界、学界均在探索电视节目融合发展路径。经过实践摸索和经验总结,电视媒体逐渐找到大数据技术与电视新闻出镜报道的融合创新的发展模式。

媒介技术的发展往往是电视新闻出镜报道内容的创新的重要推手。在我国传媒界,2013 年被称为"大数据元年",央视推出了《"据"说春运》和《两会大数据》等数据新闻作品,巧妙地将大数据技术融入电视新闻报道之中,增强了电视新闻的可视化。如 2013 年春节期间,央视在综合频道《晚间新闻》栏目中《"据"说春运》专题新闻报道,得益于大数据服务供应商如百度、腾讯等公司为其提供的精准用户数据信息和商业资料以及 LBS(Location Based Services)数据分析技术,央视通过电视屏幕动态、全程、即时、直观地展现了中国春运的迁徙盛况,让全国观众耳目一新,改变了以往向全国各地派出主持人、记者蹲点报道春运的陈旧模式,以大数据的方式真实、客观、直观地呈现了新闻事实。电视媒体对大数据的把握与应用逐渐成为传媒行业竞争的焦点,数字后期技术的发展带来了整个电视新闻创作观念的变革,改变了电视画面依赖前期拍摄的单图层传统创作模式,复现生活原生态的新闻影像也开始以大数据的可视化方式呈现。

2015 年 10 月 3 日起,中央电视台新闻频道在《新闻联播》等多档新闻栏目重点推出一档名为《数说命运共同体》的全新大型数据新闻节目,这档"一带一路"特别专题新闻节目连续播出 7 天,内容涵盖基础设施建设、不同文化交流交融、"一带一路"沿线国家人员往来等。透过节目,观众可以清晰直观地看到"一带一路"倡议正在编织几十亿百姓的共同命运。节目一经播出就引起了广泛的社会关注。

此次电视节目的成功在于通过大数据技术对信息的充分挖掘和可视化表达，将技术信息与出镜报道完美融合，生动展现了"一带一路"国家之间的关联图景。主持人的出镜报道是在虚拟演播室的录制与现场实拍融合中完成的，视觉图层丰富。《数说命运共同体》依托科学权威的数据挖掘与分析，出镜报道摆脱了传统的数字、图表的平面展现，通过三维地图、卫星定位系统等可视化技术手段，将数据信息以生动、直观的方式进行全景化呈现。另外，利用前期拍摄画面和后期制作特技，让主持人在出镜报道中以"一镜到底"的方式自如穿梭在不同国家、场景中。在这样的情景设定下，中国消费者、乳胶枕头、泰国曼谷、乳胶枕头厂等看似毫不相干的事物，在"命运共同体"这一主题思想的串联下，产生了奇妙的关联。

（一）多维度叙事视角，生动叙述

电视新闻出镜报道叙事角度的选择，反映了媒体对社会事实的认知水平和意识形态立场。现有的电视新闻叙事可以按照不同的标准分为不同的视角。如根据叙述者和文本人物所知信息的大小，可以分为全知视角和有限视角；根据人称的不同，可以分为第一人称视角和第三人称视角。叙事视角的选择受到社会语境的影响，不同的叙事视角会起到不同的传播效果。在传统的电视新闻出镜报道之中，由于受到技术手段以及思维惯性的束缚，出镜报道往往叙事视角单一化、叙事结构程式化，容易造成视觉疲劳。

《数说命运共同体》将大数据思维应用于电视新闻报道，使用多维的叙事视角，不仅给出镜报道内容以全知视角，并通过一系列体验式的出镜报道方式，以有限的叙事角度使主题报道具备真实性和可信度，同时又增强了交互性和说服力，巧妙地在同一个新闻文本中运用全知视角和有限视角的整合方式，灵活改变叙事角度，使叙事超越单一的视角带来的有限信息量，大大增强了信息传播效果。

例如在第六期节目《丝路，走起》中，为了向观众直观展现"一带一路"沿线国家之间的旅游业态的繁忙景象，主持人在北京首都机场以全知视角的叙述方式，以鲜活的数字向观众客观展现了中国和

"一带一路"沿线国家之间的紧密往来。

> 主持人（出镜报道）：在全中国航班流量最大的地方北京首都机场，仅 2015 年上半年，就有 1100 多万旅客从这里出入境，也就是平均不到两秒钟就有 1 人次。而这其中，有很多人都是往来于"一带一路"沿线的。据统计，目前北京首都机场，已经开通了 57 条飞往沿线各国的航线，这个数字在国内所有城市中排名第一①。

为了真实呈现"一带一路"沿线国目前存在的直飞航线少、贸易壁垒和签证难办等现实问题，主持人以限制视角的方式讲述了交通不便带来的个人感受。在出镜报道中，主持人以目击者的身份出现，用自己的想法和感受报道新闻事件。这样的报道视角符合人们日常的认知习惯，叙事能够产生真实的效果。

> 主持人（出镜报道）：在"一带一路"沿线往返，我们要不断频繁的转机。因为到目前为止，很多国家还不可以直飞。现在我们要从巴基斯坦的伊斯兰堡机场出发，飞往哈萨克斯坦的阿拉木图，这两地之间的距离是 1134 公里，如果直飞只需要两个小时的时间。但是两地不能直飞，我们只能先飞到阿联酋的阿布扎比去转机，整个行程至少需要 12 个小时②。

总之，多维复合视角打破了线性传播中单一视角给受众带来的审美疲劳，通过叙事视角的转换，消除了单一视角所带来的叙事局限，有助于出镜报道内容的充分展示。由此可见，多维度、多角度的信息使电视新闻更具说服力和可靠性。

（二）非语言符号表达，多元化场景呈现

为了更好地与观众互动，主持人、记者出镜报道时手势等其他元

---

① 央视网：《数说命运共同体》，http：//news.cntv.cn/special/jujiao/2015/026/。
② 央视网：《数说命运共同体》，http：//news.cntv.cn/special/jujiao/2015/026/。

素的使用既是扩大新闻信息量的一种表达诉求，也是表情达意需要重视的必要手段。随着媒体技术的不断更新和升级，电视新闻的出镜报道已经从过去的真实场景的密闭空间发展到现在的多媒体互动虚拟空间。报道场景不仅包括室外和室内场景，而且将虚拟和真实与科学技术的应用相结合。出镜报道的形式展示了真实场景与虚拟场景相结合的发展趋势。随着虚拟场景构建、3D 动画呈现等设备和技术的更新，出镜报道者在报道现场可以在现实与虚拟现实之间穿梭，动态与静态相结合，这无疑丰富了出镜报道方式，升级了出镜报道形式。

报道场景的丰富和多元，必然要求出镜报道者融入新闻场景，从过去的"静态"变"动态"。报道者除了使用有声语言传递信息，更要巧妙地运用非语言符号动态化呈现新闻内容，增强与观众之间的互动交流。《数说命运共同体》中，主持人走出演播室，不停地走动带来新闻场景的不断变化，在有限的时间内实现了新闻场景的多元呈现。主持人用动态的出镜报道方式在实景与虚拟现实中来回穿行，边走边说，综合运用有声语言、身体语言、道具等，在不同国家间自如"穿越"，和观众一起分享"一带一路"数据背后的真实生活、生产场景，为观众生动地再现了"一带一路"沿线国家的文化地理与风土人情。

在《数说命运共同体》第七期《中国制造，您选啥？》中，主持人开篇在迪拜龙城边走边向观众介绍商城中琳琅满目的各种中国商品，每介绍到一种商品时，就会配合手势语，肢体语言与表达融为一体。在出镜报道过程中，主持人巧妙运用手中的各种道具，以可视化的道具为切口，讲述新闻故事。在讲述到印度人最喜爱的品牌时，主持人从背后拿出一张《印度时报》，并以报纸中公布的消费者调查结果为切口，向观众展示了中国自主品牌在印度受欢迎的程度。简单的丝巾、帽子，甚至是馕饼，都可以成为场景转换的道具。这样的表现方式与其他的出镜报道相比，给人们带来了不同寻常的视觉享受。

（三）巧用类比，趣味讲述

类比是一种跨思维形式的综合思维方式。在电视新闻的出镜报道中，出镜报道者经常运用类比思维将事物与属性、抽象与具体进行转换，在比较中表达两种或两种以上不同的事物。运用类比的思维方式可以使语言饱满、鲜活、富有趣味，大大提高了出镜报道者的表达效率，避免了因使用晦涩的语言而产生的距离感。运用类比的修辞技巧，使出镜报道者以平等、开放的姿态与观众沟通，拉近了报道者与观众之间的心理距离。在出镜报道的即兴口语表达中，类比表现为两种形式：一是在表达上，主持人和记者借此说彼，用熟悉的事物来解释不熟悉的事物，让观众能够理解和接受。二是主持人和记者分析总结报道对象的规律和方法，并运用这些规律和方法来解决其他类似的问题。

在《数说命运共同体》的出镜报道中，主持人大量运用类比的修辞手法，将枯燥的数字以生动可感的方式呈现。主持人充分挖掘数据，解读数据背后的鲜活故事，并将所有的数字与人的日常行为产生关联互动，展现数字之下的沿线众生态，探寻具体的社会个体如何在"共建命运共同体"这样的宏观主题之下鲜活存在。在《数说命运共同体》第一期《远方的包裹》中，主持人用"47 个足球场那么大"形象描绘了迪拜龙城购物商城的规模之大，用"两个圆形的像大耳朵一样的家伙"生动描绘"老挝一号"卫星的外形特征。在第二期《食物背后的秘密》中，主持人为了让观众准确理解中国餐饮对泰国朝天椒的需求量之大，以一斤辣椒的量类比一吨辣椒的量，将抽象的数字以具体可感的方式表达了出来。

> 主持人（出镜报道）：这个地方就是北京的一家泰餐馆，这样的一家店一年要用掉一吨的泰国朝天椒，这是一个什么样的概念呢？你看这个盆里装的是一斤的量，那如果把这一斤的辣椒倒进我面前这样一口大锅里，这一年就得是 60 口这样的大锅，据说它可是世界最辣的辣椒之一哦，你敢尝吗？哇，真的是好辣！①

在《数说命运共同体》的出镜报道中，为了实现不同场景的自如

---

① 央视网：《数说命运共同体》，http：//news. cntv. cn/special/jujiao/2015/026/。

切换，在主持人的即兴口头表达中，运用类比思维来比较相似的事物，或分析它们的共性，或比较它们的个性。在某些情况下，虽然两件事在属性上不能进行比较，也没有必要的关系，但通过数据和信息的关联和共同，主持人有了一定的引申和发挥，改善说话的效果，从而使整个出镜报道生动、有趣、自然、流畅。大数据时代出镜报道的语言创新在于通过类比、隐喻、对比等修辞手法，让大数据生动起来，让新闻报道理念深入人心的同时增强节目的趣味性。

三 主流话语的创新路径：《大国外交最前线》系列 Vlog 出镜报道

Vlog 意为含有视频材料的博客或视频日记，也就是视频博客。[①]拍摄者从第一人称自述角度，记录自我真实生活的视频，这种视频呈现的带有人格化表达方式，其时长多为 3—15 分钟。Vlog 作为移动短视频的代表形态，在社交平台上的火热引起了专业媒体机构的关注，不少专业媒体开始尝试用 Vlog 的形式报道新闻。融媒体背景之下，移动化、社交化、场景化传播成为主流电视媒体创新发展的主要发力点，Vlog 作为综合了移动、社交、场景等多种元素的视频形态，加之其第一人称的叙事方式，迅速在国内外广泛兴起，越来越多地被主流媒体运用到新闻报道实践之中。近年来，主流电视媒体开始尝试用 Vlog + 新闻的方式试图拓宽主流话语的传播路径。这种人格化的表达方式，增强了新闻的亲近感，取得了良好的传播效果。

2019 年 11 月，国家主席习近平应邀出访希腊、巴西。中央电视台新闻频道在多个新媒体平台同时推出主持人康辉的《大国外交最前线》（Vlog）视频网络日志系列，重点记录了习近平总书记出访活动相关的情况以及随行媒体代表团的幕后工作情况。从揭秘康辉的行李箱到抵达雅典下飞机后的工作安排，再到希腊总统府中媒体记者的采

---

① 詹绪武、李珂：《Vlog + 新闻：主流话语的传播创新路径——以"康辉 Vlog"为例》，《新闻与写作》2020 年第 3 期。

访流程，该系列 Vlog 在互联网平台一经推出迅速形成传播热潮。其中，单条微博被网友转发超过 8.7 万次，获得近 155 万次的点赞。为了宣传推广需要，中央电视台新闻频道推出"大国外交最前线"微博官方账号，发布首条微博仅 10 天就吸引了 30 多万粉丝。从以上传播数据中，"大国外交最前线"的 Vlog 系列已经成功打造出了融媒体新闻产品，吸引了各社交网络平台的年轻用户。这是传统媒体把握网络传播规律的有益尝试，传播效果明显。

（一）轻松明快，人格化表达

自媒体语境之下，技术使普通民众被赋权，人人都是"麦克风"，个体的参与意识觉醒。在去中心化的传播环境之中，Vlog 使用第一人称的叙事方式，注重个人情感的表达，凸显出"以人为本"的生活底色，激发用户的参与积极性。Vlog 新闻中的出镜报道者通过个体对生活体验、情感观点等的自我表达打造个人品牌形象，展现出强烈地人格化特征，增强 Vlog 的视觉说服力和吸引力。"人格化是区分自己和他人的真正标志，也是网友关注媒体的根本动力，只有人格化了，影响力才会最大化"①。用户在观看 Vlog 的同时也欣赏视频博客主传达出的人格魅力。

传统的电视新闻出镜报道中，出镜报道者面对镜头就像是站在舞台之上，向公众展示的是一种大众传播的职业角色，其代表的是媒体形象。出镜报道者面对镜头向大众传播信息，承担着社会责任，极力控制自己的言行举止，尽量呈现出标准、专业的职业角色，真实人格则被隐藏，而在 Vlog 视频中，出镜报道者在输出信息的同时还与用户之间保持着互动关系。Vlog 在内容上侧重于记录和分享，出镜报道者真实地展现生活，自然地表达自我，人物性格鲜明，更接近于人际传播的方式。这种传播方式除了向用户传递信息之外，更重要的是与用户保持一种亲密的信任关系。Vlogger 的这种"我叙事"方式，以人际传播的方式拉近了传播主体与客体之间的心理距离，在平等互动中逐

---

① 詹绪武、李珂：《Vlog + 新闻：主流话语的传播创新路径——以"康辉 Vlog"为例》，《新闻与写作》2020 年第 3 期。

渐增强了社交性和用户黏性。

在《大国外交最前线》中，主持人康辉一改往日新闻主播的严肃端庄、正襟危坐的播报者形象，手拿自拍杆，以轻松、明快的语态，用日常对话的口吻与受众交谈，为用户营造了一种愉悦的交际氛围，使用户能在一种放松的情境下进行信息的接收与反馈。在康辉的第一支 Vlog 中，以普通人的视角记录了上班工作的真实场景，总台领取设备时的场景到个人工作牌的展示，再到个人行李箱物品的介绍，生活的气息扑面而来。

图 5 – 2　主持人康辉在《大国外交最前线》Vlog 中的出镜报道

（来源：央视新闻"大国外交最前线"微博官方账号）

主持人康辉（出镜报道）：除了像以往大家在电视屏幕上看到的我们的现场报道之外，这次我是第一次用 Vlog 的这样的形式，记录更多的现场细节，也给大家更多的幕后故事。最后再检查一下行李箱，看看有没有疏漏的地方，我的西装、笔记本、雨伞、化妆包，当然刚刚说的公务护照。这是做什么用的？这是这次出行报道的一个"秘密武器"，到希腊再给您揭秘。好了，准备出发，一起去大国外交最前线[①]。

---

① 央视新闻：《大国外交最前线》，https：//weibo.com/u/6868431074。

（二）事实＋感受，生活化叙事

按照叙事学理论，把事件讲给观众的人是叙述人。在 Vlog 的出镜报道中，出镜报道者就是叙述人。新闻叙事方式逐渐由宏大的主题化为生活化的叙事。生活化叙事的运用将个体生命的生活叙事话语注入其中。话语主体改变权威报道者的角色设定，把握客观存在的人类生活世界，理解话语对象的心理世界，使用人性化的话语模式，主动把宏大叙事话语转化为接近现实生活的话语。

相比传统的电视传播，在融媒体社会背景下，虚拟生活世界中地人们具有更为独立、自由的思想意识，话语表达方式更为灵活多样，这要求传播主体运用生活化叙事方式来实现与话语客体的平等沟通和交流。在话语叙事方式上多用描述性话语，少用概括性话语；多用细节性话语，少用宏观性话语。用故事化、细节化、生活化的话语方式，注重人情味的表达，对受众（用户）不甚了解的新闻背景进行阐释，从而增强表达的感染力。

在《大国外交最前线》中，康辉不再以新闻播报状态看待新闻事件，而是以亲历者的身份向观众讲述新闻事实和感受，话语表达充满感性认识。这种话语表达方式的内容不仅有新闻事件，而且包含主持人康辉的日常生活和情感状态，为受众提供了一个相对平等和自由的话语空间。在第二支 Vlog《抵达雅典下飞机后第一件事做的啥?》中，主持人康辉在介绍习近平主席走下飞机舷梯时，希腊外长等官员在现场迎接，面对这样的场景，康辉用了"非常期待"表达个人情感的表述，将新闻事实与个人情感融合，使出镜报道更具感染力。在第三支 Vlog《康辉的 Vlog 也被抢镜》中，康辉以个人的所见所闻向受众（用户）讲述了希腊雅典卫队的服饰等现场细节。在过安检排队等候去往指定采访地点时，康辉不忘加入个人感受"做记者还真的需要点耐心。"康辉的这种事实＋感受的生活化叙事方式，创新了出镜报道的表现形式，为严肃的新闻增添了人性味，让硬新闻也能"软着陆"，改变了广大观众对于主流媒体新闻报道的印象。

本章小结

党的十八大以来，媒体融合发展已成为社会高度关注的领域。习近平总书记提出"强化互联网思维"，推动传统媒体和新兴媒体融合发展。随着媒介技术的快速发展，5G、人工智能、VR 技术、短视频、移动直播等逐渐兴起，舆论生态、媒体格局、传播方式发生了重大变化。在习近平新时代中国特色社会主义思想特别是习近平总书记关于新闻舆论工作的论述的指导下，中国电视新闻立足新形势，推动传统媒体与新媒体的融合发展。

在互联网文化语境中，本是经济学术语的"用户"具有举足轻重的地位，传统的"受众"地位进一步提升，从被动接受信息转变为参与新闻生产。在精英主义话语的退却和消费主义话语的进击之下，电视新闻出镜报道的内容、形态、风格和趣味上进一步软化和世俗化，并逐渐呈现出"泛娱乐化"的趋势。泛娱乐化趋势最典型的特征样态就是过去被视为"严肃"类型的新闻节目呈现出鲜明的娱乐特色。人们尽管对电视新闻节目的泛娱乐化现象持有不同的态度，却普遍认同这一趋势是市场经济改革催生的消费主义与多元生活方式在持续发展过程中出现的结果，满足观众的视觉愉悦和情感需求成为大众媒体追求的重要目标。互联网语境下的大众文化呈现出虚拟性、交互性、平等性、开放性和共享性等特点。不同于传统的电视文化的单向传播模式，互联网文化具有强大的交互性，可以使传播者和受众进行双向互动和信息传播，此种文化传播方式增强了文化的渗透力，同时也提升了受众（用户）的地位。受到互联网思维的影响，在新技术手段和平台的综合作用下，电视新闻出镜报道语言样式实现了更新，呈现出适应互联网语境的语言特点。与传统电视新闻出镜报道相比，互联网语境下的出镜报道具有更强的口语化语态。出镜报道者人格化特质明显，巧妙运用非语言符号，以更加鲜活的语言样貌展现自身情感和态度，与受众（用户）建立良好的互动关系。

第六章　我国电视新闻出镜报道发展规律

　　我国电视新闻出镜报道的发展规律，是在电视新闻出镜报道发展过程中各种现象的本质的、必然的、稳定的联系，是通过电视新闻节目主持人、出镜记者的播音主持创作活动实现的。世界是具有普遍联系和永恒发展的物质世界，一切事物只有在相互联系中才能存在和发展。出镜报道作为人类改造客观世界、改造社会的物质生产实践活动，受到内外部条件的综合影响。从外部条件看其发展与我国政治经济、媒介技术、文化等条件密切相关；从内部条件看，其发展受到自身发展要素的制约。回顾我国电视新闻出镜报道的整个发展历程，总趋势和基本方向是向前、向上的，但发展之路不是一帆风顺的，而是在曲折中不断前进的。总体处于一种"否定之否定"的螺旋上升状态，整体态势是不断进步的，也必然在"实践—理论—实践"中不断开拓前行。

第一节　我国电视新闻出镜报道发展的内在需要与外在要求

一　内在需求：主客观统一与人际性的回归

　　我国电视新闻出镜报道是人类观察自然、改造自然、改造社会的实践活动，其发展受到自身播音主持创作内部各要素的发展变化的影响①。

---

① 姚喜双：《播音主持概论》，高等教育出版社 2012 年版，第 323 页。

内部要素的变化包括创作主体人际性的回归，创作手段不断地加强带来的主观客观的统一。

（一）主客观的统一：媒介真实接近客观真实

主观与客观是一对相互对应的哲学概念。主观指人的感觉、意识、思想等一切由外界作用于人的感官和大脑而产生的东西，是对客观的反映。客观指人的意识之外的物质世界或认识对象①。人们对客观世界的认识是客观反映与主体建构的辩证统一。认识虽然不能穷尽，但可以在主体的实践过程中不断深化。在电视新闻出镜报道这一播音主持活动中，媒介真实永远不能等同于客观真实，但随着人们对世界认知的提高和传播技术的日益发展，媒介真实将不断向客观真实靠拢。

出镜报道是报道者把客观存在的新闻现场的典型场景、人物、环境、音响以及采访对象的谈话有机地结合起来，通过在主体的有声语言和非语言符号主观评述和解释，真实地传递给观众，其本质是主观与客观的对立统一，是人类改造客观世界、改造社会的物质生产的反映。主观与客观的统一这一特性要求出镜报道者在再现新闻事实时，应当按照事物的本来面目来反映事物，按照客观规律办事，学会"用事实说话"，寓情于理，达到客观性与主观性的有机统一。纵观我国电视新闻出镜报道的发展历程，可以发现出镜报道者也是电视新闻不断追求主观与客观的统一的过程，具体体现在以下几个方面：

1. "写作者"与"代言人"的二元归一

社会语言学家迪尔·海姆兹（Dell Hymen）把"说话者"分为两类角色：一是某一信息、某一观点原始创造者，可以称为"发送者""创始人""写作者"；二是信息的"发言人"，即"代言人"②。在传统的播音主持创作和出镜报道的早期实践中，创作主体通过发挥主观能动性，对创作依据尤其是对记者、编辑文字稿件进行二度创作，播音员、主持人看到的稿件并非原始的生活素材，而是编辑、记者对客

---

① 袁贵仁：《哲学》，中国青年出版社 1992 年版，第 239 页。
② Bell, Allan, *The Language of News Media*, Oxford：Blackwell, 1991：36.

观事物的抽象①。这就造成了镜头前的信息播报者与"写作者"身份出现了分离，播音员主持人成为了间接话语权的行使者。间接话语权因主体的主观意念融入叙事内容词语中，呈现出含蓄性特点，造成了行使话语权的难度②。由于权威代言人唯一性地位的分离，造成叙述真实性的减弱和接受心理距离的增加，最终势必影响叙述者的地位。随着我国电视新闻出镜报道的深入发展，出镜报道逐渐将信息的"写作者"与"代言人"的身份合一，镜头前面对观众的人也是内容的直接生产者，创作主体可以直接行使话语权，将主体的主观意念显现于叙事内容词句中。直接话语权有利于塑造创作主体的权威性。

另外，出镜报道的"写作者"与"代言人"身份的融合，大大降低了信息传播的转述层次，提高了信息传播的真实性和可信性，避免了信息在传播过程中的损耗。信息在传递过程中，会受到各种内外因素的干扰，传播者和接受者之间的交流层次越多，越容易造成信息的丢失和变形③。出镜报道改变了以前的电视新闻报道的主持人、记者从文本到图像的层层转述模式，实现了主持人、记者直达观众的传播过程，通过减去中间转述的层次，在很大程度上减少和避免了信息的损失和变形，从而大大提高信息的真实性和可信度，达到主观与客观的有机统一。

2. 现场感符合电视传播规律

现场感（Spot Sense），是新闻事件通过屏幕再现，为人们头脑中留下的空间知觉。现场感强是电视新闻出镜报道的显著特征和优势。现场感包含着时间与空间、主观与客观地对立统一体。从时间与空间维度来看，随着直播技术、VR 技术的发展，尤其是在直播类的出镜报道过程中，时空同步带来传播和接受的同步，消除了信息传递过程中的时空限制，信息的真实客观性大大得到提升。

现场感本身也是主观与客观的对立统一，在形式上是主观的，在

---

① 姚喜双:《播音主持概论》，高等教育出版社 2012 年版，第 15 页。
② 张颂:《播音主持艺术论》，中国传媒大学出版社 2009 年版，第 202 页。
③ 李黎明:《传播学概论》，武汉大学出版社 2011 年版，第 38 页。

内容上是客观的。电视新闻出镜报道者立足于现场，把新闻现场的环境、氛围、细节以纪实手法，直接诉诸视听感受，客观地展现给观众，给人以身临其境之感。需要注意的是，出镜报道者现场感的建立是在对新闻事件情景的真实，并作出真实反应的基础之上的。这种现场感也不是简单地依靠出镜报道程式化形式实现的，而是依靠报道者融入新闻现场，带领受众"进入"事件现场，"参与"事件过程，并且对事件的来龙去脉娓娓道来。随着 ENG 电子信息采集技术的应用，电视新闻出镜报道实现了声音和画面的同步记录，电视新闻出镜报道通过主持人、出镜记者在真实场景中的立体信息传播，将特定的人、事、景、物等客观实在以光电和声音信号的方式传递给观众，出镜报道者用直观可感的形象信息，减少了人们对事物认知的不确定性，从而在观众大脑中产生对新闻事件完整的映像，进而促使人对于客观物质实在与主观认知的和谐统一。

（二）人际性的回归：出镜报道者的角色定位

美国媒介理论家保罗·莱文森（Paul Levinson）提出"人性化趋势"理论。该理论认为媒介的发展是以达尔文进化论的方式演进。人在媒介发展进化过程中是具有主观能动性的，人创造并主动选择、驾驭媒介，所有的媒介终将变得越来越人性化[1]。人类借助媒介来拓展传播，以此满足超越耳闻目睹生物极限的信息需求。人类借助进步的媒介不断延伸接近自然本能的直观感受。如图片的出现弥补了文字中失去的直观形象，电话、收音机的出现重新找回了声音的感受，电视的出现更是使人能够实现对信息接收的远距离声画感官刺激。网络以及 VR 技术的出现，让人类对获得更加强烈的真实感、在场感、交互感。整个媒介的演化的过程，是不断让人类在超越自然与贴近自然之间螺旋上升过程，超越自然是为了突破自然给人带来的生物局限，获得时空之外的体验和认知，但人类又想这种体验如认知变得更加自然、真实。

---

① ［美］保罗·莱文森：《数字麦克卢汉：信息化新千纪指南》，何道宽译，北京师范大学出版社 2014 年版，第 318 页。

出镜报道是人类观察自然、改造自然、改造社会的播音主持、新闻实践活动，从生产到传播任何一个环节均离不开人的参与和互动。纵观我国电视新闻出镜报道的发展历史，不难发现，出镜报道始终在摸索符合传播规律的话语样态，而"电视的本质是实现人本化传播，作为电视产生的本意，电视纪实发展的每一个进步都体现了人们利用技术的手段向人本性的回归"①。电视新闻出镜报道者以个人形象符号的加入，极大地增强了电视新闻传播的人本化属性，实现了大众传播与人际传播的有机结合，增强了电视新闻的传播效果。

所谓人际性即对人的心理需求和精神追求的尊重和满足。具体到出镜报道之中是指出镜报道者在播音主持实践中所体现的人文关怀，是创作主体对信息接受者的尊重、对人性的尊重。首先，出镜报道者可以通过直播等技术手段实现信息的即时传递。这就像人际交往中两个人说话时的实时互动和沟通情况，出镜报道者发送的信息可以即时被观众接收，没有时间间隔。其次，通过电视屏幕上的声音和画面的结合，出镜报道者运用语言符号和非语言符号向观众展示自己的个人形象、声音、表情、气质和魅力，这也与人际交往中的真实情况相似。电视新闻出镜报道实现了人类跨越时空全感传递信息的美好愿景，这一播音主持创作活动通过对人际传播方式的模拟达到了前所未有的大众传播状态。总之，电视新闻出镜报道所传递的信息，都是在人与人之间的交流中进行的。虽然这种传播以变化的场景作为背景，但它必须在与人际交往相似的系统之内。

出镜报道者是连接新闻与观众的"媒介"。出镜报道者以"我"和屏幕前的"你"，依靠电视媒介建构了一种"面对面"的交流场景。报道者虽然形式上面对的是摄像机，但实际上是以平等姿态直接与面对观众讲话的。报道者以独特体验、独特感受和独特表达习惯，通过个性话语特征表达出来，这种屏幕上的传播方式接近于日常生活中的人际传播，因而更容易获得观众认可。电视新闻节目是否具有亲和力、

---

① 朱羽君：《现代电视纪实》，北京广播学院出版社 2000 年版，第 378 页。

生命力和个性，出镜报道者在节目中的表现至关重要。在电视传播中设置主持人和出镜记者的目的是将大众传播转变为面对面的拟人际传播，由鲜活的社会个体向社会大众传达信息，这种交流方式最接近原始生态人际传播方式。而人际交往的本质在于它具有对话性、互动性、亲和性，是把他人作为独特的个体进行交际和沟通，从而形成"我—你"的人际关系世界。

我国电视出镜报道的发展历程，是传播媒介由工具客体转化为对象主体，逐步走向人际性回归的过程。我国电视媒体作为宣传机构而存在，党的"喉舌"工具性色彩浓重，"宣讲意识"在早期的出镜报道中可谓根深蒂固，逐渐形成了以传者为中心的单向灌输模式，在一定程度上缺少对人的关注和对话意识。另外，由于电视媒体作为大众传媒的组织模式，逐渐形成了出镜报道者职业化、机构化、制度化等群体特征，也使其在观众面前表现出的是物化的形象，掩盖了播音主持实践过程中的人性及人格方面的因素。随着实践的不断深入，电视新闻出镜报道越来越重视人际传播的运用，逐渐形成了出镜报道者与观众之间的对话意识和语态。对话语的前提是建立平等的人际关系，而非事际关系。每个人都生活在多重的关系世界里，其中人际关系和事际关系是人类存在的两种基本关系①。人际关系的世界，即"我—你"的世界，这个关系世界是对话的、共生的、关联的人与人真诚交流的世界。另一种则是事际关系的世界，即"我—它"关系世界。这个关系世界是主客对立的、独白的、分离的、孤立的世界。早期的电视新闻出镜报道者与观众处于事际关系世界，缺乏必要的对话交流。随着实践的深入，出镜报道者在播音主持实践中越来越重视真诚关注观众的精神世界，把新闻中人当作个独立而平等的个体，认真地倾听被采访者、观众的观念和想法，构建真正意义上的对话和交流，告别独白式的封闭传播，回归人际性的本质。

---

① Dan Avnon, *Martin Buber*: *The Hidden Dialogue*, Washington DC: Rowman & Little-field, 1999: 89.

二 外在要求：政治经济、媒介技术、文化的互塑

我国电视新闻出镜报道的发展从外部条件来看，受到政治经济、媒介技术、文化三种作用力的共同影响，并且这三种作用力在不同的历史阶段，力量的发展相互平衡、融合。政治经济、媒介技术、文化三者的逻辑思维不同，实际运行中难免遇到矛盾。政治经济是出镜报道发展的主导力，媒介技术则是出镜报道形态变迁的重要推动力，文化影响着出镜报道者的表达语态，三种力量共同协同和博弈，影响着我国电视新闻出镜报道发展的格局。

（一）政治经济是发展的主导力量

马克思认为生产力决定生产关系。新闻媒体的性质和功能受到社会政治、经济环境的影响和制约。中国的电视新闻传播体系是在高度集中的计划经济体制下，由政府包办创立的。与西方资本主义国家的市场经济和经济实力不同，依托高度集中的计划经济体制，是当时科学技术落后、经济落后的历史条件下中国电视产业唯一可能的选择。中国社会的经济基础影响着电视新闻传播格局的走向。中国电视新闻自诞生之初就一直把政治宣传作为首要任务，其性质和功能随着不同历史时期国内外政治形势的变化而不断调整。20世纪70年代末期以来，中国经济体制开始了改革的步伐，发展有计划的商品经济，市场因素逐步引入中国经济的运行中。相应地，中国的电视新闻制度以及电视新闻传播主体的角色也发生了变化。中国电视新闻机构的地位开始变得特殊，一方面，它是党和政府的喉舌；另一方面，它的新闻媒体的主体意识开始显现。更重要的是，电视新闻传播机构在依靠国家财政拨款之外，还需要考虑市场盈利以谋求生存。政治、媒介和市场三种身份属性同时作用于电视新闻机构的生存，影响着中国电视新闻传播的生态。在我国电视新闻出镜报道发展的历史进程中，三种作用力随着社会政治、经济发展、媒介技术的变化而不断调整的方向和强度。

1. 宣传逻辑框架下的电视新闻出镜报道

1958 年召开的第五次全国广播工作会议提出，"广播是阶级斗争的工具"①。作为中央广播局下属机构的电视台从诞生之初，便是党的宣传员的角色。在"大跃进"和"文革"期间，电视新闻发挥了阶级斗争工具的作用。1978 年，随着我国进入改革开放新时期，党的工作重心转移到经济建设上来，在改革话语的主导下，中国电视开始"自己走路"，中国电视屏幕上新闻节目全面改进，电视新闻开始探索摆脱原有生产模式的束缚，发挥电视媒介传播优势的路径，电视屏幕上开始出现主持人在现场采访、点评的早期出镜报道活动实践。1981 年1 月，中共中央《关于当前报刊新闻广播宣传方针的决定》中明确："报刊、新闻、广播、电视是党的舆论机关。"当年 11 月，中共中央书记处在关于广播电视工作的决定事项中指出："广播电视是教育、鼓舞全党、全军和全国各族人民建设社会主义物质文明、精神文明的最强大的现代化工具。"② 至此，在官方话语中，媒体作为"阶级斗争工具"的概念被抛弃，媒体在党和政府政策中的信息传递功能得到加强。电视媒体政治角色的转变具有一定的进步意义和时代特征，直接影响着电视新闻出镜报道语态的变迁。在宣传逻辑的主导下，电视新闻出镜报道的主要功能是紧密配合党和政府的中心工作开展宣传，出镜报道内容和表达样态在时政领域最先得以突破发展。如 20 世纪 80年代的批评性报道率先推出了主持人出镜报道的形态，这一实践是在"坚持以正面宣传为主的原则，适当地开展批评与自我批评"的政治理念下进行的。1987、1988 年在党的重大会议上，中央电视台尝试使用现场直播报道的形式，进一步提高新闻的时效性和现场感，这与政治领域透明度的政治背景息息相关。

2. 市场逻辑框架下的电视新闻出镜报道

1992 年，中国经济改革和发展继续向前推进，确立了社会主义市场经济的发展方向，进入了经济转型和快速发展时期。进入 21 世纪，

① 赵玉明：《中国广播电视通史》，北京广播学院出版社 2004 年版，第 246 页。
② 壮春雨：《中国电视概述》，中国广播电视出版社 1985 年版，第 18 页。

中国加入了世界贸易组织,成为世界市场经济和多边贸易体系的一部分。中国的政治体制从政府主导、政策导向的对外开放,转变为以市场、制度为导向的对外开放。2003年3月28日,中共中央政治局提出新闻报道要"贴近实际、贴近群众、贴近生活"。在"三贴近"原则的指导下,我国电视新闻节目实施了一系列行之有效的改革措施。电视新闻开始更多关注观众的声音、受众的地位得到提升,受众的参与性与主动性得以激发。中国电视新闻产业规模不断扩大,传播力量呈现多元化结构特点。在传统电视新闻体系的层级制框架形成之后,市场的无形之手开始发挥作用。新闻节目既是电视新闻机构执行宣传功能的重要手段,也为电视新闻机构带来了巨大的商业价值。电视新闻传播的运营机制改革和市场主体意识的增强,中国电视新闻越来越重视电视新闻传播规律。在收视率和广告效益的驱使下,电视新闻媒体以优质的内容服务获得市场的认可,电视新闻节目逐渐从过去的重教化的宣传,转变为重服务的传播。电视新闻出镜报道内容中的社会新闻、娱乐新闻增多。在激烈竞争的媒体业态压力下,电视新闻出镜报道利用新的媒介技术手段和平台,实现了语言样式的更新。早期电视新闻存在的"传者本位"思想逐渐被"服务受众"的思想取代。传播角色定位的改变,直接影响到传播者话语方式的变化。传播者重新审视传受关系之后,进而改变了媒体的叙事逻辑,并产生了新的话语方式。如"叙述的态度应该是真诚平和的,叙述的内容应该是受众关心和真实的;叙述的技巧应该是有过程和悬念的,叙述的效果应该是有真实感和吸引力的"[1]。在媒体环境之中,形成了播音主持创作活动乃至整个新闻话语呈现出"平易亲和、真诚质朴、贴近生活、生动自然、鲜活明快"[2] 的风格特征。

(二) 媒介技术的进步是发展的推动力

从自然改造论的视角来看,技术是人类利用自然、改造自然的工具

---

① 孙玉胜:《十年:从改变电视的语态开始》,生活·读书·新知三联书店2003年版,第4页。

② 喻梅:《新中国播音创作简史》,中国传媒大学出版社2016年版,第114—194页。

和手段。从哲学的视角来看，技术是事物相互联系、相互作用的特殊方式、转化过程和结果，是事物存在和发展过程中独特的组织过程和存在方式。媒介技术对电视新闻报道的发展和演变起着重要的作用。"技术革新正在对整个媒介产业产生深刻影响，数字化和宽带化趋势日趋成熟，它们正在改变未来媒介生态的景观，甚至改变人类生活。"[1] 电视新闻出镜报道依附于一定的技术手段，其发展因技术手段的不断发展而发展。

1. 早期技术制约了电视新闻出镜报道形态的出现

从1958年中国电视诞生开始到1979年，我国电视新闻出镜报道的形态因受到技术条件的制约，还未出现现代意义上的出镜报道形态。我国电视发展经历了艰苦的创业初期，由于受到客观条件的影响，电视的传播范围极为有限。当时的北京电视台（中央电视台前身）生产的电视新闻节目因为受到技术条件、制作能力的限制，其新闻属性和媒体特性尚未形成。从制作技术上看，创业初期的中国电视新闻沿用的是电影的制作手法，前期画面拍摄加后期配解说、配音乐，三条平行线合成声画记录系统，难以实现声画同步记录，而声音和画面的分离制约了电视新闻声画一体优势的发挥，导致出镜报道从技术手段上难以实现。受技术条件的制约，早期的电视新闻报道多以画面加文学化的解说词的新闻简报形式呈现，没有现场同期声。加之当时摄影机的拍摄时长限制，电视最多能拍二十几秒钟，难以满足出镜报道长时段的纪实需要。早期中国电视唯一能够凸显出传播优势的节目形态是电视直播，不过由于当时直播技术的不成熟以及政治安全的考虑，直播主要用于实况转播重大政治集会、体育比赛之类的重点事件，且以播音员幕后解说的方式呈现，并没有现代新闻意义上的直播出镜报道形态。

2. 电子新闻采集设备使出镜报道成为可能

从中央电视首次引进ENG设备开始，这种电子新闻采集设备逐渐普及到地方电视台。在电子新闻采集模式的技术背景下，出镜报道者

---

① 叶子：《电视新闻：与事件同步》，北京师范大学出版社2007年版，第96页。

进入新闻事件现场成为可能。电视媒体机动、灵活性大大增强，电视空间逐渐由"室内"转向"室外"，电视新闻的报道"半径"逐步扩大。电视新闻采编过程简化，大大提高了采编效率，从而有效保证了新闻的时效性。此外，由于电子新闻采集设备可以实现新闻现场图像和声音信号的同步录制，越来越多的电视记者和主持人开始尝试面对镜头进行报道的做法。此外，随着微波、卫星传输等通信技术的发展，电视新闻节目在传输手段上实现了多样化的传输。既可以录像播出，也可以现场直播中。随着 ENG 技术的不断发展，其收音设备也从有线转化为无线，这使得出镜报道者摆脱了线缆的束缚，可以实现在新闻现场进行移动式出镜报道。技术进步推动了电视新闻报道形式的创新，为出镜报道的出现和发展奠定了技术基础。

3. 直播技术促使出镜报道跨越时空束缚

电视新闻直播出镜报道的实现是以直播技术进步为基础的。20 世纪 80 年代初，由于微波传送技术的进步，直播设备体积的小型化，使室外转播的灵活性增强，从而使更多的新闻现场直播得以实现。1980 年，中央电视台从日本进口了两辆技术先进的电视转播车，设备体积小、灵活、重量轻、功能简单。中央电视台用这两辆卡车成功地实现了对重大活动的现场直播。如 1984 年中华人民共和国成立 35 周年阅兵式，1985 年中央电视台对第六届全国人大三次会议开幕式，1987 年 10 月党的十三大等重大政治活动，中央电视台在对这些会议的报道充分发挥电视媒体的优势，使用现场直播的手段播出重大政治新闻。报道者通过微波传输、卫星传送技术，同步向世界报道了十三大开幕的盛况。这个时期的电视直播报道，从体育竞赛、文艺晚会领域向新闻报道领域拓展，涉及的题材多为大型政治会议，出于政治安全的考虑，报道者基本上还是一个记录者的角色，这种"直播"离真正的出镜报道还有一定的差距。但是电视工作者对重大新闻事件的现场直播倾注了大量心血，这是对电视媒介特征的正确认知，为直播时代出镜报道发展打下了良好的基础。

20 世纪 90 年代以来，随着新闻节目的直播化播出，直播出镜报道开始出现，在各类新闻事件中随处可见出镜报道者的身影。中央电视台和地方电视台开始采用前沿摄制技术，尝试大型、现场、多点、立体式直播。为了实现这一目标，各大媒体不断扩大户外电视新闻节目制作能力，配备了一批轻型、高质量、可移动的卫星地面站和海上卫星通信设备。另外为适应特殊环境的直播出镜报道拍摄，部分电视媒体还专门配置了直升机陀螺仪稳定器、水下摄像机等特殊摄录设备。1997 年，中央电视台做了多场大型直播活动，这一年因此被称为中国电视直播元年，中国电视开始进入一个全新的"直播时代"。此后，电视新闻出镜报道完成了从实验探索到常态化直播的转变。1999 年的"澳门回归"出镜报道，是中央电视台进行直播出镜报道的又一次成功尝试，这次报道体现了我国电视新闻出镜报道的成熟发展，在国家媒体竞争中占有了一席之地。2000 年 11 月，改版后的《东方时空》时长从原来的 40 分钟扩展为 150 分钟，并且推出多个直播类的专题节目，如《直播中国》《直通现场》等，这些节目注重报道者的出镜报道，运用大量现场纪实镜头语言，展现新闻现场的细节和过程，让观众能够真切感受到出镜报道的魅力，充分展示了中国电视的实力。

4. 智能化设备推动出镜报道传播场景多元化

随着大数据、云计算、数字化技术的飞速发展，新媒体技术的出现改变了人类原有的信息接收方式，对传统的信息生产方式提出了挑战。数字传播技术在融媒体环境下的广泛应用，使电视新闻出镜报道的报道形式得到了丰富，大大扩展了新闻信息传播的形式，拓展了融媒体新闻传播的发展空间。融媒体电视新闻报道的实现需要物质载体的支持。目前，融媒体电视新闻报道载体除了依托原有电视媒体外，还建立了微信、手机新闻 App 等基于互联网平台的各种新兴媒体。直升机、无人机、地面、水下摄影设备等多维度画面进入卫星直播系统，还有虚拟现实（VR）技术、3D 视频、5G 全息异地同屏传输技术、智媒云数据大屏等，短视频、Vlog、移动资讯直播等多种出镜形态并存，几乎包括了所有的信息传播方式，形成了电视媒体与新兴媒体多元并存的局面。

（三）文化需求的变迁是重要驱动力

电视新闻出镜报道属于社会文化的一部分，其媒介话语生产相关联的文化背景构成了电视新闻出镜报道的内容和表达方式的精神层面，对电视新闻具有形而上的影响。我国电视新闻出镜报道在不同的历史阶段由于受到不同的文化背景的影响，呈现出不同的话语特征。

1. 技术审美主义下的规范语态

中国电视诞生之初，电视机数量少，电视新闻节目资源匮乏，生产、制作、播出的能力有限，电视媒介属于稀缺资源。早期中国电视的使命为"宣传整治任务、传播科学知识、充实群众娱乐生活"①。电视媒体是党的喉舌，发挥着宣传教化功能，着重强调意识形态导向。另外，早期的电视新闻业内容生产者和技术力量来自广播、电影行业的精英，在当时的政治和文化氛围中，社会追求一种"崇高"的诗化风格，电视新闻的制作呈现出"电影观念往往压倒电视观念，艺术素养常常超过新闻素质"②，由于电视汲取了电影、广播等媒介艺术形态的特点，探索形成了一种技术审美主义的美学风格。这种过于追求形式和象征手法的美学风格在一定程度上形成了早期电视新闻出镜报道形式大于内容，声画分离的创作倾向。这一时期的电视观众收视需求较为简单，从接受心理上看，电视受众收看电视新闻的目的是满足对新生事物的好奇心、新鲜感、崇拜感，在信息渠道相对单一和匮乏的状态下，电视观众对于电视新闻内容是被动的接受状态，由于传播者和受众之间的不平等关系，早期中国电视新闻出镜报道语态呈现出权威、高高在上的"讲话"口吻，其风格特征是基于电影美学的技术精英主义文化的影响，总体上表现为庄重、雅致、规范的特征。

2. 大众文化背景下的"说话"语态

1978 年我国实行改革开放战略决策，全党全国工作重点转移到社会主义现代化建设上来，"文革"时期泛政治话语的影响逐渐削弱。

① 《当代中国的广播电视》编辑部：《中国的电视台》，北京广播学院出版社 1987 年版，第 8 页。

② 郭镇之：《中国电视史》，中国人民大学出版社 1991 年版，第 12 页。

随着电视产业的不断发展以及民众消费能力的提升，越来越多的家庭有能力购买电视机，这使得电视成为大众文化在中国得以形成和普及。

中国人的日常生活被基于消费行为和大众文化基础上的生活方式介入。一度被视为教化与启蒙对象的电视观众，基于日渐强大的市场购买力获得了前所未有的权力。电视从业者群体开始重视满足受众的接受习惯和审美情趣，信奉"观众是上帝"的共同理念，电视新闻节目形态逐渐朝着大众化方向发展。电视从业者进而实现了文化精英到专业人士的身份转换，其扮演的主要角色则是国家（权力）与观众（市场）之间的沟通者与协调人。至20世纪90年代，随着改革开放的不断深入推进，中国电视业逐渐完成从"文化电视"向"商业电视"的身份的转换，电视文化也基本完成了从通俗的市民文化向流行的大众文化的气质转型。电视的大众文化带来电视新闻出镜报道传播观念的变革，首先是电视新闻出镜报道的人本化和报道视角的转换。随着大众文化的兴起，古典的等级关系发生了改变，人际关系从不平等的依附关系转变为平等的对话关系，英雄主义、精英主义被取代。在观念上对生命和人的尊重，使得电视广播话语对人的关注成为必然。出镜报道者开始站在与观众平等的位置上，而非高高在上式的说教和说理。出镜报道者选择和表现生活，以平等视角叙述新闻事实，关注人的生活，以报道者人格化的方式贴近传播对象，尊重和满足观众需求。其次，出镜报道逐渐形成与观众平等互动的电视谈话观念。80年代中期以前，新闻播报和文稿播讲是电视话语的主体形式。随着"说新闻"话语样态兴起以及主持人节目形式的出现，谈话观念的形成，与"讲话"时代的电视新闻相比，这一时期的电视新闻出镜报道在传播语态上悄然发生改变，呈现出一种"说话"的状态，体现了出镜报道尊重人的主体意识和创造精神，大众传播与人际传播实现有机结合。

3. 互联网文化语境中的"对话"语态

在技术革命的推动下，媒介融合不断发展，广大受众（用户）被赋权，在互联网文化语境中，本是经济学术语的"用户"具有举足轻重的地位，传统的"受众"地位进一步提升，从被动接受信息转变为参与新闻生产。在精英主义话语的退却和消费主义话语的进击之下，电视新闻出镜报道的内容、形态、风格和趣味上进一步软化和世俗化，并逐渐呈现出"泛娱乐化"趋势。泛娱乐化趋势最典型的特征样态就是过去被视为"严肃"类型的新闻节目呈现出鲜明的娱乐特色。人们尽管对电视新闻节目的泛娱乐化现象持有不同的态度，却普遍认同这一趋势是市场经济改革催生的消费主义与多元生活方式在持续发展过程中出现的结果，满足观众的视觉愉悦和情感需求成为大众媒体追求的重要目标。互联网语境下的大众文化呈现出虚拟性、交互性、平等性、开放性和共享性等特点。不同于传统的电视文化的单向传播模式，互联网文化具有较强的交互性，可以促使传受双方双向互动，此种文化传播方式具有强大的文化渗透力。受到互联网思维的影响，在新技术手段和平台的综合作用下，电视新闻出镜报道语言样式实现了更新。利用电视直播、网络直播等技术手段，电视新闻出镜报道充分发挥跨越时空的能力和符号共享的优势，无论大事、小事都会以直播出镜报道的方式呈现新闻内容。在直播过程中，主持人与出镜报道者之间的实时连线互动，实现了新闻传播方式的互动交流。为了充分调动观众参与的积极性，主持人、出镜记者围绕观众关心的问题展开直播交流，在这种"对话"的模式中，观众参与了新闻内容生产。在这种人际传播的拟态环境中，出镜报道者改变了传统的话语样态，开始以观众的参与为手段，以观众的取向为主导，呈现出一种主持人、出镜报道者、观众三方"对话"的姿态。另外，随着网络直播、短视频形态的出现，观众更是可以直接以评论、连麦、弹幕等新型互联网互动模式与出镜报道者实时直接互动，"对话"传播语态特征进一步得以凸显，出镜报道者可以根据观众（用户）的实时反馈意见调整话语内容和话语方式，满足观众（用户）多方面的需求。

第二节　我国电视新闻出镜报道的曲折性与前进性

马克思主义哲学唯物辩证法的发展观强调整个世界是在永恒的发

展中,一切事物都在运动、变化、发展之中,没有不变化和不发展的事物。事物的发展前途是光明的,但道路是曲折的,这就要求我们坚持以发展的角度来分析我国电视新闻出镜报道的历史,坚持前进性与曲折的统一。回顾我国电视新闻出镜报道发展的整个历程,总体趋势和基本方向是前进的、上升的,但发展的道路并非一帆风顺,而是曲折的、迂回的,是在曲折中不断前进的。总体趋势处于一种"否定之否定"的螺旋上升状态,整体态势是不断进步的。

一 曲折性:我国电视新闻出镜报道的问题

我国电视新闻出镜报道发展的曲折性与客观的时代背景、政策环境、媒介技术的发展状况以及创作主体的思想观念认识密切相关。我国电视新闻出镜报道不能脱离时代的发展而存在,社会的发展状况制约着我国电视新闻出镜报道的发展,在我国电视新闻出镜报道发展初期,由于受到客观技术条件和主观思想观念的制约双重制约,当时的出镜报道远未达到成熟状态,存在认识不清的问题。随着实践的深入发展,我国电视新闻出镜报道总体发展方向是前进的,但是从局部上来看,仍然存在一系列问题。如因对真实性认识不足导致的模拟直播现象,对出镜报道规律认识不足导致的现场意识和细节意识的缺失,以及出镜报道者自身能力不足导致的随机应变能力、情感控制能力差等问题。这些问题制约着我国电视新闻出镜报道的发展。对于造成中国电视新闻出镜报道问题的原因,大致可以从以下三个方面进行具体分析:

首先是个人原因。出镜报道需要报道者具备播音员主持人与新闻记者的综合素养。随着媒介融合的发展,电视媒体逐步走向多媒体内容的采集与生产,这对出镜报道者的素质和能力提出了更高的要求。培养全媒体、跨媒体人才是适应媒介融合的必然趋势。部分电视新闻出镜报道者尚未适应时代的变化,业务素养单一,基本功不扎实,尚无法适应工作需要。其次是体制原因。在中国电视新闻融合创新的大背景下，传统的电视新闻分工模式面临着生产流程的改造，重新进行内部的分工。出镜报道者的主体既可以是播音员主持人也可以是电视记者，传统的分工模式尚未对出镜报道者作为单独的门类进行划分，这可能会影响出镜报道的专业队伍建设。另外，在当前各大媒体鼓励出镜报道的前提下，媒介机构要更加要努力把握出镜报道的意义、内容和方法，以避盲目出镜。最后是文化和历史的原因。一些出镜报道者一方面受到早期电视文化的影响，习惯于过去简单说教式的出镜报道模式，难以适应时代发展创新语态。另一方面受制于这些因素的影响，我国电视新闻出镜报道的改进任重而道远。

（一）模拟直播

电视新闻出镜报道具有真实性、实时性、未知性的特点。新闻出镜报道直播会对真实的场景进行记录，并实时传达给观众，进而让观众可以实时了解新闻事件的发展情况。然而，在实际应用过程中，有些媒体出于维护自身形象以及播出安全的角度考虑，不顾新闻的传播规律，使用模拟直播的方式，想要蒙混过关。模拟直播主要表现为以下形式：一种是利用提前精心录制的节目内容来假冒新闻直播；另一种表现为，策划者提前策划框架，按照固定台本进行报道和采访，刻意选择信息内容，即摆拍式出镜。这类模拟直播报道违背了新闻的客观真实性原则，存在一定的失真，会对观众造成误导，从而影响媒体的信誉度。如2018年6月18日端午节这天，上海东方卫视《看东方》现场连线江苏姜堰电视台记者，体验当地包粽子的习俗。出镜报道者、被采访者事先把词背好了，结果在直播过程中漏洞百出，尴尬不已。主持人开始时向记者提问"我想了解一下你们溱潼包粽子是怎么样的？体验下来感觉怎么样？"，报道者并没有接主持人的话，就背着说提前准备的内容，边走边说，说着说着，报道者突然中断了，竟在直播中对主持人说"你把我的问题打乱了，你可以听一下我准备的话题，你再提问可以吗？"主持人只好尴尬地再次提问。于是，报道者把心里准备好的话，一股脑说了出来。在直播过程中，这位报道者轮流对四位包粽子的大姐提问，每一位大姐分工明确，张嘴就来，虽然新闻字幕上显示"普通民众邻居们在街头巷尾一起包粽子",可是四位大姐却在景区里包粽子,而且身着统一服饰,虽然新闻标题是"记者体验包粽子",但是出镜报道者却全程在旁观,并没有亲身体验。这场尴尬的模拟直播只是有电视直播的形式,却失掉了电视直播的内核,传播效果大打折扣。

(二)现场意识和细节意识不足

出镜报道者在现场出镜是为了增强新闻的现场感。但在我国有些新闻报道中,因主客观的原因,仍然会出现声画"两张皮",出镜与现场分离,出镜记者只是对观众已知的新闻的重复。究其原因,出镜报道者缺乏对新闻现场的把控能力。

利用现场事物尤其是现场细节表现主题,是出镜报道者的重要能力。出镜报道者要在繁杂的现场抓取有价值有细节,记者要有披沙拣金的慧眼,建构出意义与细节有机结合的出镜报道。例如,在2018年7月15日,俄罗斯世界杯法国对阵克罗地亚的比赛前夕,央视报道者在克罗地亚杜布罗夫尼克球迷广场报道当地民众对这场比赛的期待,报道者身后的场景与其说是球迷广场,不如说是景区酒吧街,丝毫看不出球迷的热情,记者以静态的固定机位方式,不断重复着有限的信息,没有细节的展示,导致整个连线报道乏善可陈,缺乏吸引力。

再比如在央视国际新闻中,某省台报道者现场出镜时,对欧盟首脑会议的时间、地点、会议内容进行了简单的介绍,随后,镜头转为会场的画面,声音也变为播音员的解说,出镜报道者仅仅出现在新闻开头的极短的时间内。同样的新闻,美国有线新闻网CNN是这样报道的:出镜报道者贯穿整个新闻的始终,抓取现场的细节进行展示,出镜、采访、解说浑然一体,对会议召开的原因、背景介绍,并且对会议成果做出预测,十足的现场感,带给观众大量有价值的信息。

(三)随机应变能力有待提高

出镜报道对主持人的即兴口语表达有着较高要求,随机应变能力极为重要,因为新闻事件的发展不一定会按照报道者预先设想的进行。有的出镜报道者因为缺乏应变能力,一旦现场出现和预期不同的情况,便会乱了阵脚，不知所措，这是应变能力不足的表现。在 2008 年汶川地震报道中，一名女主持人通过出镜报道的方式，展现灾区群众的生活状况，镜头捕捉到一家人在帐篷外吃饭，她问小孩子"菜好不好吃？"通常面对镜头，大多数被采访者会回答好吃，但是没有想到小孩子直接说"不好吃！"，这名女主持人听到小孩子的回答后，顿时有些不知所措了，慌忙圆场，硬是要为这顿饭不好吃找一个合适的理由，理由让人哭笑不得。后来画面交回到演播室，主持人赵普补充说："孩子的回答很真实，好吃就是好吃，不好吃就是不好吃，虽然有了安置点，虽然有了简单的厨房用品，可是条件还是有限，不是妈妈的厨艺不好，的的确确材料不够，相信在未来的时间里，饭桌上的这顿饭会好吃起来的，放心，孩子。"前后的对比，让我们看到不同的新闻人在面对镜头时的不同表现。

（四）缺乏情感控制力

主持人、出镜记者缺乏对自身情感的把握能力通常会使采访走向两个极端方向：一是情绪完全随着新闻事件的发展，缺乏自身的独立思考判断，或欣喜若狂或悲愤不已，忘记了记者的职责所在。二是置身事外，面无表情，造成访谈双方的交流障碍，使采访不能深入进行下去。以上两种情况都是职业素养不够，报道者缺乏对自身情感的控制能力的表现。

比如 2008 年汶川地震的直播报道，央视主持人在采访完一位以不愿为国家增加负担为由拒绝领取救灾物资的老人后，忍不住在镜头中掩面哭泣了起来，被摄像师发现后她尽量让自己背离镜头，由于受到特别情绪的影响，出镜报道者出现角色失调，由情绪失控而导致泣不成声。作为电视新闻出镜报道者一定要有明确的是非观作为价值表达的基础，秉持客观公正的原则，从新闻事件的影响中超脱出来，履行自己的职责。即使面对重大灾难等极端情况，要做到"乐而不淫，哀而不伤"。

（五）语言的规范化问题

出镜报道者通过有声语言来完成新闻叙事表达，语言表达的质量会对节目水准和传播效果产生影响。作为有声语言传播者，播音员主持人、出镜记者都肩负着引领和示范作用。电视新闻出镜报道，由于新闻事件发展变化快，时效性强，对报道者的语言组织和运用的能力要求很高。特别是面临突发事件的直播，出镜报道者没有修改错误的余地，语言往往来不及精细设计，可能会出现有声语言不规范的现象，主要表现在表达不清晰、不得体，进而影响到传播效果。

出镜报道者在现场手持话筒、面对摄像机，通过有声语言表达向受众传递信息，可能会面临现场环境嘈杂等外部环境的干扰，有必要掌握科学的用声方法和技巧。但是现实实践中，一些出镜报道者没有接受过科学的发声训练，现场复杂的环境，很容易对报道者声音产生不良的干扰和影响。一些出镜报道者由于缺乏口腔控制的训练，在做出镜报道时吐字模糊，影响观众对信息的接收。还有部分出镜报道者不善于控制声音的变化，声音缺乏高低起伏、抑扬顿挫的变化，听起来"味同嚼蜡"，容易引起观众审美疲劳，缺乏表现力。

出镜报道语言表达合理运用技巧能够使表达更加得体，但由于多方面的原因，出镜报道者还是会出现语言表达不得体的现象。有些出镜报道者为了表达流畅，事先将所要说话的内容写成稿子然后进行背诵，缺乏对现场细节的观察和融入，这样的出镜报道会给人以僵化死板的感觉。还有的出镜报道者不善于运用摄像机镜头，缺乏镜头感，面对主持人的提问时，沉浸在自说自话的模式中，这样的表达缺乏交流感，很难吸引观众的目光。电视出镜报道者在直播过程中，需要将大量松散的信息，在有限的时间里充分而巧妙地传达给观众，这就需要出镜报道者善于叙事，分清条理。观众在收看新闻报道时，迫切地想知道现场到底发生了什么，如果出镜报道者在表达过程中说不到重点，缺乏逻辑条理，语言不流畅，那么这样的报道就是对新闻资源的浪费，久而久之，会影响媒体在观众心目中的美誉度。面对同一个新闻现场，不同的报道者的报道方式会各有不同，呈现的传播效果也会大相径庭。报道者的表达方式取决于出镜记者如何根据报道主题选取细节、如何呈现细节、如何把握语言节奏。另外，有的出镜记者，由于紧张等原因，经常出现口头禅，比如"然后""这个"等，影响了语言表达的完整性和流畅性。

二　前进性：我国电视新闻出镜报道发展趋向

前进性与曲折性是对立统一的两个方面，前进性是指我国电视新闻出镜报道发展的过程中必然发生的、确定不移的趋势。

事物发展的总方向和趋势是前进、上升的。因为事物在发展的"肯定—否定—否定之否定"过程后再经过的每一次否定，都是新事物对旧事物的"扬弃"，即克服与保留的统一。因此，每一次否定都会把事情推向一个更高的阶段，为事情的进一步发展创造条件。在否定之否定阶段，事物吸收了前两个阶段的一切积极因素，扬弃了前两个阶段的消极因素，克服了其片面性，在新的历史条件下达到了积极与消极的"对立统一"。所以，事物发展到这个阶段，就具有更高级、更丰富的内容。纵观我国电视新闻出镜报道发展历程，可以看到其发展呈现出变与不变的有机统一。出镜报道生成的外部条件在不断变化，内部要素在不断优化，从这个意义上说，它正在"变"。尽管外部条件和内部因素都在不同程度地发生变化，但出镜报道创作矛盾运动的基本性质并没有改变。从这一点来看，它是"不变"。未来电视新闻的出镜报道者应主动适应变化的条件，科学把握矛盾的本质和基本规律，优化各制度、要素和机制，使"变"与"不变"有机统一。

（一）静态播报向动态报道转变

在传统的电视新闻出镜报道中，主持人、出镜记者大多是以相对静态的播报和主持形态呈现，主持人、出镜记者在现场的出镜报道仅仅起到了符号的作用，并未真正与现场信息发生关联，这种出镜报道给人一种呆板之感，千篇一律的出镜形式势必带来观众的审美疲劳，无法有效吸引其注意力。随着出镜报道实践的深入发展，动态报道方式越来越多地出现在电视屏幕上。所谓动态报道是指出镜报道者在出镜时以动态身姿出现，在传达新闻事实信息时，带领观众以"运动"的镜头，丰富的肢体语言表现多样的"动态身姿"所做的体验式出镜报道①。观众在出镜报道者的带动之下，获得身临其境之感，参与意识被唤醒。动态报道的优势在于展现新闻现场的事物信息与空间信息，增强出镜报道的现场感。

为了更好地与观众互动，主持人、记者出镜报道时通常会利用动态信息的呈现扩大新闻信息量，充分运用非语言符号，起到表情达意的作用。随着媒介技术不断更新升级，电视新闻出镜报道已经从过去有限空间的真实场景发展到现在多媒体互动式的虚拟空间。报道场景不仅限于室外、室内真实场景，还有利用科学技术将虚拟和真实相结合的虚拟现实场景，呈现出实景与虚景交融的发展态势。随着虚拟景观技术设备的应用，出镜报道者能够在报道现场虚实间自如穿梭，这无疑丰富了出镜报道方式，升级了出镜报道形态。而报道场景的丰富和多元，必然要求出镜报道者融入新闻场景，从过去的"静态"变"动态"，除了使用有声语言传递信息，更要巧妙运用非语言符号动态化呈现新闻内容，增加报道者与观众之间的互动交流。

1. 移步换景，激活现场元素

为了打破静态出镜的僵化形式，让现场"动"起来，出镜报道者通常采用边走边说的动态形式。边走边说并非漫无边际地走，而是围绕新闻主题在一定的活动区域空间，为表达服务。伴随出镜报道者运动的是背景画面信息的改变，通过报道者的走动能够实现场景信息的一元到多元转换，扩大信息传播量。除了出镜报道者主动运动之外，通过镜头的推拉摇移运动变化，也可以营造出画面运动的效果。例如，在某地震现场，观众最为关心的是震后受灾的真实情况，此时摄像镜头可以从新闻现场环境信息的展现缓慢摇到正在出镜报道的主持人、记者，观众在接收播报信息的同时，又能够直观地从移动的画面中接收到现场的环境信息。

---

① 宋晓阳：《出镜记者现场报道指南》，中国传媒大学出版社 2008 年版，第 92 页。

2. 调动感官机能，丰富有声语言表达

出镜报道可以运用的传播手段是有声语言和新闻画面，由于电视传播所塑造的虚拟媒介环境始终无法真切代替观众在场的感官刺激。为了弥补信息传播过程中的损耗，出镜报道者可以充分调动自身感官机能，如触觉、嗅觉、味觉等将现场信息予以细化，达到感官信息、新闻画面与有声语言的有机统一，这是展示"我在现场"的最佳方式。如某地突然暴雨袭来，水位上涨，深浅不明。为了让观众对水位的深浅等信息有直观认识，出镜报道者通常会尝试走向水中央，用身体或其他具体可感的道具当成量尺作比，让观众有一个更直观的认知。而在活动类型的新闻现场中，出镜报道者多以亲身体验的方式激活现场信息。

（二）宏大叙事向日常生活叙事转变

宏大叙事本意是一种"完整的叙事"，具有主题性、目的性、连贯性和统一性。宏大叙事的实质是将某种世界观神化、权威化、合法化。改革开放以来，在市场经济主导下，人们开始重新回归日常性与世俗化的生活之中，人性化、个性化、人情味等日常化叙事特征开始不断凸显，叙事模式不再是盲目地去追求宏大主题的故事，而是开始倾向于向普通化、大众化的小人物气质转变。

电视新闻出镜报道的叙事并非有声语言和图像的简单堆砌，而是有着整体结构、讲究叙事手法的组织架构。出镜报道者用语言、文字、图像等符号再现客观事件，表达自己的立场判断，受众（用户）接收信息符号后根据自身的理解和经验对新闻事实进行还原解读。纵观我国电视新闻出镜报道的发展历史，不难看出早期的出镜报道话语受到政治宣传的影响，主要以宏大叙事的方式呈现。随着市场经济的勃兴以及大众文化的兴起，在多种动力机制的作用下，电视新闻出镜报道的叙事从"宏大"走向"微小"。从叙事内容来看，出镜报道者关注百姓身边发生的小故事，以微小叙事的方式取代了国家、民族等宏大叙事主题，而对于国家、民族等宏大主题的叙事，也将其微叙事化，多将目光聚焦在身边的人、身边的事以及平凡生活；从传受关系来看，

叙事者与受述者呈现出日趋平等的传受关系，这样的传受关系便于叙述者与解读者之间建立亲密的信任关系。出镜报道者通过对节目内容的"互动式介入"，成为了凸显个性视角的主述者，改变了原有的宏观视角，使得受众（用户）能够更好地"进入"新闻场景和故事。从叙述语言来看，融媒体背景下出镜报道大多表现出去精英化、去中心化的创作特征。因此语言风格上也更为生活化，强调展现真实、平凡、日常的生活情感。出镜报道者融合各种贴近日常生活的情境，以具有代入感的语言传达新闻事实背后温暖的情怀。无论是为宏大题材寻找更贴近受众的切口，还是对市井生活的关注，出镜报道者大众化叙述方式赋予了叙事空间以"日常生活"的符号呈现，话语表达更加注重与受众（用户）的交流，简洁、生动、口语化。

（三）单一话语样式向"复合型"语言表达转变

有声语言在一定的语境下所具有的一定的声音形式被称为语言传播样式[1]。出镜报道作为一种播音主持实践活动，依靠有声语言及副语言来表情达意，其声音形式受到主持人、出镜记者的口腔控制、气息控制、停连、重音等表达方法的影响，既具有物理属性，又具有丰富的社会属性。电视新闻出镜报道根据传播语境、个人风格、语体的差异，其语言传播样式也不同。语言传播样式大致可以分为朗诵式、宣读式、讲解式、谈话式等基本样式，这些样式各具特色，体现出不同的传受关系和审美风格。在不同的语言样式内部也需要根据具体语境特点把握不同的语言体式，从正式度到非正式度，语言表达分为"庄严体、正式体、商议体、随意体、亲密体"[2]，不同的语体正式度不同，同一语体其内部正式度也不同。广播电视语言传播主体运用有声语言所呈现出的格调和氛围可以分为"高雅郑重格调，平实正规格调，通俗活泼格调，消闲随意格调"[3]。不同的格调并无好坏之分，而要依据具体的传播语境灵活对应，达到内容与形式的和谐统一，否则

---

① 陈晓鸥：《广播电视语境研究》，中国传媒大学出版社 2013 年版，第 136 页。
② 丁金国：《语体风格分析纲要》，暨南大学出版社 2009 年版，第 27 页。
③ 张颂：《语言传播文论》，北京广播学院 2002 年版，第 225 页。

会出现不得体之感。一般而言，从高雅郑重到消闲随意在表达运用上体现出不同的特点：口腔控制、气息控制逐渐由强至弱；语势由平稳规整逐渐过渡到跳跃灵活；节奏由稳健大气逐渐发展至轻快自在；传受关系由疏远逐渐到亲密。

新时代背景下，随着媒介环境的不断融合和传播手段的多重化，电视新闻出镜报道的话语样态愈发多样。既有"字正腔圆"的播报式，又有"循循善诱"的讲解式，既有"亲切自然"的交谈式，又有"灵活多变"的即兴式，不同的话语表达样式融合发展。随着媒介技术的变革，出镜报道话语样式出现了沉浸于虚拟场景的"讲述式"，根植于抖音及快手等短视频 App 的"对话式"。适应传播语境的变化，在媒体融合的环境中，主持人、出镜记者的感受、认知、话语输出和语言表达都有所改变，从传统的单一播报形式，向播讲、描述、评说、交谈等"复合型"语体表达发生了转变，出镜报道的话语样式由单一走向复合多元。早期的电视新闻出镜报道以《新闻联播》的播音员为主，语言风格深受中央人民广播电台播音风格的影响，呈现出端庄大气、权威厚重、沉稳典雅的播报样式。随着实践的深入发展，媒介技术的变革，出镜报道主体身份角色多元，传播场景更加多元化，出镜报道者以清新、自然、朴实的谈话式、交谈式语态受到观众喜爱。出镜报道者自然地表达自我，人物性格鲜明，更接近于人际传播的方式。这种传播方式构建了传播者与用户保持一种亲密的信任关系，拉近了传播主体与客体之间的心理距离，在平等互动中逐渐增强了社交性和用户黏性。

（四）直播连线常态化

随着移动互联网技术的快速发展，新兴媒体对传统媒体造成了不小的冲击，电视必须将现场直播常态化，充分发挥自身优势。直播活动常态化是电视新闻直播努力的方向之一。在媒体竞争日趋激烈的今天，能够在重大社会事件和突发事件的"第一时间"进行现场直播的电视媒体往往能赢取受众的关注。直播常态化能够大大提高新闻的时效性，在信息社会，赢得了时间就抢夺了先机。直播是电视媒体获取受众青睐、抢占媒体市场的有效方法。要想做到现场直播常态化，电视媒体可以考虑从以下几个方面发力改变出镜报道形态：

首先，报道领域宽泛化。近些年来，电视新闻出镜报道领域不断拓展，但是就达成常规化目标而言，还需要通过主动挖掘适合直播的题材和事件寻求突破。关系到国计民生的大事当然可以直播，事关寻常百姓的小事也未尝不可以成为直播的选题。例如2017年11月，重庆电视台《天天630》栏目对身患巨结肠症的1岁男童刘保保的故事进行了直播报道，孩子的父亲为了给儿子治病花光积蓄，留下刘保保的母亲坚守在孩子身边。为了动员社会爱心捐助，拯救孩子的生命，重庆电视台新闻频道突破常规，打通多档栏目，分派多路出镜报道者关注刘保保的病情及救助情况，全天候直播连线，在当地引起强烈社会反响。最终，帮助孩子筹集到了医药费，成功进行了手术治疗，恢复健康。通过这些看似是"小事儿"的直播，电视媒体更好地实现了其服务百姓的功能。

其次，技术装备轻便化。直播常态化的实现离不开技术上的支持。目前，我国电视新闻出镜报道以卫星新闻采访车作为重要技术手段，通过移动发射站，电视台工作人员可以随时将现场的信号传送到电视台演播区。由于卫星直播的信号稳定、画面质量好，遇到重大事件的直播，卫星车仍然是新闻栏目重要的直播手段。但是由于成本高昂，操作复杂，在一般性的突发新闻，使用卫星直播车显得有点浪费。随着移动通信技术的发展，移动数据包直播（将信号发射设备放在一个背包里，方便携带）3G、4G包直播，虽然与卫星直播相比，移动数据包直播信号相对不稳定，但是其携带方便，操作简单，在常规新闻中经常用到，大大增强了新闻直播的灵活性，减轻了出镜报道者外出的采访负担，例如天气、交通状况等直播，均可以使用移动数据包进行直播。随着通信技术的进步，这个问题将得到进一步改善，未来移动数据包的运用将更加广泛。随着移动互联手机的快速普及，出镜报道者输出新闻的方式更加灵活多样。

最后，机制保障常规化。电视新闻出镜直播要实现常态化，良好的运行机制保障也是必不可少的。电视媒体可以从以下三个方面着手：1. 打造专业的直播团队。直播小组既要对策划和组织独立的选题，也要能够满足日常栏目中的直播需要。2. 重要地区设立媒体站点。在遇到突发事件时，当地媒体站点能够利用区位优势，能够及时赶到现场，大大提高了新闻的时效性。另外，新闻媒体可以与交警、消防等新闻富矿区展开合作，及时发现新闻线索，第一时间进行现场直播。3. 强化媒体合作。对于重大事件的直播，如果能够协调各区域媒体的力量，整合优势资源，往往能够起到事半功倍的效果。

（五）创作渠道融合化

移动互联网社会，大多数用户通过手机等移动设备上网来获取信息，如何顺应时代变化，实现电视媒体转型升级，是我国传统媒体要思考的现实问题。为此，不少传统媒体都已经着手对移动端布局。依托移动互联网技术的发展，电视媒体通过微博、微信与新闻客户端与受众进行合作，实现互利共赢。电视新闻由于是单向传播，缺乏新媒体的交互性特点，难以满足新媒体环境下媒体与用户之间的联系与交流，而网络直播尤其是移动资讯直播，可以深度连接用户，并为用户实时提供信息交流的平台。因此，在这一轮的深度融合过程中，央视新闻移动网重点打造移动端 App，让用户能够在随时、随地获取新闻资讯，央视新闻移动网将新闻视频与直播这两种形式结合起来，重点打造视频直播即"正直播"的理念值得赞扬。通过"正直播"的这种理念，可以看出央视新闻在移动互联网社会对信息传播时效性的追求，力图保证直播处于正在进行中，甚至是正在发生的时刻，这是电视媒体通过直播的方式抢占移动端用户资源的一次有益尝试[①]。在媒体融合时期，电视新闻出镜报道需要从以下几个方面进行转变：

第一个转变：从"专注新闻报道"到"拓展电视节目形态"。传统电视媒体在遇到重大突发事件或者媒介事件时，电视新闻出镜报道发挥着极为重要的作用。然而，受到移动互联网的冲击，电视的优势，

---

① 韩海燕：《新闻＋直播：广电媒体融合发展新标杆——以央视新闻移动网为例》，《传媒》2017 年第 5 期。

也可能是影响其发展的劣势。电视新闻出镜报道与在新媒体语境下目标取向不同：前者属于专业生产内容（PGC），通过优质专业的内容参与媒介竞争；后者属于用户生产内容（UGC），通过降低专业门槛，吸引更多用户共同参与，与此同时，内容质量低成为这类直播进一步发展的障碍。对两类传播模式差异有了认识之后，我们应该思考，电视媒体如何借助新媒体的优势拓展节目类型，吸引更多受众的关注。一方面，电视新闻出镜报道可以从传统的新闻领域广泛延伸至新媒体之中。如央视新闻与微博联合，进一步增强移动端入口的影响力。另一方面，目前，移动互联网媒体根据用户的不同需求，进行了不同的细分，如功能细分、人群细分以及市场细分等，细分后的平台相比于传统媒体来说更看中传播内容的专业度和人群的黏合度。电视新闻出镜报道也可以利用自身媒体资源进行垂直细分对节目进行专业细化生产，在体育、文化、经济等领域形成价值，也可以孕育出一批专业化电视新闻出镜报道人才。

第二个转变：从"提供信息"到"建立关系"。电视新闻出镜报道往往关注信息的传播，例如2008年奥运会，今年的全国两会，且受众仅是观看者；而移动互联网语境之下，媒体可以"随时、随地"传播，并且人人都可自如切换"看"与"被看"的身份，互联网媒体更多呈现出泛娱乐化的倾向，其内容不仅仅是一种内容产品，更带有丰富的娱乐性特征。电视新闻出镜报道中的受传互动带有间接性的特点，而互联网媒体中的互动带有直接性。现如今的电视新闻出镜报道已经一改传统模式的单向传播特点，在网络、手机同步互动等方面下足了功夫，如央视新闻的网络直播中，网友可以在平台上与出镜报道者进行实时互动，很好地调动了受众参与互动的积极性，从而形成一个共同话语空间，促使电视媒体去关注用户的反馈与心理，实现双向互动传播。在网络直播中，由于网络天生的互动性优势，比如通过文本对话框或者弹幕的形式，大众可以与主播进行直接的实时沟通。传统媒体与社交媒体相互促进，取长补短，传统媒体与社交媒体合作可以实现用户关系的维护，社交媒体通过传播传统媒体的内容，能够进一步激发用户活跃度，这种融合发展的方式为电视新闻出镜报道的转型注入了全新的思维。

（六）创作手段多样化

技术变革对出镜报道的影响是巨大的，随着大数据、传感器、虚拟现实等技术的出现，出镜报道呈现的方式也在发生变化，运用新技术、新手段，可以有效地丰富直播手段，从而提升直播的效果。新闻现场是直播的主战场，电视直播节目可以尝试新技术，增强观众的新体验。例如2016年4月，央视网进行了名为"直播合武高铁穿越大别山"的活动，在直播过程中，为了给观众展现更宏大的视角，沿途使用了无人机拍摄。为了更将抽象信息视觉化呈现出来，央视网还借助计算机动画技术制作了特效，从而使直播形式更加多元。再比如2017年9月，央视联合浙江卫视播出《还看今朝·浙江篇》特别节目，为了展现浙江经济、社会、文化等领域的发展变化，央视出镜报道者在《"数"说浙江　体验浙江成就》中，将现场生活场景与虚拟现实的数字结合起来，从礼让斑马线说到文明习惯，从免费的西湖说到城市旅游经济发展，从绿水青山说到脱贫致富，从办事效率说到便民工程，抽象的数据变得生动具体，这样的数字视觉化表现手法，丰富了新闻信息，为受众提供不一样的视觉感受。

（七）创作队伍专业化

主持人、出镜记者是电视新闻出镜报道的灵魂人物，随着媒体竞争的日益加剧，新闻分工进一步细化，出镜报道者专业化是电视新闻发展的必然要求，有些电视媒体还缺乏专业的电视直播人才，这会直接影响其发展的现代化进程。随着媒介环境的变化，移动客户端成为当下主流媒体竞争的主战场，而当下出镜报道的专业化不够，缺少高品质的内容，作为出镜报道者如何实现语态转换、与观众建立起有效联系，成为传统媒体需要思考的问题，专业的出镜报道者需要具备以下几个方面的素质。

1. 牢固树立"把关人"意识

在大众传媒时代，主持人、记者、编辑、总编作为"把关人"牢牢地把握着话语权引导着舆论的方向,这种传播方式是一种单向线性的,而新媒体社会,每一个人既可以是舆论的传播者,也可以是舆论的接受者,大众牢牢把握话语权,舆论的传播不再是固定的模式,而是更分散泛化。传统把关人角色面临弱化和解构的风险。由出镜报道者直接将新闻信息通过语言传播给受众,中间越过了层层把关环节,而且过程不可逆转,充满着未知数,这就更要求出镜报道者具备新闻"把关人"的素质,特别是要具备较强的政策理论水平,这样才能避免或者降低直播中可能出现失误的风险。

2. 要有高水准的语言素质

电视新闻出镜报道的有力武器就是"有声语言"。以往以新闻画面为载体的有声语言信息传递模式,被越来越多以新闻现场为载体的有声语言信息传递模式所替代。优秀的出镜报道者不仅能够第一时间将信息完整地传递给受众,更能全方位、多层次、多角度为观众带来准确真实的新闻信息,满足受众的期待。因此专业出镜报道者在具备"新闻采访报道能力"的同时,更应该在普通话语音、语言表达技巧、语言逻辑链条等方面增强有声语言表达能力。

3. 应有丰富的知识储备

出镜报道者除了对播音主持专业技能的掌握外,还应具备新闻业务技能的知识储备,需要广泛涉猎政治、经济、文化等不同领域的知识。知识储备的广度、深度、厚度,会直接影响出镜报道者对新闻事件的判断以及报道的视野。专业的出镜报道者不仅要具备基本的新闻素养,同时还要学会在实践中训练自己,在直播前对报道选题容所涉及的知识进行全面梳理和了解,做到有备无患。

4. 应具备团队合作意识

电视新闻出镜报道需要多个不同工种的协作才能完成,主持人、摄像、编辑、灯光等每一个环节都必须各司其职,电视新闻出镜报道者需要具备合作意识,在新闻事件发生时,出镜报道者要在最短的事件完成新闻采访、接通信号、架设机位等步骤,同时,专业出镜报道者的合作意识还体现在与人的交往上,要善于与人沟通,获得被采访者的信任，高效获取新闻信息。

　　5. 应具备较强的随机应变能力

　　突发事件本身是不可预测的，出镜报道者可能因为遇到各种意想不到的突发情况要改变既定的报道计划，这无疑对出镜报道者的应变能力提出了很高的要求，需要报道者根据新闻现场的情况迅速做出调整，在遇到意外状况的时候，要冷静思考、快速反应、巧妙化解。

结　语

　　自 1958 年 9 月北京电视台（中央电视台的前身）正式开播到 1978 年的 20 多年间，由于技术条件、传播观念等因素的制约，中国电视屏幕上没有出镜报道这种形态，只有出图像的电视播音员。中国电视史上第一次出镜报道出现可追溯到 20 世纪 70 年代末。经过 40 多年的发展，我国电视新闻出镜报道经历了开创发展、快速成长、深化与创新发展、新时代发展四个历史阶段。一代又一代中国电视人用辛勤的付出，探索出了一条中国特色电视新闻出镜报道发展之路。

　　我国电视新闻出镜报道发展之路深深根植于中国的政治、经济、文化、媒介技术环境之中。通过对我国电视新闻出镜报道不同发展阶段的历史背景、技术水平和媒介环境等进行阐述，对不同阶段的电视新闻出镜报道的发展特征、具有代表性的电视新闻播音员主持人的创作风格、观众的审美心理以及不同阶段的审美风貌等进行细致地分析。研究发现我国电视新闻出镜报道作为人类改造客观世界、改造社会的物质生产的实践活动，受到内外部条件的综合影响。从内在要求视角来看，电视新闻出镜报道在播音主持实践中越来越重视真诚关注观众的精神世界，把新闻中人当作个独立而平等的个体，构建真正意义上的对话和交流，回归人际性的本质。并且随着出镜报道的深入发展，人们对世界认知水平的提高和传播技术运用日益娴熟，媒介真实将不断逼近客观真实，主观与客观走向统一。从外在要求视角来看，我国电视新闻出镜报道这一播音主持实践活动受到政治经济发展、媒介技术发展、文化需求变迁等多个方面、多个维度的制约。政治经济把握着出镜报道的主导力，媒介技术则是出镜报道形态变迁的重要推动力，文化影响着出镜报道者的表达语态，三种力量共同协同和博弈，影响着我国电视新闻出镜报道发展的格局。

回顾我国电视新闻出镜报道发展的整个历程，总体趋势和基本方向是前进的、上升的，但发展的道路并非一帆风顺，而是曲折的、迂回的。由于客观技术条件和主观思想观念的双重制约，我国电视新闻出镜报道尽管在很大范围和层面进行了有益尝试，但仍然有一些问题亟待解决，如存在对真实性认识不足导致的假直播现象，对出镜报道规律认识不足导致的现场意识和细节意识的缺失，以及出镜报道者自身能力不足导致的随机应变能力、情感控制能力差等问题。这些问题制约着我国电视新闻出镜报道的发展。从总的发展趋势来看，我国电视新闻出镜报道处于一种"否定之否定"的螺旋上升状态。

以习近平同志为核心的党中央高度重视对历史的总结，他认为"同历史对话，我们能够更好认识过去、把握当下、面向未来"①。研究我国电视新闻出镜报道发展历程是为了"鉴古知今"，从历史中把握事物的发展规律，更好地指导实践。电视新闻的出镜报道者应主动适应变化的条件，科学把握矛盾的本质和基本规律，顺应规律和运用规律，积极探索推进我国电视新闻出镜报道这一播音主持实践活动向前发展。作为新时代的电视新闻播音员主持人、出镜记者，要与时俱进，守正创新。根据媒介发展的特性，满足人民对美好生活的向往，适应融媒体社会的发展要求，从静态播报向动态报道转变，以真情实感去表达，以百姓视角叙事，运用融合化创作渠道，掌握多样化创作手段，不断提升"脚力、眼力、脑力、笔力"，夯实专业素养，力求做到主客观的统一与人际性的回归。在掌握本专业业务能力的基础上，成为适应时代发展的一专多能型复合型传媒人才。充分发挥电视新闻出镜报道的优势，提高电视的媒介竞争力，塑造媒介品牌，勇立潮头，

① 习近平：《在中国文联十大、中国作协九大开幕式上的讲话》，《人民日报》2016 年 12 月 1 日第 2 版。

迎接新的机遇与挑战！

　　与此同时，限于个人认知水平的局限，研究资料难以全面获取等方面原因，本研究还有诸多遗憾和不足。本人对于播音主持艺术理论以及新闻传播专业领域的知识、技能掌握较为熟稔，但对于社会学、历史学方面的理论知识掌握还不够深厚；我国早期的电视新闻出镜报道由于史料的不足，难以直接找到有价值的影像资料，对其的理论及特征概括有较大难度；本研究选取了具有代表性的中央电视台和各地方电视台的电视新闻出镜报道代表栏目及作品，难以获取全面的研究资料；笔者选取了每个时期典型的电视新闻出镜报道领域的播音员主持人及专家进行专访，虽能勾勒出宏观的轮廓，但是微观的分析仍略显不足。今后笔者将继续提升自身水平、深入研究我国电视新闻出镜报道领域，继续积累相关的资料、进行相关的思考，尽可能弥补现有的不足，为我国电视新闻出镜报道史作出更全面、更科学的分析研判。

参考文献

一 论著

［美］阿瑟·阿萨·伯格：《通俗文化、媒介和日常生活中的叙事》，姚媛译，南京大学出版社 2006 年版。

艾红红：《新闻联播研究》，中国广播电视出版社 2008 年版。

［英］安德鲁·古德温、加里·惠内尔编著：《电视的真相》，魏礼庆、王丽丽译，中央编译出版社 2001 年版。

白岩松：《痛并快乐着》，华艺出版社 2006 年版。

白岩松：《幸福了吗?》，长江文艺出版社 2016 年版。

［美］保罗 M. 莱斯特：《视觉传播：形象载动信息》，霍文利译，北京广播学院出版社 2003 年版。

［美］保罗·梅萨里：《视觉说服》，王波译，新华出版社 2004 年版。

［美］鲍勃·阿亚：《直播前 30 秒》，黄丽莎译，新华出版社 1998 年版。

北京电视台史志办编：《2004 年北京电视台大事记》，北京电视台史志办 2004 年版。

［美］布斯等：《研究是一门艺术》，陈美霞等译，新华出版社 2009 年版。

［美］C. 赖特·米尔斯：《社会学的想象力》，李康译，北京师范大学出版社 2017 年版。

常江：《中国电视史（1958—2008）》，北京大学出版社 2018 年版。

陈昌凤：《中国新闻传播史：传媒社会学的视角》，清华大学出版社

2009 年版。

陈力丹:《精神交往论:马克思恩格斯的传播观(修订版)》,中国人民大学出版社 2016 年版。

陈力丹:《马克思主义新闻观思想体系》,中国人民大学出版社 2006 年版。

陈卫星:《传播的观念》,人民出版社 2004 年版。

陈文清:《文秘词典》,辽宁人民出版社 1987 年版。

陈悦、陈超美、胡志刚、王贤文等:《引文空间分析原理与应用 Cite Space 实用指南》,科学出版社 2014 年版。

崔林:《媒介史》,中国传媒大学 2017 年版。

[美] 丹尼尔·戴扬:《媒介事件:历史的现场直播》,麻争旗译,北京广播学院出版社 2000 年版。

当代《中国的广播电视》编辑部:《中国的电视台》,北京广播学院出版社 1987 年版。

当代《中国的广播电视》编辑部选编:《中国的广播电视大事记》,北京广播学院出版社 1987 年版。

[美] 邓斯、平森:《言语链:说和听的科学》,曹剑芬、任宏谟译,中国社会科学出版社 1983 年版。

邓小平:《邓小平文选》(第 3 卷),人民出版社 1993 年版。

方汉奇:《中国新闻传播史》(第三版),中国人民大学出版社 2014 年版。

[美] 弗雷德·舒克、约翰·拉森:《电视现场制作与报道》,雷蔚真主译,中国人民大学出版社 2013 年版。

[美] 盖伊·塔奇曼:《做新闻》,麻争旗、刘笑盈、徐扬译,华夏出版社 2008 年版。

高贵武:《出镜报道与新闻主持》,中国传媒大学出版社 2012 年版。

贡吉玖:《中国广播电视新闻奖 1998 年度新闻佳作赏析》(下),中国国际广播出版社 1999 年版。

郭镇之:《中国电视史》,中国人民大学出版社 1991 年版。

郭镇之:《中外广播电视史》,复旦大学出版社 2005 年版。

哈艳秋：《当代中国广播电视史》，中国国际广播出版社 2018 年版。

黄匡宇：《当代电视新闻学》，复旦大学出版社 2010 年版。

黄匡宇：《电视新闻语言学》，中国广播电视出版社 2000 年版。

［美］霍尔·茨纳：《知识社会学》，傅正元、蒋琦译，湖北人民出版社 1984 年版。

［法］居伊·德波：《景观社会》，张新木译，南京大学出版社 2017 年版。

［加］克劳利、海尔：《传播的历史：技术、文化和社会》，董璐、何道宽、王树国译，北京大学出版社 2018 年版。

［法］雷吉斯·德布雷：《普通媒介学教程》，陈卫星、王杨译，清华大学出版社 2014 年版。

雷跃捷：《新闻理论》，北京广播学院出版社 1997 年版。

［美］李·雷尼、巴里·威尔曼：《超越孤独：移动互联网时代的生存之道》，杨伯溆等译，中国传媒大学出版社 2015 年版。

李东生、孙玉胜主编：《焦点访谈精粹》，中国人民大学出版社 1998 年版。

李洪岩、柴璠：《广播电视语言传播文化品位及审美趋势研究》，中国广播电视出版社 2007 年版。

李黎明：《传播学概论》，武汉大学出版社 2011 年版。

李文明：《新闻评论的电视化传播〈焦点访谈〉解读》，四川大学出版社 2003 年版。

梁建增：《〈焦点访谈〉红皮书》，文化艺术出版社 2002 年版。

梁晓涛：《震撼：电视档案》，中国民主法制出版社 2008 年版。

刘海龙：《大众传播理论：范式与流派》，中国人民大学出版社 2008 年版。

刘习良：《中国电视史》，中国广播电视出版社 2007 年版。

鲁景超：《播音主持语言的文化功能》，中国传媒大学出版社 2016 年版。

鲁景超：《广播电视即兴口语表达》，北京广播学院出版社 2000 年版。

［美］罗伯特·艾伦：《重组话语频道：电视与当代批评理论》，牟岭译，北京大学出版社 2008 年版。

罗莉:《实用播音教程　第4册　电视播音与主持》,北京广播学院出版社2002年版。

[德]马克思、恩格斯:《共产党宣言》,人民出版社2015年版。

[美]迈克尔·舒德森:《新闻的力量》,刘艺娉译,华夏出版社2011年版。

[法]麦格雷:《传播理论史》,刘芳译,中国传媒大学出版社2009年版。

苗棣:《中国广播电视节目概论》,南京师范大学出版社2010年版。

[英]尼克·库尔德里:《媒介仪式:一种批判的视角》,崔玺译,中国人民大学出版社2016年版。

[英]诺曼·费尔克拉夫:《话语与社会变迁》,殷晓蓉译,华夏出版社2003年版。

[美]欧文·戈夫曼:《日常生活中的自我呈现》,冯钢译,北京大学出版社2016年版。

饶立华:《电视新闻专题作品选评》,中国广播电视出版社1995年版。

《人民日报》评论部:《习近平用典》,人民日报出版社2015年版。

石长顺:《电视新闻报道学》,华中科技大学2004年版。

宋晓阳:《出镜记者现场报道指南》,中国广播电视出版社2008年版。

孙玉胜:《十年:从改变电视的语态开始》,生活·读书·新知三联书店2003年版。

唐绪军等:《中国新媒体发展报告》,社会科学文献出版社2018—2020(系列)年版。

童兵:《马克思主义新闻思想史稿》,中国人民大学出版社1989年版。

王甫:《电视新闻的视觉传播优势》,中国广播电视出版社1996年版。

王晓红等:《中国网络视频年度案例研究》,中国传媒大学出版社2015—2020(系列)年版。

王振川:《中国改革开放新时期年鉴　1983年》,中国民主法制出版社2015年版。

[法]韦罗尼克·特拉韦索:《会话分析》,杨玉平译,天津人民出版社2017年版。

［美］沃尔特·翁：《口语文化与书面文化：词语的技术化》，何道宽译，北京大学出版社 2008 年版。

吴郁：《当代广播电视播音主持》第 2 版，中国传媒大学出版社 2008年版。

习近平新闻思想讲义编写组：《习近平新闻思想讲义（2018 年版）》，人民出版社 2018 年版。

谢耘耕、黄慎慎、王婷：《突发事件报道》，上海交通大学出版社 2009年版。

徐心华主编：《中国新闻奖作品选 2004 年度·第十五届》，新华出版社 2005 年版。

［古希腊］亚理斯多德：《修辞学》，罗念生译，上海人民出版社 2006年版。

［丹］延森：《媒介融合：网络传播、大众传播和人际传播的三重维度》，刘君译，复旦大学出版社 2012 年版。

杨伟光：《中国电视发展史》，北京出版社 1998 年版。

姚喜双：《播音风格探》，中国文联出版社 1992 年版。

姚喜双：《播音主持概论》，高等教育出版社 2012 年版。

姚喜双、袁伟：《中国播音主持史纲》，中国传媒大学出版社 2020 年版。

叶家铮：《电视媒介研究》，北京广播学院出版社 1999 年版。

［俄］叶琳娜·普罗宁娜：《媒介心理学：记者思维模式与新闻文本生成》，薛冉冉译，中国人民大学出版社 2016 年版。

叶子：《电视新闻：与事件同步》，北京师范大学 2007 年版。

叶子：《中国电视名记者谈采访》，长城出版社 1999 年版。

叶子、赵淑萍：《电视采访：探寻事实真相》，北京师范大学出版社 2009年版。

俞虹：《节目主持人通论修订版》，中国广播电视出版社 2004 年版。

喻梅：《新中国播音创作简史》，中国传媒大学出版社 2016 年版。

袁贵仁：《哲学》，中国青年出版社 1992 年版。

［英］约翰·伯格：《观看之道》，戴行钺译，广西师范大学出版社 2005

年版。

岳淼：《中国电视新闻节目发展史研究（1958—2008）》，厦门大学出版社 2009 年版。

臧树清：《电视解说词选》（三），东方出版社 1996 年版。

曾祥敏：《电视新闻学》，中国传媒大学出版社 2012 年版。

曾志华：《中国电视节目主持人文化影响力研究》，北京大学出版社 2009 年版。

［英］詹姆斯·卡瑞、珍·辛顿：《英国新闻史》，栾轶玫译，清华大学出版社 2005 年版。

占迪：《电视节目主持艺术教程》，中国广播电视出版社 2017 年版。

张超：《出镜报道》，中国人民大学出版社 2017 年版。

张世英：《哲学导论》第三版，北京大学出版社 2016 年版。

张颂：《播音创作基础》，中国传媒大学出版社 2011 年版。

张颂：《播音语言通论　危机与对策》，中国传媒大学出版社 2012 年版。

张颂：《播音主持艺术论》，中国传媒大学出版社 2009 年版。

张颂：《中国播音学》，北京广播学院出版社 2003 年版。

赵化勇编：《中央电视台发展史（1958—1997）》，中国广播电视出版社 2008 年版。

赵化勇主编：《传承文明　开拓创新——与时俱进的中央电视台》，东方出版社 2003 年版。

赵俐：《播音主持语言表达的个性化思考》，中国广播电视出版社 2014 年版。

赵淼石：《电视节目策划》，重庆大学出版社 2016 年版。

赵玉明：《中国广播电视通史》，北京广播学院出版社 2004 年版。

赵玉明：《中国广播电视通史》，人民出版社 2006 年版。

赵玉明主编：《中国广播电视图史》，南方日报出版社 2008 年版。

赵玉明主编：《中国现代广播史料选编》，汕头大学出版社 2007 年版。

郑兴东：《受众心理与传媒引导》，新华出版社 1999 年版。

《中国广播电视年鉴》编辑委员会编：《中国广播电视年鉴》，中国广播电视出版社 1987—2019（系列）年版。

中国传媒大学播音主持艺术学院编著：《电视节目播音主持》，中国传
媒大学出版社 2016 年版。

中国广播电视年鉴编辑委员会编纂：《中国广播电视年鉴 2009》，中
国广播电视年鉴社 2009 年版。

中宣部、教育部：《实践中的马克思主义新闻观》，高等教育出版社 2014
年版。

中央电视台《弹指一挥间》编辑组：《弹指一挥间 献给中华人民共
和国成立四十周年》，中国广播电视出版社 1990 年版。

朱羽君：《现代电视纪实》，北京广播学院出版社 2000 年版。

朱羽君、雷蔚真：《电视采访学》，中国人民大学出版社 1999 年版。

朱羽君、王纪言、钟大年主编：《中国应用电视学》，北京师范大学出
版社 1993 年版。

朱羽君、殷乐：《生活的重构：新时期电视纪实语言》，北京广播学院
出版社 1998 年版。

壮春雨：《中国电视概述》，中国广播电视出版社 1985 年版。

邹煜、白岩松：《一个人与这个时代》，上海交通大学出版社 2013 年版。

二 期刊、学位论文

白岩松：《四大核心能力，白岩松给传统媒体人指出路》，《廉政瞭望》
（上）2019 年第 2 期。

甘惜分：《再论新闻学与历史学》，《新闻界》1996 年第 2 期。

高贵武、张紫赟、张瑾：《中国电视新闻出镜报道的样态及其演变》，
《新闻记者》2012 年第 2 期。

顾理平、范海潮：《网络隐私问题十年研究的学术场域——基于 Cite
Space 可视化科学知识图谱分析（2008—2017）》，《新闻与传播研
究》2008 年第 12 期。

韩海燕：《新闻＋直播：广电媒体融合发展新标杆——以央视新闻移

动网为例》,《传媒》2017 年第 5 期。

郝佐:《电视新闻的特点》,《新闻大学》1982 年第 4 期。

胡锦涛:《在"三个代表"重要思想理论研讨会上的讲话》,《求是》
　　2003 年第 13 期。

胡智锋、刘春:《会诊中国电视——关于中国电视现状及问题的对话》,
　　《现代传播》(中国传媒大学学报) 2004 年第 1 期。

胡智锋、周建新:《从"宣传品""作品"到"产品"——中国电视
　　50 年节目创新的三个发展阶段》,《现代传播》(中国传媒大学学
　　报) 2008 年第 4 期。

李挺:《站在时代的前沿——写在〈新闻联播〉创办 20 周年之际》,
　　《电视研究》1998 年第 2 期。

李挺、孙金岭:《论中央电视台新闻频道的理念创新》,《现代传播》
　　(中国传媒大学学报) 2004 年第 6 期。

廖祥忠:《从媒体融合到融合媒体:电视人的抉择与进路》,《现代传
　　播》(中国传媒大学学报) 2020 年第 1 期。

孟建、刘华宾:《对"电视民生新闻"现象的理论阐释》,《中国广播
　　电视学刊》2004 年第 7 期。

彭吉象、杨乘虎:《中国电视频道化生存的理论构想及其营销策略——
　　访北京大学艺术学院副院长彭吉象教授》,《现代传播》(中国传
　　媒大学学报) 2006 年第 3 期。

彭兰:《社交化媒体、移动终端、大数据:影响新闻生产的新技术因
　　素》,《新闻界》2012 年第 16 期。

沈正赋:《灾难新闻报道方法及其对受众知情权的影响——从我国传
　　媒对美国"9·11"事件报道谈起》,《声屏世界》2004 年第 3 期。

王斌、王佳平:《现场报道的即兴口语组织》,《中国广播电视学刊》
　　2009 年第 3 期。

王启祥:《我国重大事件电视直播报道回顾与反思》,《电视研究》2010
　　年第 5 期。

吴风、韩彪:《光荣与梦想:新闻频道周年全备忘》,《现代传播》(中

国传媒大学学报）2004 年第 2 期。

吴郁：《冲锋陷阵凝聚品牌核心竞争力——析徐滔的主持风格》，《中国广播电视学刊》2005 年第 2 期。

习近平：《在中国文联十大、中国作协九大开幕式上的讲话》，《人民日报》2016 年 12 月 1 日第 2 版。

徐树华：《论口语研究的三种导向：交际、表达、传播》，《现代传播》（中国传媒大学学报）2012 年第 9 期。

杨保军：《试论新闻传播规律》，《国际新闻界》2005 年第 1 期。

姚喜双：《中国特色社会主义播音主持体系基本建立》，《浙江工业大学学报》（社会科学版）2019 年第 18 期。

叶家铮：《电视特性与电视新闻作品的主要特征》，《北京广播学院学报》1981 年第 2 期。

詹绪武、李珂：《Vlog + 新闻：主流话语的传播创新路径——以"康辉Vlog"为例》，《新闻与写作》2020 年第 3 期。

张凤铸：《电视新闻的力量在于真实——漫谈新闻摄影的真实性》，《北京广播学院学报》1979 年第 2 期。

三　英文文献

Alan R. , Stephenson, David E. Reese, Mary E. Beadle, Broadcast Announcing Worktext III, *Focal Press*, 2005.

Barlow, J. , Smart Mobs：The Next Social Revolution, *Perseus Books*, 2003.

Burke, K. , *Language as Symbolic Action：Essays on Life*, *Literature*, *and Method*, Berkeley, CA：University of California Press, 1966.

Charles L. Ponce, *That's the Way it is：A history of television news in America*, University of Chicago Press, 2015.

Conway, Mike, The Origins of Television's "Anchor Man"：Cronkite, Swayze, and Journalism Boundary Work, *American Journalism*, 2014, 31 (4)：445 – 467.

Dan Avnon, *Martin Buber: The Hidden Dialogue*, Washington DC: Rowman & Little-field, 1999.

Daniel Dayan, Elihu Katz, *Media Events The Live Broadcasting of History*, Cambridge: Harvard University Press, 1994.

Deuze, M. , What is journalism?: Professional identity and ideology of journalists reconsidered, *Journalism*, 2005.

Douglas Biber, Susan Conrad, *Register, Genre, and Style*, Cambridge: Cambridge Textbooks in Linguistics, 2009.

Guribye, Frode, Nyre, Lars, The Changing Ecology of Tools for Live News Reporting, *Journalism Practice*, 2017, 11 (10): 1216 – 1230.

Gutsche, R. E. , The State and Future of Television News Studies: Theoretical Perspectives, Methodological Problems, and Practice, *Journalism Practice*, 2019, 13 (9): 1034 – 1041.

Kamick, K. B. , NBC and the Innovation of Television News, 1945 – 1953, *Journalism History*, 1988.

Laura, M. , Visual Pleasure and Narrative Cinema, *Screen*, 1975 (3): 3.

Miller, Andrea, Coleman, Renita, TV Anchors, Elections & Bias: A Longitudinal Study of the Facial Expressions of Brokaw Rather Jennings, *Visual Communication Quarterly*, 2007.

Nancy Reardon, *On Camera. How to Report*, *Anchor & Interview*, Taylor & Francis, 2007.

Olson, Lester C. , Intellectual and Conceptual Resources for Visual Rhetoric: A Re-examination of Scholarship Since 1950, *Review of Communication*, 2007, 7 (1): 1 – 20.

Scheufele, D. A. , D Tewksbury. Framing, Agenda Setting, and Priming: The Evolution of Three Media Effects Models, *Journal of Communication*, 2007, 57 (1) .

Vincent Mosco, *The Political Economy of Communication*, London: SAGE

Publications Ltd. , 2014.

Weaver, David H. and Maxwell E. McCombs, Journalism and social science: A new relationship?, *Public Opinion Quarterly*, 1980, 44 (4): 477 - 494.

附　录

附录一　中国电视新闻出镜报道发展大事记

一　1978—1992 年

1978 年 8 月 15 日，中央电视台派记者赴罗马尼亚、南斯拉夫和伊朗，专访中国领导人对三国的国事访问。中央台第一次使用国际通信卫星从国外回传有关活动的新闻、录音报道和电视片。

1978 年 10 月 1 日，中央电视台播出第一部采用录像技术制作的电视剧《窗口》。

1978 年 12 月 23 日，具有伟大历史意义的党的十一届三中全会在北京举行，中央电视台等媒体参与报道。

1978 年 12 月，中央电视台开始使用 ENG 电子采访设备、简化节目制作手段，提高了节目时效。

1979 年 1 月 28 日，赵忠祥随邓小平访美期间采访美国总统卡特，成为第一位进入白宫采访美国总统的中华人民共和国的出镜记者。

1979 年底，中央电视台《新闻联播》的主播首次出镜面对观众。赵忠祥、李娟、邢质斌等播音员轮流出镜播报。

1980 年 4 月 1 日，中央电视台与著名电视新闻社——英美合资的合众独立电视新闻社（UPITN）签订合同，开始将卫星通信手段用于国际新闻的传输，使国际新闻的时效大大提高。世界上发生的重大事件，中国人民第二天就可以从电视屏幕上看到生动的现场，在一些镜头中人们甚至还可以看到有记者拿着话筒进行出镜报道。

1980年5月，中央电视台开办了《观察与思考》栏目，对社会上敏感的热点问题进行深入报道和评述。在首期节目中播音员庞啸首次以"主持人"的身份走出演播室身份采访居民，并且面对镜头对新闻事件进行评述。

1980年7月，中央电视台节目播出全部使用录像带。

1980年11月20日，中央电视台实况报道最高人民法院特别法庭开庭，审判林彪、江青反革命集团案。这次"两案"报道一改往日只见人嘴动、不听人声、由播音员解说的方式，报道大量运用同期声，真实再现了法庭的气氛和场面，这是我国电视新闻史上报道手法的成功尝试。

1982年4月，广东电视台新闻部开办《市场漫步》栏目。记者用广州话进行现场报道，增强了经济新闻的贴近性和可视性。

1982年，上海电视台创办每天21：30播出的《夜间新闻》是中国第一档晚间新闻节目，其出现打破了电视新闻"一日一播"的格局。

1984年2月，上海电视台成立了全国第一个采、编、播、录一条龙的新闻节目中心，极大地提升了电视新闻制作的专业化程度。

1984年4月，罗京随国家领导人访问朝鲜，并出镜报道。

1984年8月，中央电视台在《新闻联播》中连续报道了《北京乘车难》的新闻，采用现场报道的形式，受到了广大观众的欢迎和赞扬，也得到中央领导同志的肯定。

1984年，中华人民共和国成立35周年阅兵式在北京隆重举行，中央电视台第一次用现场直播的方式对阅兵式进行了实况报道。

1985年，中央电视台对第六届全国人大三次会议开幕式进行了电视直播，这是中国电视史上第一次将重大政治新闻以电视直播的形态呈现给观众。

1985年4月1日，全国现场报道和主持人节目播音经验交流会在北京召开。

1985 年 4 月，罗京随国家领导人访问日本，并出镜报道。

1985 年，山西电视台《记者新观察》主持人高丽萍多次走出演播室，到新闻现场参与出镜报道实践探索。

1985 年，全国各地方电视台向中央电视台传送的电视新闻中，采用出镜报道的新闻数量与 1984 年相比增加了 2—3 倍。

1986 年 4 月 17 日，中央电视台举行第二次电视播音业务研讨会，探讨了播音员参加编、采，向节目主持人发展的问题。研讨会提出播音员要走出播音室，熟悉生活，熟悉观众，了解采访、编辑和节目制作等方面的知识，要多主持一些观众喜闻乐见的节目。

1986 年，中央电视台在各省市电视台的支持下，对《新闻联播》的国内新闻节目从内容到形式继续进行了改革。通过改革，丰富了报道内容，提高了新闻可视性，搞活了形式，使节目受到观众的好评。

1987 年 10 月，罗京随国家领导人访问法国、比利时、意大利、卢森堡，并出镜报道。

1987 年 11 月 2 日，第六届全国运动会在广州举行，广东电视台第一次使用直升机进行现场直播拍摄。共计 13 小时的现场直播或实况录像，形成了电视屏幕从早到晚不间断的连续报道。

1987 年 4 月 13 日，中央电视台现场直播了第七届人大一次会议闭幕式。中央电视台的两会报道从封闭式走向开放式，取得了突破性进展。

1987 年 7 月 5 日，上海电视台推出全国第一个社会多视角的杂志型电视新闻专栏节目——《新闻透视》。李培红作为电视新闻节目主持人率先出台亮相。主持人走出演播室直接参与选题策划、出镜报道等工作。

1987 年 10 月，中央电视台现场直播党的十三大的开幕式和闭幕式，这是中国电视史上电视新闻在会议报道上的突破。

1988 年 1 月 1 日，福建电视台把星期五 19：35 播出的《福建新闻》改名《新闻半小时》。主持人程鹤麟集采、编、播于一身，节目中有大量出镜报道实践探索。

1988 年，七届人大一次会议和七届政协一次会议四场选举的报道中，中央电视台用在正常播出的节目中飞字幕，中断正常播出插播录像新闻、字幕新闻和录像剪辑等手段，把会议进程、选举结果同步报道出去，使报道与事件同步进行。

1988 年，山西电视台对山西省七届人大一次会议和山西省政协六届一次会议以现场直播、专稿形式进行集中连续报道，受到代表和群众的好评。

1988 年，中央电视台《观察与思考》和《社会瞭望》合并为《观察·思考》，新节目中更是增加了主持人在现场的大量采访，同时不断插入主持人的画外音或记者的现场点评。

1989 年 11 月 15 日，广东系列台改革又迈出了新的一步——广东新闻台开播了。首播给予人们最深的印象，是半小时一次的"滚动式"的新闻节目。

1989 年 8 月 2 日，中央电视台新闻中心成立。

1989 年 11 月，罗京随国家领导人访问斯里兰卡、孟加拉国、尼泊尔、泰国，并出镜报道。

1990 年 4 月 7 日，中央电视台和四川电视台联合现场直播中国"长城"三号火箭发射"亚洲一号"卫星实况获得成功。

1990 年 5 月，罗京随国家领导人访问苏联，并出镜报道。

1990 年 8 月 22 日，第 11 届亚运会点火仪式在天安门广场举行，中央电视台从 7 点 55 分开始，向全国现场直播火炬点燃仪式。

1990 年 9 月 20 日，中央电视台现场直播"亚运之光"火炬终交仪式，长度 35 分钟。

1990 年 9 月 22 日，第 11 届亚洲运动会正式开幕。中央电视台成功地直播了开幕式现场实况。据抽样调查结果，我国约有 7 亿人观看了开幕式转播或重播。

1992 年 3 月 22 日，中央电视台现场直播澳大利亚卫星发射。央视主播张宏民在西昌卫星发射中心现场出镜报道。

1992 年 6 月 8 日，由河北电视台新闻部 5 名编辑、记者组成的电视采访组，对全省 18 个地方进行了为期 70 天的"河北质量千里行"

采访报道活动。该报道活动深入实地抢拍、偷拍画面和现场效果，而且尽可能地现场采访当事人和有关人员，摄录同期声并在编辑中大量采用。

1992 年 10 月 1 日，中央台第四套中文国际频道开播，主持人高丽萍在天安门城楼上出镜报道，介绍现场情况。

1992 年 10 月 11 日，中央电视台现场直播 92 北京国际马拉松赛。

1992 年 12 月 19 日，中央电视台新闻中心两名记者赴美国开展建记者站工作。这是中央电视台第一次在国外正式设立记者站。

二　1993—2002 年

1993 年 3 月 1 日，中央电视台第一套节目新闻改革方案实施，每天播出次数由原来的 5 次增加为 12 次，其中除了《新闻联播》和《体育新闻》为录播外，其余均为直播新闻。

1993 年 6 月 10 日，中央电视台第二套、第一套节目的各个栏目均实行零秒制作与正点播出。

1993 年 10 月 29 日，中央电视台成功地完成了海峡两岸三地卫星连线播出新闻的任务，中央电视台主持人徐俐与中国台北的新闻主持人张雅琴、香港 TVB 的主持人唐棣通过卫星同步主持了《无线晚间新闻》。

1993 年 5 月 1 日，中央电视台推出了早间新闻节目《东方时空》。

1993 年，广东电视台打破了一般的生产角度、工作角度的报道，抓住了群众关心的问题，采用灵活的表达方式，使经济报道思路朝"生活化、社会化、服务性、参与性、多样化"的方向迈出一大步。

1994 年 4 月 1 日，中央电视台《焦点访谈》栏目开播。该栏目目的很明确：提高新闻报道的深度和力度，强化电视评论的影响，使电视新闻对社会生活的导向作用得到更充分地发挥。

1994 年 6 月，广东省先后发生带有连贯性影响的两次重大自然灾害。广东电视台采用了新闻现场直播的形式，在抗洪报道样式及时效方面实现了重大突破。

1994 年 7 月 21 日，中央电视台第一套节目现场直播报道了 "亚太一号" 卫星发射实况。

1996 年 1 月 1 日，中央电视台《新闻联播》自即日起由录像播出改为直播，结束了长达 18 年的中国电视新闻全国联播的录像播出。

1997 年 2 月 25 日，中央电视台圆满完成对邓小平同志追悼大会的现场直播任务。

1997 年 3 月 1 日，第八届全国人大五次会议开幕，中央电视台第一套、第四套节目同时现场直播第八届人大五次会议开幕式。

1997 年 3 月 9 日，中央电视台在北京、昆明、南京、漠河 4 个地区 7 个地点对 "日食—彗星" 天象奇观进行时长 142 分钟的现场直播并取得成功，受到科学界和广大观众的高度评价。

1997 年 4 月 24 日，中央电视台现场直播了中俄哈吉塔五国元首在莫斯科举行的关于边境地区互相裁减军事力量协定的签字仪式。

1997 年 6 月 1 日，中央电视台与香港凤凰卫视中文台合作完成的庆祝香港回归系列报道之一《飞越黄河》大型节目现场直播圆满结束。

1997 年 6 月 30 日，中央电视台连续 72 小时播出香港回归特别报道节目并取得圆满成功。

1997 年 10 月 28 日，中央电视台与河南电视台合作，对黄河小浪底水利枢纽工程的大坝合龙进行了 2 小时 10 分钟的现场直播。

1998 年 2 月 1 日，中央电视台海外专题部《中国报道》栏目对正在南极大陆科学考察的中国南极第 14 次科学考察队的活动成功地进行了同步跟踪报道。

1998 年 2 月 11 日，中央电视台派出由新闻中心侯明古、水均益等组成的 8 人报道小组，赴伊拉克报道武器核查问题。

1998 年 3 月 5 日，全国人民代表大会第九届全国委员会第一次会议开幕。中央电视台人大开幕式电视报道取得成功。

1998 年 5 月 1 日，中央电视台 "三峡工程临时船闸通航现场直播" 圆满结束，直播节目中设计了一个开放旋转式演播室。

1998 年 6 月 3 日，中央电视台赴美直播组对搭载阿尔法磁谱仪到太空寻找反物质和暗物质的"发现号"航天飞机发射升空进行现场直播。

1998年6月11日,中央电视台新闻中心首次现场直播了北京市第一中级人民法院一审国内十大电影制片厂诉电影作品著作权被侵权案的法庭庭审。

1998年11月6日,中央电视台新闻编辑部成功实现了14时、16时、18时、21时滚动新闻栏目的改版播出。

1998年12月6日,第十三届亚运会在泰国曼谷举行,国际台派出9人前方记者组赴曼谷进行现场报道。

1998年12月17日,美国突然对伊拉克发动空袭。中央电视台由新闻中心记者水均益、冀慧彦等人组成的报道组于当日13点出发。

1999年1月1日,中央电视台第一套、第四套节目6:30—8:30并机播出《走入一九九九》元旦升旗大型直播报道。

1999年12月19日,中央电视台第一套节目成功进行48小时澳门回归特别直播报道。

2000年1月1日,浙江电视台成功地现场直播报道了十万人共迎千年曙光的历史场景。中央电视台及10余家省级电视台都实时采用了直播画面。

2000年8月20日,中央电视台第一套节目对北京老山汉墓考古发掘工作进行现场直播,取得圆满成功。康辉在现场出镜报道。

2000年9月15日,中央电视台对奥运会开幕式进行了长达5个多小时的全程直播。

2000年9月16日,中央电视台第一、第四套节目并机直播了《2000年钱塘江潮直播特别节目》。

2000年10月6日,湖南经济电视台等媒体对南岳衡山高空走钢丝世界挑战赛进行了现场直播。

2000年12月17日,中央电视台《东方时空·直播中国》现场直播了四川省广汉市境内的三星堆文化古迹发掘工作,使电视观众目睹了这一世纪大发掘,领略了中华古蜀国的文化。

2001年3月21日,中央电台、电视台成功直播了张君、李泽军系列杀人抢劫大案庭审实况。这是中央电台对庭审第一次进行多点直播,同步交叉直播了重庆、湖南两地庭审实况。

2001年8月18日,第十一届中国青岛国际啤酒节开幕,青岛电视台与山东电视台和香港凤凰卫视、欧洲台、美洲台联合通过卫星向全国和全世界直播了"第十一届中国青岛国际啤酒节"的盛况。

2001年12月5日,中央电视台《极地跨越》摄制组一行20余人自北京整装奔赴南极,开始从南极出发、穿越美洲大陆到达北极的拍摄壮举。

2001年12月8日,中央电视台第一套节目对"2002年广东省公路春运客运价格听证会"进行了现场直播。

2002年6月18日,重庆电视台卫星频道中推出了《直播重庆——庆祝重庆直辖五周年特别节目》,连续18个小时全程直播报道重庆各地各界群众庆祝直辖五周年的喜庆活动。

2002年11月28日,上海文广集团总裁叶志康率新闻报道组17人赴摩纳哥报道申博。报道组采用了记者在现场和演播室连线的方式,并且在电视屏幕上开出三个"对话框",由记者在现场及时向电视观众传递最新消息。

三　2003—2011年

2003年3月5日,辽宁电台新闻台与湖南电台卫生广播首次联手制作了120分钟大型直播节目《雷锋与时代同行》。这次活动首次采用电话传输全程现场直播的形式。

2003年3月20日,伊拉克战争正式爆发。中央电视台第一套节目在"斩首"空袭发生后8分钟开出了直播的窗口,进行了长达5个多小时的直播。

2003年4月19日,中央电台推出大型特别直播节目《关注"非典"歼灭战》。

2003年5月1日,中央电视台新闻频道开始试播。

2003 年 5 月 15 日，黑龙江电视台《新闻夜航》成功地完成了长达 2 个小时的、对日本东京地方法院一审判决"侵华日军遗弃化学武器、炮弹伤害中国公民案"——《跨国诉讼》的跨国直播报道。这是黑龙江电视台首次在海外进行的直播报道。

2003 年 6 月 1 日，中央电视台围绕三峡库区蓄水、永久船闸通航这一国家重点工程，推出了大型直播特别报道《见证 135——三峡工程蓄水及永久船闸通航》。

2003 年 6 月 12 日，内蒙古电视台协助中央电视台对内蒙古自治区考古人员从通辽发掘出的辽代贵族彩绘漆棺的开启活动进行了直播。中央电视台新闻频道在八个时段中播出，节目总长度为 1 小时。

2003 年 10 月 5 日，上海举办《中华第一，上海腾飞——国际高楼跳伞表演盛会》。来自挪威、美国、法国、俄罗斯等国的 16 位世界顶级高楼跳伞运动员参加了表演。上海电视台新闻综合频道和中央电视台联合现场直播。

2003 年 11 月 29 日，福建电视台新闻频道打造的《现场全追踪》周末特别节目《八闽之子》与观众见面。

2003 年，在全国人民抗击"非典"时期，中央电视台由王志主持的长篇电视人物专访节目《面对面》迅速走红，受到社会公众的广泛瞩目。

2004 年 6 月 1 日，四川广电集团新闻综合频道《新闻现场》全面扩版，并推出一档新节目《7 点新闻现场》。该栏目率先在省内电视媒体中实现了日播节目直播化。

2004 年 6 月 2 日，央视国际网络推出新版《视听在线》频道，并推出了《新闻联播》《焦点访谈》等名牌栏目的 300K 网上宽带点播节目。

2004 年 7 月 18 日，四川电视台卫星频道实现 24 小时不间断播出。

2004 年 9 月 1 日，中央电视台综合频道改版，一改延续了 9 年的新闻、综合频道的节目定位和编排模式，代之以全新的"综合 + 精品"面貌。

2004 年，各地方电视台的一批新闻节目以其平民化、人际化的传播追求在收视率和社会反映上再创骄人佳绩，形成新的一波民生新闻热。

2005年1月1日，湖南经济电视台原都市频道重新定位为直播都市频道开播。"直播都市"是湖南省第一个完全不播放电视剧和电影的专业频道，它以"直播"为特色，力争办成民生新闻频道。

2005年3月1日，全新改版后的中央电视台《晚间新闻》以崭新的面貌与观众见面，这是中央电视台2005年改进新闻报道的一项重要举措。

2005年4月11日，北京电视台早间7：30—8：00的《晨间资讯》节目实行直播。

2005年4月29日，中央电视台以直播、新闻、专题、互联网联动推进的方式，成功报道了中共中央总书记胡锦涛会见中国国民党主席连战的重大新闻。

2005年5月22日，中央电视台成功报道了2005珠峰登高测顶，推出时长四个半小时的直播特别节目"2005重测珠峰"。

2005年8月25日，中央电视台中文国际频道和新疆电视台联合策划了大型系列报道"直播新疆"。

2005年9月2日，中央电视台新闻节目中心、海外节目中心及播送中心协力合作，以新闻、专题、直播等多种节目形态并进的报道攻势，圆满完成了"首都各界向人民英雄纪念碑敬献花篮"等五场中国人民抗日战争暨世界反法西斯战争胜利60周年重要纪念活动的宣传报道任务。

2005年10月1日，中央电视台新闻频道、中文国际频道、西法语频道对新疆维吾尔自治区成立50周年庆典活动进行了全程直播报道。

2005年10月12日，在"神舟六号"载人航天飞行的115小时32分钟内，新闻频道推出的直播报道总长达到了74小时10分钟，播出的相关新闻和专题超过11个小时，创造了中央电视台同一事件报道规模最大、直播时间最长的纪录。

2005年11月3日，由山东电视台齐鲁频道承办的全国首届SNG暨电视新闻研讨会在济南举行，这是全国拥有SNG电视台的首次高峰会。

2006 年 1 月 6 日，中央电视台新闻频道、中文国际频道推出三个半小时的大型直播特别节目，第一时间报道"赠台大熊猫遴选"结果。

2006 年 2 月 23 日，"西班牙政府贷款项目：中国江西电视台高清电视转播车交接仪式"在北京隆重举行。这是国内第一例成功利用国外政府贷款引进高清数字电视转播车范例。

2006 年 3 月 4 日，厦门卫视《第一反应》栏目在原有的北京演播室基础上开通了台北演播室，实现日常节目连线中国台北。

2006 年 4 月 14 日，"两岸经贸论坛"在北京举行。中国国际广播电台和中央电视台综合频道、新闻频道、中文国际频道、英语国际频道及西法语频道对该论坛以及中共中央总书记胡锦涛会见中国国民党荣誉主席连战等活动进行了现场直播。

2006 年 6 月 4 日，中央电视台新闻频道推出《"体验高考"：2006高考直播特别节目》。这是新闻频道首次以直播的方式全方位关注高考实时进展。

2006 年 6 月 5 日，中央电视台新闻频道全面改版，增设长时段主打新栏目。

2006 年 7 月 1 日，青藏铁路全线通车。中央电视台综合频道、新闻频道、中文国际频道、英语频道对青藏铁路全线通车庆祝大会进行了同步并机直播。

2007 年 3 月 4 日，江苏城市频道《绝对现场》栏目播出《SNG 五城连线正月十五闹花灯》特别节目。

2007 年 5 月，四川电视台新闻资讯频道开始全面启用直播车采制新闻。《新闻现场》栏目组专门成立 12 个直播小组，跟随直播车第一时间赶赴新闻现场，将正在发生的新闻同步展现给观众。

2007 年 6 月 9 日，陕西电视台与中央电视台在韩城梁带村两周墓的考古发掘现场联合直播的《中国记忆·文化遗产博览月》圆满完成。

2007 年 9 月 23 日，厦门广电集团新闻中心从 9 点到 21 点，逢整点在厦视二套推出《第六届园博会特别报道》节目，采用棚内演播室与现场演播室、直播台静态主持与记者进行报道、总主播与分主播协作分工的多重作业方式，创造了厦门电视百人日制作新闻节目 400 分钟的新纪录。

2007 年 10 月 24 日下午，中国首颗探月卫星"嫦娥一号"在西昌卫星发射中心成功发射，中央电视台对此进行了持续 3 天的直播。

2007 年 12 月 14 日上午，中央电视台举行节目网络化制播系统试运行启动仪式，标志着中央电视台节目制播和宣传管理步入网络化的新阶段。

2008 年 4 月 4 日，湖南卫视现场直播了特别节目《清明时节话源流》，并全程直播普通人老苏一家的家祭全过程，这是国内电视台首次直播家祭的全过程。

2008 年 5 月 13 日，四川广电集团从 9：00 开始使用两套直播节目，8 个频道并机直播，对汶川大地震进行相关报道，累计播出抗震救灾新闻报道 5237 小时。

2008 年 8 月 25 日，"神舟七号"载人飞船成功发射。中央电视台综合频道、新闻频道和中文、英语、法语、西班牙语国际频道及央视网进行了全程直播，新闻频道设立 24 小时直播平台，在国内外设置 28 个直播报道点，展开全方位报道。

2008 年 10 月 1 日，重庆电视台推出改版后的全新新闻频道，实现全天 24 小时播报新闻。

2008 年 11 月 2 日，楚雄"11·2"特大泥石流灾情发生后，由于道路、联络中断，云南电视台首次采用直升机进行了近 1 个小时的直播报道。

2008 年 11 月 7 日，中央电视台直播特别节目《直击华尔街风暴》已连续播出 47 天，创中国电视同一经济事件报道新纪录。

2009 年 4 月 9 日，在"中国移动携手众产业合作伙伴合力打造无限厦门 3G 生活"发布会上，厦门广电集团与中国移动通讯厦门分公司宣布成功合作开展"手机直播"项目，厦门广电集团旗下的户外电视频道——XM6 频道成为全国首个在手机中直播的移动电视频道。

2009 年 4 月 18 日，中央电视台综合频道、新闻频道和中文、英语、法语、西班牙语国际频道及央视网，直播博鳌亚洲论坛 2009 年年会开幕大会，并首次将高清设备应用于博鳌论坛直播报道。

2009 年 5 月 1 日，上海世博会倒计时一周年。上海东方卫视、上海电视台新闻综合频道并机，从 8：30 至 22：30，推出《奔向世博——中国 2010 年上海世博会倒计时一周年全天大放送》。《全天大放送》首度采取空中、地面、江上接力直播的方式，对世博全区全貌等进行直播报道。

2009 年 5 月 12 日，甘肃省广播电影电视总台与深圳电视台联合推出"5·12"大地震一周年大型直播特别报道《昨天·今天·明天》。

2009 年 5 月 12 日，四川电视台以四川卫视为主平台，持续 25 个小时的《坚强奋进走向未来——"5·12"抗震救灾周年大型电视直播》。

2009 年 9 月 1 日，中央电视台新闻频道《朝闻天下》栏目首次实现硬盘播出，标志着新闻频道开始步入网络化制播时代。

2009 年 9 月 12 日，第十二届中国开渔节在宁波市象山石浦港举行。中央电视台综合频道、新闻频道《新闻联播》《新闻 30 分》《新闻直播间》作了报道。

2009 年 9 月 30 日，北京电视台推出大型直播特别节目《我爱你，中国》，首次在国庆大典的核心区设立多处直播点，直播总长 25 小时。

2009 年 12 月 28 日，中央电视台举行中国网络电视台（英文简称 CNTV，域名 www. cntv. cn）开播仪式。

2009 年，国家广电总局制定政策加强 3G 手机电视的发展和管理工作，先后制定了《关于促进我国 3G 手机电视内容建设和发展的意见（试行)》和《3G 手机电视集成播控平台服务试行规范》并印发给相关单位。

2010 年 2 月 27 日，智利发生里氏 8.8 级地震。中央电视台新闻频道在半小时内核实并播发相关信息，成为国内外最快报道智利地震的媒体之一。美洲中心记者何岩柯等人第一时间赶到重灾区康塞普西翁采访报道，成为中外媒体中最早在震中地区展开直播报道的媒体之一。

2010 年 2 月，云南遭遇百年不遇大旱。3 月，中央电视台新闻中心推出"直击抗旱一线"挂标系列报道，以直播和新闻报道等多种形式，为夺取抗旱救灾胜利提供有力的舆论支持。

2010 年 3 月 14 日，中央电视台重点对"两会"开幕式等活动进行直播报道，并开设多个"两会"专题专栏 150 余个全方位展开报道。

2010 年，云南省遭遇百年一遇的全省特大旱灾，3 月 28 日中央电视台昆明应急报道点出镜报道。

2010 年 4 月 14 日，青海玉树发生强烈地震。中央电视台立即启动应急机制，选派记者速抵玉树地震灾区采访报道。陕西电视台、北京电视台等启动应急报道机制，派出记者赶赴灾区进行采访报道。

2010 年 5 月，中央电视台记者在上海世博会展区做出镜报道。

2010 年 5 月 14 日，中央电视台驻曼谷记者张萌和在当地聘请的摄像雇员，深入泰国军队与"红衫军"示威者发生冲突的现场，采访拍摄双方武装冲突瞬间场景，制作了独家报道《记者亲历曼谷街头冲突》，在新闻频道、中文国际频道、英语新闻频道播出。

2010 年 5 月，中央电视台直播南澳沉船打捞现场。

2010 年 8 月，中央电视台记者在甘肃舟曲泥石流灾害现场报道。

2010 年 8 月 23 日，香港一辆旅游巴士在菲律宾首都马尼拉被劫持。中央电视台新闻中心迅速启动突发事件应急响应机制，新闻频道第一时间采访我驻菲大使馆领事，中文国际频道打破常规版面编排，从 21：00 到 24：00 推出特别报道。

2010 年 9 月，中央电视台在哈萨克斯坦玛特布拉克综合训练基地作题为《和平使命——2010》的直播报道。

2010 年 10 月 1 日，中央电视台新闻中心记者在西昌卫星发射中心发射塔前，近距离报道"嫦娥二号"发射倒计时准备工作。

2010 年 11 月 15 日，上海发生特大火灾，中央电视台驻上海应急报道点第一时间赶赴现场，上海台迅速展开报道。

2011 年 3 月，中央电视台东京记者站在距离日本福岛核电站 20 公里的地方报道福岛核电站泄漏事故。

2011 年 3 月 13 日，中央电视台记者在人民大会堂进行"两会"

直播。

2011 年 4 月，中央电视台新闻中心召开首席出镜记者准入资格评审会，评选出首批出镜记者 34 位。

2011 年 4 月 24 日，庆祝清华大学建校 100 周年大会在北京人民大会堂举行。中央电视台综合频道、新闻频道、中文国际频道、英语新闻频道并机，全程直播了大会实况，出现了网络视频直播。

2011 年 5 月 23 日，中央电视台新闻中心记者在布达拉宫前作西藏和平解放 60 周年报道。

2011 年 7 月 23 日，上海东方卫视《东方夜新闻》率先推出温州动车追尾事故报道，并在一周多时间内，持续发布动态报道。

2011 年 9 月 16 日，陕西电视台对西安地铁首发车进行了直播。新闻中心运用多部卫星新闻采访车和 3G 直播设备完成了对"西安市民乘坐西安地铁首发车"现场 72 分钟的直播；中央电视台新闻频道在当天同步直播 20 分钟，并在当天 17 时的整点新闻中，播出了直播的重点板块《西安地铁 建设与文物保护并重》。

2011 年 9 月 25 日，中央电视台推出全新改版的《新闻联播》。本次调整改进遵循"坚持重大性、权威性、贴近性与服务性，提升单条新闻、版面编排与栏目包装质量，进一步增强时效性"等基本思路，启用新主播，并围绕各题材新闻的报道方式、栏目编排方式、栏目形态与包装方式等进行微调。

2011 年 9 月 29 日，上海东方卫视和上视新闻综合频道并机推出《探路空间站——天宫一号发射直播特别报道》。

2011 年 9 月 29 日，我国首个空间实验室"天宫一号"在酒泉成功发射。中央电视台新闻频道、综合频道、中文国际频道以及英语新闻频道、俄语国际频道共计六种语言的八个频道，以及中国网络电视台进行全程直播。

2011 年 10 月，中央电视台召开国内记者站成立大会，为 29 个国内记者站站长授牌。这标志着覆盖全国 29 个省、自治区、直辖市的中央电视台国内报道网络基本形成。

2011 年 11 月 1 日，"神舟八号"飞船载酒泉发射中心成功发射。中央电视台综合频道、新闻频道、中文国际频道、英语新闻频道、西班牙国际频道、法语国际频道、阿拉伯国际频道、俄语国际频道并机进行全程直播。

四 2012—2020 年

2012 年 3 月 1 日，全国政协十一届五次会议和十一届全国人大五次会议在北京召开。中央电视台对重要活动进行了现场直播。

2012 年 6 月 16 日，中央电视台现场直播了"神舟九号"载人飞船成功发射，第一时间全景展现了"神舟九号"从发射升空、船箭分离到进入预定轨道的全过程。

2012 年 7 月 1 日，庆祝香港回归祖国 15 周年大会暨香港特别行政区第四届政府就职典礼在香港会展中心隆重举行。中央电视台《新闻联播》主播王宁随国家领导人出访，并在现场出镜报道。

2012 年 7 月 19 日，中央电视台新闻中心组织综合频道、新闻频道、中文国际频道启动《东非野生动物大迁徙》直播特别报道，这时全球电视媒体首次在非洲对野生动物迁徙进行直播。

2012 年 7 月 21 日，北京发生特大暴雨。北京电视台进行 17 小时多频道并机直播，通过连线、滚动字幕、口播等方式，及时通报舆情最新进展、未来走势和道路交通状况，服务抢险工作和市民出行。

2012 年 7 月 26 日，央视网和中国网络电视台推出各自新首页。

2012 年 7 月 27 日，第 30 届奥运会在伦敦举行。中央电视台对重要活动进行了相关报道。创下境外重大活动报道的发稿之最。

2012 年 9 月 7 日，云南贵州两省交界处发生 5.7 级地震。贵州广播电视台迅速组织力量第一时间赶赴灾区投入抗震救灾报道，云南广播电视台迅速开展报道工作，电视台派出 70 多人直播报道组携带卫星直播车、海事外星直播设备、航拍遥控直升机等赶赴灾区，广播电视于当日开始直播报道。

2013 年 4 月 7 日，国家主席习近平出席博鳌亚洲论坛 2013 年年会开幕式发表主旨演讲，央视主播康辉在会议现场出镜报道。

2013 年 4 月 20 日，四川省雅安市芦山县发生 7.0 级地震。在抗击"4·20"地震中，中央人民广播电台国家应急广播在庐山开播首个定向应急频率——"国家应急广播"。成都广播电视台主持人蒋林在地震出镜报道中表现抢眼，获得广泛好评。

2014 年 3 月 3 日，全国两会，中央电视台对重要活动进行了现场直播报道。贵州广播电视台启动全国"两会"北京演播室，首次引入了云台机器人摄像机、虚拟前景等新技术。

2014 年 3 月 8 日，马来西亚航空公司一架由吉隆坡飞往北京的客机 MH370 与地面失去联系。中央电视台新闻中心及中文国际频道、外语频道等迅速启动应急报道机制，及时、准确跟进报道。

2014 年 4 月 24 日，2014 年第 14 届旅游旅行大会全球峰会在海南三亚海棠举行。海南广播电视台高质量完成峰会主会场搭建、开幕式执行和直播、峰会全程录制等工作任务。

2014 年 4 月 25 日，2014 年青岛世界园艺博览会拉开帷幕，青岛市广播电视台联合中央电视台等媒体，通过并机直播、电话连线、专题报道等多种方式圆满完成对博览会开幕式的直播。

2014 年 5 月 20 日，江苏城市频道拍摄报道了中俄海军在东海北湖海空域举行的"海上联合 2014"的军事演习，并进行了独家 4G 直播连线。

2014 年 5 月 23 日，第十八届中国东西部合作与投资贸易洽谈会暨丝绸之路国际博览会在西安开幕，陕西广播电视台出动 4 辆直播车、70 多人的直播小组，四路直播队伍同时与演播室进行连线，顺利完成西洽会开幕式的直播报道。陕西广播电视台还首次利用"飞屋"移动直播间进行广播直播。

2014 年 8 月 18 日，中央全面深化改革领导小组第四次会议审议通过了《关于推动传统媒体和新兴媒体融合发展的指导意见》。

2014 年 9 月 16 日，江西广播电视台策划推出了"高铁来了——

沪昆高铁南昌至长沙段开通"大型新闻直播。此次直播是全媒体直播，形式新颖、技术创新。

2014年9月29日，贵州广播电视台推出"跨越看贵州"大型采访报道，首次使用遥控飞行器航拍手段进行新闻报道，获得全新的视角，实现了大型报道形式的新突破。

2014年11月5日，2014年亚太经合组织领导人会议周在北京举办。APEC会议期间，中央电视台对会议的开幕式、会议等进行了现场直播。

2014年11月24日，中央电视台与中国移动通信集团公司正式签署战略合作框架协议，共同建设4G视频传播中心，全面开展4G业务合作。

2014年12月，南广、贵广铁路及南宁东站正式开通运营。中央电视台新闻中心展开报道，实现首次以新媒体为主战场，联动新闻频道全程直播国家重大工程。

2015年1月1日，中央电视台新址新闻播出系统正式启用。从1日至8日，中文国际频道全部节目、新闻频道《午夜新闻》和《新闻直播间》凌晨时段节目、外语频道全部节目，相继实现新址播出，启用全新高清包装系统，采用全新呈现节目和演播室的现代样态。

2015年1月23日，中央电视台和中国移动集团终端有限公司正式签署《中国移动通信集团终端有限公司第三方业务客户端预装项目合同》，标志着"CBOX央视影音"客户端与"央视新闻"客户端在中国移动4G定制机上的预装工作全面展开。

2015年2月15日，北京电视台新闻频道、天津广播电视台公共频道、河北电视台经济频道等全国近20家电视台联合举办春节特别节目《东西南北赶大集——全国联动直播》。

2015年8月12日晚上11：20左右，天津港国际物流中心一危险品仓库发生爆炸，造成严重伤亡。中央电视台以及天津广播电视台等媒体第一时间启动应急报道机制，派记者赶赴现场报道。

2015年9月3日，纪念中国人民抗日战争暨反法西斯战争胜利70

周年纪念大会在天安门广场举行。中央电视台对纪念大会和阅兵式进行直播报道。

2015 年 12 月 1 日，江苏广电总台投入 1 亿多元打造的 600 平方米全媒体新闻演播厅正式启用，该演播厅具有"高清、全景、交互"的特点，实现新闻态、直播态、互动态的新闻业务需求，大大增强了节目的互动性、参与性和时效性。

2015 年 12 月 16 日，第二届世界互联网大会在浙江乌镇开幕，国家主席习近平出席开幕式并发表主旨演讲。中央电视台对大会开幕式进行了现场直播。

2016 年 1 月 15 日，江西广播电视台、南昌广播电视台与中央电视台对南昌西汉海昏侯墓主棺椁进行现场直播，通过线上线下全媒体互动直播，全程展现"移棺"过程。

2016 年 4 月 27 日，济南广播电视台打造的山东省首家移动端虚拟现实 VR 频道——无线济南泉天下 VR 频道正式上线。频道下设 VR 新闻、VR 直播室等栏目，频道内所有视频均可以 360 度全景观看，同时具备全景直播功能。

2016 年 6 月 8 日，中央电视台和青海广播电视台联合策划推出"鳇鱼洄游季　再探青海湖"大型直播活动。这次直播以大生态建设的理念，全新展示了和谐美丽青海湖生态建设和保护的精彩细节。

2016 年 6 月 23 日，江湖盐城阜宁、射阳等地突发龙卷风冰雹严重灾害。江苏广播电视总台启动突发应急报道机制，共派出编辑记者近 60 人，技术保障人员近 40 人，推出相关报道近 2000 条。

2016 年 6 月 3 日，世界最大单口径射电望远镜——500 米口径球面射电望远镜（FAST）主体工程顺利完工。中央电视台新闻中心推出系列节目《探秘"观天巨眼"》，全面关注 FAST 工程全貌。

2016 年 6 月 19 日，北京电视台针对北京阶段性强降雨天气推出直播报道，重点关注降雨情况，实时播发出行提示，报道抢险救援工作进展，回顾中小河道治理、下凹式立交桥改造等提升全市应对强降雨能力的举措和成果，第一时间对网络留言辟谣，播发相关报道累积

230 余条。

2016 年 9 月 4 日，全国广电系统顺利完成 G20 杭州峰会全国直播转播任务。

2016 年 9 月 23 日，广东广播电视台发布全国首家省级主流媒体网络直播平台"荔枝直播"。

2016 年 9 月 27 日，中央电视台新闻中心、英语新闻频道持续跟进报道世界最长跨海大桥——港珠澳大桥主体桥面全线贯通，首次应用自主研发的车载封闭式陀螺仪摄像机，实现在 168 米高空架设中承载遥控云台，提升直播报道的视觉冲击力。

2016 年 9 月 28 日，北京电视台生活频道、青海广播电视台经济生活频道等全国 9 家省级电视地面频道共同发起大型媒体公益活动"文明旅游　袋动中国"，此次活动采用网络直播。

2016 年 10 月 17 日，中央电视台顺利完成"神舟十一号"载人飞船发射直播报道。

2016 年 11 月 28 日，一架载有巴西足球运动员的飞机在哥伦比亚坠毁。中央电视台新闻中心、中文国际频道、央视网快速反应，及时跟进报道。

2016 年 12 月 9 日，吉林旅游广播对"雪博会"进行了全程直播报道，并首次在大型展会上开设主持人映客直播，实现传统媒体和新媒体同步播出。

2016 年 12 月 12 日，泉州广播电视台首个移动客户端"无线泉州"App 正式上架。该 App 是集资讯、直播、多屏互动、生活服务、旅游等数十种功能为一体的新媒体平台。

2016 年 12 月 31 日，吉林电视台卫视频道推出大型跨年直播特别节目《我们的 2016》，节目时长近 4 个小时，展现了正在发展、变化中的吉林。

2017 年 2 月 13 日，青海广播电视台首次以融媒体报道方式开展全媒体走基层新闻采访活动。记者们行走 1600 多公里，深入环湖地区的农牧业区、经济园区等地方，深入采访，挖掘出一批有价值的新闻。

2017年2月18日，"央视新闻移动网"矩阵号入驻签约仪式在北京举行。2月19日，央视新闻移动网正式上线运行。吸纳全国37家省级和计划单列市广电机构账号入驻，形成平台化传播矩阵。

2017年2月19日，新华社启动"现场云"全国服务平台。中央媒体、地方媒体、地方党政机关在内的首批102家机构同步入驻该平台。

2017年3月2日，江苏城市频道联合荔枝新闻、凤凰江苏播出《零直播VR全景360度看2017秦淮灯会》，采用VR全景视频和网络直播相结合，给受众一次天上、地上、水上三栖体验和360度重力感应的全景视觉效果。

2017年3月15日，江苏省广播电视总台融媒体新闻中心、江苏公共·新闻频道推出全媒体大型互动直播节目《护航安全消费2017》，首次在电视直播中尝试电视、网络、电台（三位一体）的全媒体报道方式。

2017年4月20日，搭载我国自主研发的首艘货运飞船"天舟1号"的长征七号遥二运载火箭，在海南文昌航天发射场成功发射。中央电视台对其展开全面报道。

2017年5月，港珠澳大桥海底隧道接头安装并成功进行海底对接，标志着港珠澳大桥主体工程全部完工，中央电视台新闻频道展开重点报道。

2017年5月2日，中央电视台持续关注我国新一代国产大飞机C919首飞成功。央视直播团队在伴飞飞机内设置直播机位，实现3600米高空的实时直播，这是国际上首次在民航飞机内实现海事卫星电视直播。

2017年6月18日，重庆广播电视总台视频新闻客户端"第1眼"正式上线，内容以视频新闻为主。

2017年7月15日，贵州广播电视台大众生活频道首次采用融媒体云技术直播贵阳国际马拉松比赛。此次直播的拍摄、传输均采用数字化轻量化设备，并开通手机端和电视端，使外国观众可以通过手机与贵州本土电视观众同时收看直播。

2017 年 7 月 15 日，青海广播电视台报道第 16 届环青海湖国际公路自行车赛。首次采用摩托车信号 GPS 跟踪技术，实现开幕式、第一赛段、第二赛段无间歇连续直播；四个赛段直播首次采用立体声直播方式。

2017 年 8 月 3 日，江苏省广播电视总台打造的"我苏"客户端正式上线，包含信息发布、视音频点播、互动直播、虚拟现实、人工智能、用户上传、线上互动等功能。

2017 年 8 月 8 日 21 点 19 分，四川省阿坝州九寨沟县发生 7.0 级地震，中央电视台及时跟进报道。

2017 年 8 月 27 日，第十三届全国运动会在天津举办。习近平出席开幕式全运会开幕。中央电视台开幕式进行了现场直播。天津广播电视台完成对全运会圣火采集仪式、火炬起跑仪式和火炬传递仪式、全运会开闭幕式直播。

2017 年 9 月 1 日，中国教育电视台推出 15 小时大型直播特别节目《开学啦!》，以多地、多点、多视角、全景式直播呈现开学全景。

2017 年 10 月 1 日，青岛市广播电视台新闻中心牵头，与广州、成都、沈阳、西安、太原、海口等 6 个城市电视台联合制作播出 7 集国庆特别节目《美丽中国七彩城市》。

2018 年 12 月 1 日，中央广播电视总台主播康辉随国家领导人出访，在阿根廷首都布宜诺斯艾利斯举行的二十国集团领导人第十三次峰会，并在会议现场出镜报道。

2018 年 12 月 18 日，庆祝改革开放 40 周年大会在人民大会堂举行，习近平出席大会并发表重要讲话。白岩松、康辉、劳春燕、朱广权、宝晓峰等主持人参与此次会议的电视直播报道。

2019 年 3 月 5 日，中国日报新媒体在 2019 年两会期间推出的专题系列报道《Vlog：小姐姐的两会初体验》。

2019 年 1 月 20 日，中央广播电视总台主持人董倩在深圳华为总部对任正非进行了独家专访，并在《新闻 1＋1》栏目推出电视访谈《任正非：时下的华为》，这是任正非首次接受国内电视媒体的专访。

2019 年 10 月 1 日，庆祝中华人民共和国成立 70 周年大会、阅兵式和群众游行在北京天安门广场隆重举行。白岩松、康辉、海霞、蒋林等参与了此次大会的电视直播报道的出镜报道等工作。

2019 年 11 月，国家主席习近平应邀出访希腊、巴西，中央电视台新闻频道在多个新媒体平台同时推出主持人康辉的《大国外交最前线》（Vlog）视频网络日志系列，重点记录了习近平总书记出访活动相关的情况以及随行媒体代表团的幕后工作情况。

2019 年 12 月 20 日，庆祝澳门回归祖国 20 周年大会暨澳门特别行政区第五届政府就职典礼隆重举行。中央广播电视总台主持人康辉随行，在现场出镜报道。

2020 年 1 月 27 日，"央视频"客户端发起对施工建设的武汉火神山和雷神山两家抗疫临时医院建设现场进行直播。

2020 年 2 月 3 日起，中央广播电视总台推出融媒体系列短视频节目《武汉：我的战"疫"日记》。

2020 年 5 月 19 日，新华社首次推出 5G 全息异地同屏系列访谈。

附录二　访谈录

一　中国传媒大学播音主持艺术学院教授，原中央电视台播音员、主持人卢静访谈录（根据录音整理）

采访方式：微信在线语音

采访时间：2020 年 6 月 13 日星期日上午 10：00—11：00

谈：**卢老师，您作为中国电视新闻出镜报道的早期的实践者，能否介绍一下当时的电视新闻的一些情况？**

卢：我们是 79 级入学，83 年到了台里头（中央电视台），我的印象里头，（中央）电视台原来就两套节目，一个是一套，一个是后来的开的二套。一套就是全国播出，二套里头没有新闻，一般会重播新闻。当时就两套节目，新闻完全从《新闻联播》这儿获得。地方的新闻一般都是地方台送来，地方台配好音，然后送到央视播出，都是地方台自己的人配音制作。那么央视这边时政新闻就占大多数了，时政和国际基本上从卫星接收的，然后翻译，翻译完了下午配音，配音完了就整个播出了。那个时候也没有记者站什么的，央视的新闻这边原来时政新闻特别多，大部分是时政的，比如说一些大的政策性的东西，领导人会见外宾。

谈：**当时出镜报道会出现在什么节目中出现呢？**

卢：真正的出镜报道会出现在时政新闻类里，除了像我们跟领导人出去会有出镜报道之外，据我了解整个电视台出镜报道的机会很少，专题节目可能会有一些。后来二套开办了经济新闻，栏目叫《经济生活》。经济新闻里头也不是新闻类的，出镜报道也是一些专题类的，像我们就开始自编自采，《经济生活》可能就出镜报道比较多。时政新闻中我们跟领导人到国外访问，肯定是出镜的，其他的时政新闻出镜很少，还有一些大的比如说大会堂的一些会，这些可能会出镜。其他的新闻，因为时政新闻都是会见什么的，这都不会出镜了。地方的新闻那都是地方台送来的，也很少有出镜，有一些新闻专题可能会出现出镜报道。我印象里还有比如说采访谁有我们采访的，可能会有出镜，比如介绍人物，那个时候这些都没有直播，都是录播，所以专题可能介绍那时候的一些事情。

谈：当时的电视新闻节目的内容上有什么特点？

卢：《新闻联播》那个时候的时政类新闻占很大比例，老百姓就提意见了，整个的舆论就说时政新闻太多了。那时候大量的新闻是会议和会见。时政新闻非常多，占的比例在半个小时的新闻里头占的比例很大。所以老百姓老觉得和我们没什么关系，老觉得时政新闻太多了，这个谁会见谁有什么意思，所以后来也就缩减了会见这类新闻。

谈：在您印象当中，我国最早出现出镜报道是什么时候？

卢：最早出现出镜报道是在改革开放以后了，在这之前很少，我们当时，领导人像毛泽东基本上是不出国的。粉碎"四人帮"后，改革开放以后，我印象里第一个是赵忠祥，中美建交他第一个跟着邓小平去美国，是他开始的出镜报道。后来我们几个像我是84年、85年第一次是跟着当时的国家领导人出访的西欧五国、西北欧六国，我们就陆陆续续轮着出镜。赵忠祥先去的，然后李娟也去过，我们这些播音员就跟着当时李先念、邓小平、杨尚昆这些领导人出国，我们就跟着去了。那么所有跟着他们去的播音员都会有出镜，跟现在一样。你现在看到的《新闻联播》里的模型跟我们过去是一样的，现在比如说当前康辉跟着哪个领导人，他就会说我们现在是在哪什么，我们也会有，那个时候我们就开始了。

谈：当时出镜报道的人员有什么样的要求和标准？

卢：首先是新闻联播的播音员才有出镜报道的资格。我们那个时候中央电视台整个播音部的播音组里头一共是7个人，开始我去的时候，赵忠祥和李娟、刘佳还在。后来85年的时候改革，赵忠祥就到

《动物世界》了，李娟和刘佳老师就退休了，邢质斌是组长。当时有邢质斌，我、杜宪、薛飞、罗京、张洪民，后来是李瑞英，就我们7个人，只有我们才有出镜的资格，轮着出镜报道。

谈：出镜报道时，报道者在现场是自己写稿子，还是说由随行的记者来写好稿子，然后主持人用口语的方式表达出来，具体的运作的方式是怎样的？

卢：我们实际上都是"各自为政"，每个人的工作方式不一样。像赵忠祥我大概知道，因为他有时候说过，他那时候跟着邓小平去的，他的参与度是很高的。他因为是第一个出镜，而且中美建交也非常关键。那个时候，他在中央电视台播音组里头是组长，赵老师又喜欢参与，大家也尊重他在播音这一块。出镜报道之前我们是要先打前站的，我们记者团是由新华社、央广等这几个大媒体的成员组成。记者团是先于国家领导人先去打前站，打前战以后先拍一些空镜头，然后大概了解一下风土人情，在正式出镜报道之前就已经把这个国家大概的介绍一下。在这个中间赵忠祥肯定会参与，可能就是说开头大概编辑会写，但是我相信，反正我是这样，我相信赵忠祥也是这样，他不会完全照着念，肯定是根据他了解的，然后人家写了一个大概。因为都是背着说，也不可能完全一字不差地背，而是他也会加入一些自己的看法和想法。但是总的方向意思是根据大家一起讨论的结果，不会就是说我自己随意发挥，他总是在个别词上或者语气上或者是什么有所调整，不会就是说完全是我想说什么就说什么，那是不可能的。在采访过程当中，肯定都是大家商量，特别是那个时候，那不会乱说的，也不会说完全你自己想说什么说什么，这是不可能的，我那时候也是一样。我们那个时候说的所有的内容，都会审好几道。主任部长都得审，都得签字的，到现在其实也是一样的，可能软新闻就松一些。

谈：第一次出镜报道对您有着怎样的触动？

卢：我是84年第一次出国（出镜报道），我第一次采访是赵忠祥带着我去的。那个时候整个国家出国的都不多，当时刚刚改革开放，到了国外以后，央视的报道团就很受关注。因为国外也没有见过中国人来，我们刚去的时候，人家都认为我们是日本人，因为咱们没有旅游团出国，所以他们基本上没见过中国人，见到中国人都是越南的难民，或者是很早之前去留学的，但是新中国的特别是政府代表团，他们见的很少。所以我们这个记者团出去就很受关注，也受国外媒体的关注。让我印象深刻的是，国外对新闻主播是充满敬意的，新闻主播在社会上地位很高。我跟随国家领导人去到意大利时，碰到了当时意大利大使馆的人给介绍说是意大利的一位主播，是一个老太太，我说我们要向你们学习，然后老太太说我不如你，说你有几亿的观众，说你们更重要。我才知道主播这个位置是多么重要，是举足轻重的。

谈：您出镜报道的会说些什么内容呢？

卢：你比如说我给你举个例子，当时我第一到法国和意大利，还有德国这些国家，然后我们会在踩点的过程当中，比如说到瑞典，我就会先到市政厅把我们领导人要到的地方，要到的城市事先要介绍一下，这个都是出镜报道要说的。现在你也能看到领导人，比如说他下飞机在机场，可能要说一段话，然后要结束的时候，主持人要出来说一句话。现在我看风光介绍的少了，基本上开头和结尾，但是我们那个时候是一系列的出镜报道，每天报道领导的行程，他去哪了和谁会见了。然后再比如说领导人去一个地方，我们在这之前要介绍这些风土人情，因为中国那个时候对国外不认识，出镜的机会是很多的。

谈：您认为出镜报道这种新的形态在当时出现的原因什么？

卢：出镜报道实际上可能也是看到国外是这样做的，我们才有一些改变，过去我们国家对播音员的位置不是太重视，我觉得或者是模糊的，没有往这方面想。我们《新闻联播》前面那个时候没有字幕，就是放一个牌子，我是谁谁谁。开始是因为国外都说我是谁，过去我们的教育是不图名、不图利，就是谁也没有说把个人的名字突出的，那更不要说我是谁了，也不打名字。后来一看国外人家是什么，这才学了，这才开始。后来还有一段好像字幕写了后来又撤了，反正就是来来回回、上上下下好几次。我们的出镜报道，首先对我们来说，我觉得是跟国外学的，也是增强主播的权威性的做法。还有一个就是语言的准确，那么在参与出镜的过程当中，我觉得对播音员主持人来说是一个综合的考验。像我那时候就感觉因为你设身处地了，你自己的话语要参与，所以你说出来就不是说是在哪，单纯地说谁来了，我感觉它的分量和权威性，还有对本身的语言和肢体语言也是一个综合的考验。

谈：**除了跟随国家领导人外出的出镜报道，您能谈一谈国内新闻中的出镜报道实践吗？**

卢：跟国家领导人出国，这是一方面。我感受最深的，实际上是我参加《经济生活》栏目的出镜报道，因为我在《新闻联播》中跟随领导人出国时候的出镜，毕竟在海外的时候，周围都不认识你。可能人家会看一看，外国人又不爱围观，但是在中国你要在外面出个镜，在那个时候就是轰动的大事。我在《经济生活》的时候，对做过的一次出镜报道印象很深刻，就是有一年的地坛庙会，我参加的是第一届地坛庙会的采访和报道。那时候我在《经济生活》栏目，我们那个时候到地坛要蹲点采访，然后采访都是出镜的稿子，也是自己写，我印象特别深，在那录开头语。录开头语是在地坛门口，一到门口就录一段开头。我那时候在地坛门口录的时候，人们人山人海围着看，后来警察就出动了，来维持秩序。我每到一处一出镜，那都是人围着，人们也是觉得新鲜没见过。那个时候主持人在国内很受人尊敬。我们出去买东西，人家一认出来以后，人家不要钱了。主持人的地位和受尊重的程度是非常高的。相应来讲，那么那个时候人们很少见主持人的全身形象，而且是在生活中见到一个活生生的一个人。

出镜报道的分量我觉得还是非常有意义的，它对整个节目的补充很有帮助。一开始，主持人有一些介绍，包括一开始特别板地说几句话就完了。后来中间我们可能也就穿插着一些跟人聊天采访什么的这些，那就更有意思了。所以我是觉得做这些节目的时候，对于我来讲，我觉得参与度和整个节目的生动性和真实性不像过去，我们过去的新闻太板了。

谈：您认为出镜报道对当时的新闻节目有怎样的改变？

卢： 现在可能大家都看惯了主持人、出镜记者的出镜报道，不觉得什么，但是在那个时候80年代的时候，我觉得我们等于算是一个创新。在那个年代就突破了过去的那种保守新闻的那种死板，那种单一。我们也是通过出国，出国看到别人是怎么做的，我们也很受启发，也是在摸索。我们这几个大学的毕业的，像77级、78级、79级，我们这三届就是一种探索。因为我们看那个时候是看不到国外同行是怎么做的，改革开放之后我们才看到的，过去不像现在你都可以参照，我们没有参照物，而在学校里学的知识，我们那时候在学校没有上过电视相关的课程，没有学过。

谈：出镜报道之后，您在语言上有着怎样的变化？

卢： 一开始出镜有点紧张，我还记得有一次，跟当时的国家领导人去出访意大利。我说结束语的时候，台里希望我说结束语时，同时飞机起飞，拍飞机慢慢起飞，也就是说抢这个镜头，那就意味着我的出镜报道必须一次成功了，你说错了可以重来，那飞机是不可能重飞的，你也不可能重来一遍。所以我就特别紧张，怎么办？我说万一我要说错了怎么办？那时候毕竟年轻，后来我就抄了很大的字，让陪同的官员帮我举着，我就照着说了。这个时候就不敢发挥了，一个字不差的就念了。因为你只有一次机会，我还是有一点紧张，这是因为我当时没经验。但是在这之前有很多的节目，因为我参与了，在录开头语或者出镜的时候，语言就非常松弛，我就感觉是我发自内心地说，因为我看到了，我也感受到了，对我来说，真的也是第一次看到和尝试，我也是新鲜的，我想电视机前的观众也是没见过的，我要把这个国家的风土人情和我们国家的领导人为什么要到这，我来告诉咱们国家的观众，所以语言就很有内容。你就感觉语言是放下来的，是由衷的，和念字就不一样。现在可能大家配音都知道了，你是怎么一个描述感都是学来的，但是在那个时候因为过去的配音那都是比较明显的"两张皮"，但是在我跟着国家领导人出镜报道之后所说的话是我发自内心的自然而然的，是心里话。

谈：那个时期您在做出镜报道时，服装上有没有一些特别要注意的地方？

卢：服装上没有统一的硬性规定，正式就好，按照正式的原则，基本上我们是自己选择，只要不是特别随意。

谈：您当时在播新闻的时候微笑着播，这在当时也引起了不少的讨论，您当时是基于什么想法和动机笑着播新闻？

卢：我们几个学校毕业的这几个播音员，实际上给整个电视台带去了一股春风，是一股新鲜血液。我感觉那时候我们这几个人，每一个人有自己的特色。我其实没有特意地说我得微笑，之所以会这样，首先我的性格是这样，其次，我是觉得根据节目的需要。我也不是每一个地方都笑，我觉得一定是言由心生的，一定是根据节目内容来需要的，而不是做出来的，不是为笑而笑。所以一个就是我的性格特点，这是我本人发自内心，我不管是出镜报道还是播音，一切都是由内到外的，不是做出来的，你的问题问得非常好。我也觉得希望现在，对播音员也好，还是在校学生也好，这个笑不是说我露几颗牙，不是说我眼睛眨几下，这就是一个误区，所有的内容你自己都是第二位的，都是你要报道的内容为王，你的内容是要做到真诚两个字。我觉得我的性格是真诚，所以我的笑也好，不笑也好，它是根据内容真诚地表达，不是做出来的。首先是礼貌，首先你要尊重观众，你要发自内心，所以就是说你不管任何时候，什么节目，都是要真诚地跟人说话。我也是通过出国开了眼界，我明白了在这个位置的重要性，你要能够对得起这个话筒，你要对得起这个位置，你首先对观众要尊重，要真诚，你说的每一句话都是要有分量的。咱们新闻在变化，有些是在向好的变化，但是有些宝贵的这种传统，反而有的被忽略掉了。

谈：卢老师，能不能谈一谈您的出镜报道风格？

卢：我没有特定的风格，但是我对自己的要求就是第一准确不出错，虽然是录播，我绝对是要求自己一遍过，再一个是真诚说话，永远是发自内心地说话，我在镜头前说过的话，我平时就是这么做的，就是这么想的，所以我在镜头前我也是这样的，我是要求自己镜头前和镜头后，跟平时都一样。我平时也是对自己有着很严格的要求。所以在播音也好，出镜也好，不管是什么就是俩字——真诚，就是把我自己本真的东西告诉镜头前的观众，真诚地跟观众交流，不是说的虚的，也不是书本上的，真的就是发自内心的就是这么想的。所以很忘我，很少考虑自我，我形象怎么样，我头发怎么样，我出镜之前化妆，我们那时候没化妆师，都是灯光师傅给我什么样，我就什么样。我不想那些化妆，自己化好了我就再也不想了。就像那种补妆门的事，中间还自己胡噜胡噜脑袋那都没有，就是对稿件很专注。

谈：有人说当时的出镜报道的特点是播音体，现在不光是播音员主持人在出镜，很多记者出身的人也来做出镜报道，那么您怎么看待这种变化？

卢：曾经有很多记者就提出了，说人家国外都是记者出镜，不是光是播音员出镜主持人出镜，记者能不能也出镜。那个时候记者跟台里要求过，但是在那个时候很少，因为有很多记者话都说不清楚，普通话说得非常差。后来我记得印象当中我们有一个记者他是驻美国的特别爱出镜，他到美国以后，受美国的电视的影响，他没事就自己出镜。他要自己说，但是他的普通话实在是太差，普通话说得太难听了，且不说形象，很多记者不懂得修饰，什么姿势都有，曾经尝试过，我们的记者也是长什么样形象的都有，他们也不知道该怎么打扮，效果不是太好。现在的变化就是，每一个记者他懂得了第一尽量标准，虽然有一些也带口音，但是从形象上，这些年我觉得进步很大。所以我觉得这是一个很大的改变。现在的记者在这方面，随着我们国家生活水平和审美的要求提高之后，有了很大的进步。我们那个时候的审美，因为我们国家过去服装的颜色是蓝、黑、灰，没有美的追求，还不允许谁对美的追求，追求了就得挨批评，所以这些美的要求都是陆陆续续才学会的。可能一开始都不太懂，这也就你看咱们国家人们的装束也是随时代在变，也是大家对审美，对美的标准一点点成熟起来的，一点点变化的。这和人的眼界、学识、见识，都是有关系的。

谈：在 20 世纪 80 年代的时候，中央电视台出现了《观察思考》这类新闻评论栏目，节目中有不少出镜报道，您怎么看待这类节目中的出镜报道？

卢：后来中央电视台就开始有出镜报道的意识了，这也是受国外的原因。改革开放以后，开始大家有这个意识了，因为《新闻联播》是有非常严格的要求，不能"随心所欲"。改革开放以后的这些大学生，思想观念逐渐开放之后，想探索了，所以才成立了《观察思考》这个栏目。这个栏目的管理和要求比《新闻联播》要松多了，《观察思考》栏目里很多人不是学播音出身，反而没有条条框框的束缚，他们就用自己的语言说了，并不是说我就想这样说，而是他本身就只能这样说。他们播不出来，不会也没学过。像播音专业的学生学过了，会有一点条条框框，语言就有点格式化了，就不敢说出来。播音毕竟是和平时说话就有点不同。那么很多人没有学过播音，所以他可能念东西就一个大自然，本身就口语，再加上稿子是自己写的，他写的他和自己的语言风格就比较相近。有的时候是天时地利人和，就是综合的东西，你要说庞啸他说话风格就这样，他写东西的风格也是这样。《新闻联播》稿子都是新华社的，你怎么让他口语化，不可能的。

谈：您觉得影响当时的出镜报道风格形成的因素有哪些？

卢：我觉得首先 20 世纪 80 年代，整个中国的大环境都是蒸蒸日上，欣欣向荣，大家的心气都是这样的，热情积极。改革开放以后，等于像一个封闭的地方突然打开了窗户，那是新鲜空气，大家都猛吸，而且那个时候的人是非常单纯的。实际上每一个人都没有说我刻意地想怎么样，或者说功利去做什么。我觉得那个时候包括 1984 年春节联欢晚会，人家问我为什么那么成功？我说最重要的就是走心，这是和当时的人文环境有关，人们发自内心的那种真诚。观众的想法和大家的心气儿是一致的，才能够成功，才能够给人留下一个深刻的印象。

每一个时代的广播电视，要切准时代的脉搏。首先是这个时代的脉搏，再加以引领，加以升华，这才是最好的。在整个 20 世纪 80 年代，中国的各行各业都是欣欣向荣，大家的心气儿，大家的精神面貌都非常好，同时领导非常宽松。我们的领导，我们都是叫老张、老王，台长们也是这样，你出了错之后，台长们也不会给你绷脸骂你什么，大家整个的氛围是非常宽松和和谐的，所以年轻人才敢大胆的尝试，当然了我是有我的底线的，你要是在一个底线之上，这建立在要求自己的前提下，你可以去尝试不同的服装也好，语言也好，风格也好，你知道领导是保护我的。首先得有这个前提，所以我才敢大胆地去尝试。再加上那个时候年轻，我总是想在把我看到的、学到的运用到实践中去，我也是那样的性格，爱去改变一下。

谈：那个时候您出镜报道，是以什么角色参与的？主持人还是记者？

卢：实际上在那个时候，我没有想那么多，角色没有一个限定。比如说在《经济生活》栏目，我既参与了采访，又参与了录音，又参与了写稿，也参与出镜，那么我就是主持人。在《新闻联播》栏目中，我坐在那念新闻稿，我就是播音员。我如果跟着国家领导人出访了，那个时候我可以说是主播也好，主持人也好都可以，实际上我觉得这个名称没必要分得过于清楚。实际上我们国家是不可能界定那么清楚的，因为跟国外的体制不一样。你的角色到底是什么，取决于在此时此刻你干的什么事。

出镜报道者在镜头前你不是为了显摆你自己，什么东西有自我就变味了，你就完全的有我在了，就是"小我"一占上风，就变味了。

谈：感谢卢老师接受我的采访，学生受益良多！

二　中央电视台海外中心新闻部副主任，原山西电视台著名播音员、主持人高丽萍访谈录（根据录音整理）

采访方式：微信在线语音

采访时间：2020 年 6 月 15 日星期一上午 11：30—12：30

谈：高主任，您是怎么与出镜报道结缘的？

高：我们做现场报道都是 70 年代末 80 年代初，确实是很早，时间上可能会更早。我是 1974 年、1975 年其实就已经开始（广播现场报道)。那时候我是做广播的,在我插队的时候,是在山西省大同市北郊区,那个地方跟内蒙古交界。在那儿我是做广播播音员,每天从早到晚参加播音活动。战地广播站就从那个时候开始,其实那是真正的现场报道,因为那会还没有录音机,全部都是现场直播。然后到了山西省大同市新荣区广播站,在北郊区广播站之后,我们会做很多这种现场录音报道。我觉得播音员必须把最真实、生动的现场活灵活现地呈现给听众。1976年齐越教授到山西去办广播界的学习班,那个时候我就对这种现场的东西有一种灵感,觉得这个比坐在那播更生动、更直接、更有代入感。其实那个时候那是最早期的(现场报道),从广播时期,到了电视台我的优势就出来了。我会一点不怵现场,我能一直一口气说很长时间。广播时代的现场报道是出镜报道早期的形态,是直播的形态最早置入我的血液里,置入我的骨子当中。我一直都是现场说,现场看到什么说什么,练这种出口成章,立马可待的这种业务。当时是基于这样的背景,在当时山西台确实在全国是做出镜报道最早的台之一,也早于中央电视台。但是那个时候因为也看不到国外、境外的电视报道,全国也不做这种,所以我说它都是一些探索式的。

谈:那个时候您做广播现场报道有什么特点?

高:我觉得我做广播的这种现场报道是一种很真实的状态。因为每天从早到晚要给治河工地念学大寨的报纸,然后要报每一个连队现在干了多少,连队有什么样的干劲,谁在干的过程当中,是什么样的一种状态。各个连那会儿的插队,是以民兵连为建制的,一个村就是一个民兵连,大家那种热火朝天的,那个时候都已经是"文革"后期了,激发起来的那种生产、建设的干劲,争先恐后,那种氛围是一种全民迸发的氛围,所以你在现场报道那些东西的时候,那种激情、那种语言,你根本不用过多地修饰和组织,看到什么说什么。那个时候顺应着时代,顺应着国家的需要开始了现场报道。"文革"后期像1975年,我们是完完全全见证了国家到改革开放,咱们一步一步是这样走过来的。所以还是要把自己置入那个时代的语境,然后我的这种思想状态，以及逐步开放的视野，我觉得这是完全都是很归真的一种。现在的话说就是"初心"了。

谈：您当时为什么想着要做出镜报道？

高：我觉得现场的东西是最真实的，最真实的，最感染人的，最能把大家都带入现场。另外出镜报道没有任何这种"穿靴戴帽"的成分，不用写很多这种描述性的话语，报道者必须是根据现场真实的场景，现场一就是一。所以那个时候我觉得出镜报道是一种非常归真的报道方式，就是说你不可能不造假，你也不可能去拿别人的话来抄，因为你如果在现场，你会发现你说的东西，不是人家现场的东西，观众都能看到，不管 1 分钟、2 分钟、5 分钟、8 分钟全部都是来自现场的东西，我觉得它其实是一个新闻最真实的生命的体现。没有多么高深的理论，但就是要把真实的现场告诉大家，这是你做这份工作的责任和使命，不会去做一些更多的修饰的东西，那都很朴实、很真。

谈：《记者新观察》是山西电电视台早期的一档以出镜报道为主的栏目，您能不能谈一谈《记者新观察》这档栏目它的特点，包括您的参与栏目制作的感受？

高：因为当时在全国范围内，中央电视台有一个《观察与思考》，在 1985 年山西电视台就有一个《记者新观察》。我记得当时我们有一个三人小团队，我们做的《记者新观察》栏目是一周一期，每周五播出。我印象当中应该是每期 15 分钟，这是全现场的监督类的栏目。那个时候调查类的监督类栏目已经开始撕开这个口子了。《记者新观察》给我的感受就是重视现场表达。你只要在现场，你看到的东西，发觉的东西，观察到的东西，如果说也是社会大家都应该关注，都应该去发现这些问题，你的这种推动力完全是来自现场。你要是说画面加解说，那是没有说服力的。我觉得现场唯一的贡献，最后起点、原点都是真的。你看到遍地的垃圾，你就没法说这上面有插花的可能。你要完全和盘托出，所有的镜头到哪你要说到哪，说到哪就知道，所以我觉得对记者素质的素养的锤炼和提高很有帮助。在现场之前，你是要做很多功课，因为出镜报道其实最后的现场出来是改不了的，你回来时候我把出镜报道，在哪个地方说是字不准确，或者是描述不准确，你是改不了的。所以那个时候其实就是最早的直播形态，对现场的要求是非常高的，全部都是来自现场，不会有任何造作的可能。

谈： 您怎么看待当时的山西台在电视新闻方面的一系列改革措施？

高： 一个人的成长一定是离不开当时的社会大环境。因为当时山西省委宣传部就非常开放，我们山西电视台新闻部都能每周一去参加山西省委常委会，就到那去听，还有每周三中央电视台的新闻部的电话会，向全国的电话会又能够听到，所以你说上至党中央，然后省里以及我们每一个人所关注到的我们省的省情，山西当时是能源、重化工建设基地，省委宣传部那是非常重要的。然后再加上我们台，特别是我们新闻部，全部都处在改革前沿的先锋状态，然后才有了我们这批能往上冲的机会和可能。不然的话你说你要没那个环境，你一个人往前冲肯定是不行的，大环境是必须承认的。

谈： 您出镜报道时会写提前写解说词吗？

高： 最初是有过的，比如说我最初跟着编辑出去，编辑会说这个地方怎么说，我说大致上应该是这样，完全给你写成的稿子基本没有。大家碰一下说应该怎么说，后来从我自己到现场开始，我自己编辑、制作，我看到的想到的，全部是自己把关，这就意味着出镜报道者不是把你一个人的关了，而是把全台播出的关，因为你播出去之后就是全台的。我那把关的意识就要站到很高的一个位置上，总编辑台长的位置上，新闻中心新闻部主任的位置上，担当的责任是不可替代的。

谈： 您当时的出镜报道的语言有什么样的特点呢？

高： 我觉得出镜报道，跟《新闻联播》的这种室内的播报是完全不同的两种风格。因为现场的东西就是赋予你，观众可以直接跟着你，你的所思所想，人家基本上一眼就看准了，他知道你怎么想，但他不知道你下一句说什么。因为他不在现场，所以你说出来的所有的东西，包括我回来之后，每一次现场报道回来之后，审稿的主任，审编的台长，他们都说原来是这样的，会非常吃惊，就是你在现场捕捉到的这些东西。所以现场的生命力决定了最后你在版面上的位置，出镜报道肯定说是一定是有这种新闻的分量，没有分量的现场报道是没有价值的。你一定是大家最注目的焦点。

谈：您在什么场合会出镜报道？

高：这个问题从两个方面来说，一个部里会分配，比如说要有个什么报道，几组去或者谁到那边去，有些是我们自己想的，我说有点什么报道我特别想做，然后我们就去做，包括说像主题报道，那时候山西台在全国比较厉害的是主题报道，但主题报道我们不像其他省台做成了这种综述性的，我们全部都做成了现场观察，现场评述，这就很不同。所以我们做出镜报道很多都是来自全现场的，在现场的这种评述里面，获奖的份额就占比比较大。

谈：您认为是什么推动了当时的山西台在出镜报道方面的尝试与创新实践？

高：每一个媒体人其实都离不开大环境，当时我的这种成长，有幸当时在山西电视台，我的新闻部主任王家贤主任，当时这些我们那会都不叫老师叫师傅。老师傅全部都是一帮改革创新派。山西电视台的新闻在全国是有一拼的，每年在中央电视台《新闻联播》的上稿率，在整个新闻界他是有相当的地位的。你在这样的环境之下，带给你的这些新思想，新的活力以及新的创造力，还有每个人基于自己的这种独特的发现，独特的这种作用力，那就看你自己了。有了这么好的环境土壤，然后也有机会获得那么多的锻炼，还有很先锋的引领。我连大学都没有上过，高中都没有毕业，我没有受过专业训练，但是我所感受到的氛围就是叫你天天学习、天天做、天天提高。这个环境值得我一辈子感悟，我的领导，我的这些同事，他们带给我的这种引领，任何地方都找不到。

谈：您当时是以什么样的语态做出镜报道？

高：因为我最不喜欢做这种"两张皮"的东西，我们的摄像师一拍，然后我写点解说词，新闻就做完了。我觉得写解说词干嘛，为什么不可以现场播？我在现场能说，而且我在现场，我把我不明白的，大家不明白的，我妈不明白的，直接在现场表达出来。我为什么不通过采访当事人，当事人说一说不是更好吗？干嘛非要我说，有些根本就不专业，你干嘛不用人家说，我说我一定说的不如人家，为什么不用人家当事人说呢？其实我认为后来再看，其实新闻事件本身的当事人说，那就有说服力，就有可信度了，因为说清楚的程度以及亲切的程度就不一样了。你要是声画"两张皮"，你这个画面可以贴河北，可以贴河南，但是我要是这个人说你就贴不了，因为这个人必定就是不一样。所以这种专属性就出来了，专属性出来了以后你的专业性就提高了，你的专业水准就达到了一个标准，别人否定不了你。

　　现场性是媒体获得观众信任度的根本抓手。你敢不敢到现场，到了现场找不找到真人，真人说不说出真事，逻辑关系就是这样的。这就是我们去做现场，一定是你说出来的话，上至70岁的老奶奶，比如说我知道我妈没有什么太多的文化，但是我做的那些报道，经常问我妈，我说看得懂吗？她说看得懂。下至7岁的小娃娃，应该是看得懂、听得懂，那就说明现场是最能够告诉大家的方式。只有被观众能看得懂、听得懂，才叫入心入脑，否则你跟他有什么关系？语言一定是平等的，没有那种居高临下，比如我说教这个人如何种果树，我说果树不是这样种的是那样的。那不是我说的话，那不是你应该说的话，你应该说的话你到这发现了什么。你必须在现场，不在现场，你拿画面加解说你是不能够说明的。你一定要说清楚，要在一分钟、两分钟、三分钟的有效时间里头，这样你才对大家是一个尊重，否则你凭什么占用人家的时间？你没有给足观众的信息和需要，没有满足观众的收视的需要，你是对不住大家。我做了我就希望你看，看了之后对你就有用。所以我觉得现场性它永远都是置根于公信力当中。你要把事情说清楚，弄明白，你自己弄明白了，才能说明白，你自己都没有这份心，你就觉得还不错，瞎糊弄一个拍上两分钟画面加两个去解说，然后播音员一配音就完了，那是不够的。你要做现场你要知道，只要一到现场，整个的状态、眼神、神态，然后说的每一句话，人家讨厌不讨厌？人家有没有好感，你最起码你得为你自己负责。

谈：您当时是以什么心态去做出镜报道的？

高：如果你把自己摆正在一个专业人的位置上，特别是一个非常亲切的位置，大家不会觉得是在出风头，他们反而觉得出镜报道做得好。如果你去了，这个新闻增色了，更生动了，更活灵活现了。然后说了之后大家一下记住了里边那么多细节，那么多闪光点，还有这么多人物，还有那老人家说得那么生动，话语那么风趣，事情用一个现场报道，三下五除二就给弄出来了，当然比冗长的那三分钟画面加解说，效果是不一样。你在这个集体，在这个团队里面，突出的不是个人，而是说突出了有一个真的是创新型的职业特征出来，大家都觉得好。后来大家也都做，不是你一个人做，现场报道的人多了，特别多。后来全国也开始做了这种，完全就不是说你看你是不是出风头，不做你才不行。那会儿不像现在已经信息都是汪洋大海了，那会做一个记一个。

谈：您觉得当时的出镜报道风格跟时代背景有怎样的关联？

高：其实我觉得就是说大环境和大时代背景，中国改革开放之后有这么多行业领域，包括我们所在传播的能力都需要革新。出镜报道，革新冲出来的一个一个新兴事物。新兴事物的共同的特点就是全新，现场是新的，语言结构是新的，出来站在这包括拿话筒的这个姿势也是新的，到底是拿在什么位置上，当时我记得大家讨论就拿二道扣，还是拿着接近嘴边还是拿什么，你既不能向主持人报幕对吧？也不能拿到很低的位置让观众觉得不礼貌。而且你的音质那会的设备对你的音质有要求。在这一个专业领域有着全方位探讨，你的标准是什么？最高的标准是什么？然后你要为了达到这个标准，你要去学习什么？你的仪态，你的着装都要注意。你不能浓妆艳抹，你也不能说我自己穿一个什么西装衣服。你想这对我们新闻人来说，这是一个再生，这是重生的锻造。我完全可以不去做出镜报道，对我来说省心多了，我也可以从头到后面我也不摘头巾。但是我要做出镜报道，我必须得有个人样，必须得对得住屏幕前的这些受众，就把这种仪式感、庄重感、分寸感表现出来，你想你在出镜之前你要做多少功课。像我们原来不是说像现在两三天做一条，我们一天做两三条，一会到现场了，回来之后做了赶紧编了，一会还有一条你得出去，所以对你是一个全方位的素质的要求，你要赶快学习。

谈：从着装上来说，您刚才提到了不能浓妆艳抹，当时的着装有什么样的特点呢？

高：也就是朴实大方了。因为我在山西我不可能天天什么西装，天天穿得很精美，戴各种花什么的，不能！因为我所处在的现场不是工人，就是农民，是普通老百姓。如果你穿得很花哨，采访对象会很紧张，会觉得你浓妆艳抹，你到了现场就会盯着你看。化妆当时在我们那个年代那是不多见的，所以你干净大方就好，整整齐齐的，很有样就行了，文明大方就行。你要说我整的自己很怪，你到现场后，围着你看你都没法干活了。这样采访对象也会走神，也不知道自己该说什么，因为对方觉得他跟你不是一路人。你那么浓妆艳抹，我就一个普通劳动者，我跟你对话我很低人一等，我很怯懦。这些因素你都要考虑，你要去什么地方采访，你的着装、状态、话语都要注意，你一定要姿态特别低，他们才有勇气来跟你对话，那时候出个镜可紧张了，包括省委的领导出镜都很紧张，灯光一打非常紧张的。现在咱们都侃侃而谈了，40 年前可不一样。所以你要把自己的姿态要放得很低，千万别让他们很紧张，我觉得这就是我心里能想到的。

谈：1992 年 10 月 1 日，中央电视台中文频道开播的时候，您出现在天安门上出镜报道的这时候是一个怎样的状态？

高：1992 年 10 月 1 号开播的《中国新闻》，是中央电视台对外的第一档大型电视新闻节目，由于节目的定位是国际、境外，所以语言必须很庄重，显示出大国风范。那一天开播的新闻头条，就是我们主任带着我们一堆人上了天安门城楼，我说你看我大概能不能从这儿说起，然后看到广场，然后去了大会堂，然后看到什么，完了就行了。我一口气就下来，大概那条现场报道有三四分钟，就一气呵成，是一个长镜头，展示了一个中国全新的形象。在开播的那一天，是开播的新闻，它是中国开放的新闻，然后又是一个开放的 1992 年，国门打开了。所以那次出镜报道是树立形象的非常好的契机。报道必须做上专业的水准，因为基本上我们卫星覆盖的这些欧美国家都能看得到，你必须展示良好的国家形象。所以你必须想好你要说什么，然后你的状态、仪态，都要有仪式感。

谈：您当时说了些什么还记得吗？

高：我当时首先是介绍了一下，我记得我告诉他们我是在天安门城楼上，然后现在我们前边的就是天安门广场，天安门广场就是全世界最大的一个广场，然后广场这边有什么，那边有人民大会堂，人民大会堂是干什么的？然后说一下，反正整个介绍是围绕着天安门附近的建筑物，目及范围能说的都说一下。

谈：您想对新时代的电视新闻出镜报道者说些什么？有哪些值得后辈们借鉴的地方？

高：不管你是哪一家传媒，你要失去现场，你要不到现场，一切都免谈。现场是我们生命力的所在。你的影响力、公信力、传播力、转载率，都要依靠现场。不管你第一时间在现场还是第二时间，你必须在现场。因为到现场那是要吃很多苦头的，那是要下很多功夫，那是要舍弃很多别人休息的时间，你必须得到现场，就是我这么多年我觉得我是从现场干起来，一直在现场退休的。所以我对这一点认识我是特别清楚。我觉得传媒无论你做到哪一级，你都不能离开现场，你离开现场你的话语权打折，甚至你没有话语权，甚至拱手让出了你的话语权。在现场你就必须说真话，你说不了假话。我这一辈子我最大的特点就是不会说假话，这就是我职业对我的规范要求。极致自律，不说假话，出镜报道不能说假话，多一点描述都不用。另外有真话，你就有真相，有真相你就捍卫了真理。"三真"也是我做人一以贯之的准则，做事情做报道一以贯之，最后你拿出来的作品，别人对你就是相信，对你极致的信任感就产生了，否则人家会打折扣，我觉得就是这么回事。

谈：您怎样看待电视新闻出镜报道不断的变化？

高：因为改革这个东西，不是一蹴而就的，你得不断的探索，咬住牙，一直在探索就做这一件事，我就不信做不成。你得有恒心，得有毅力，得有我就做这一件事的决心。我做新闻还是有底气的，我就一辈子从开始做到最后退休，都是最后退休在现场，我觉得我心里是安的。因为这里边你再有多少风险，再有多少艰难曲折，你都知道我怎么去应对。而且你不能有目的性，你说我做了我就希望我得到什么，你只要一想得到你一定做不好，你只要说我什么都不需要，我得到什么都对我来说无所谓，我不关心那些，我关心我今天就一分钟的新闻我弄好了，哪怕是个口头稿，对住自己了没有？有没有对得起我今天这个饭碗？我就想这件事儿，任何东西都不是我考虑的，我也不去考虑。这种专注力，专心的程度，以及这种坚定的意志，这是我们整个的专业里面是最重要的。你打一分折扣，屏幕上立即体现出来，跑不了也骗不了人。这个职业是最骗不了的，你下了一分功夫还是十分功夫，明眼人一看就知道，你甭想骗人。

谈：您怎么看待当今媒介融合时代的出镜报道？

高：因为我从来不认为会分传统媒体和新媒体，因为我觉得每一个媒体在今天都是新的，不要以为谁是体制内的媒体，谁是自媒体，谁是传统的，谁是融媒体、新媒体，每天我们自己就是一个新媒体，定位一定要定在这，才不给自己找借口。任何一个媒体今天都是新的，大家是一条起跑线，无论你掌握多少资源和你没掌握多少资源，全都是新闻。如果说没有到现场的金刚钻，不练到现场的金刚钻，肯定是不行的。大家比的是到现场的能力，是骡子是马拉到那遛遛，甭管你是中国记者，美国记者谁都不差，关键是你到现场的功力，你有没有独到的发现，你有没有独到的观察，你有没有独到的预判，以及你有没有独到的表达表述，然后你敢不敢直播。直播是不能出错的，当年的现场报道我认为从来就是直播，所以它不能试错，不给你试错的机会，都是一票否决。

谈：当时虽然是录播，但是实际上以直播的状态在做，对吧？

高：全部都是直播的状态做，我们当时因为那些老师要求高极了，如果比如说我们15条新闻，一条新闻长度5分钟，至少是有三个人参与。录音师录音，放 16 毫米胶片，15 条新闻是 5 条新闻乘以 3，或者 5 条新闻乘以 5，这么长的长度，然后有一台录音机还要放音像，说到拖拉机耕地了，要放出拖拉机耕地的声音，然后说到水电站了，水电站从上而下的奔腾的水声，这么多机器下来，你一个人在里边对这个新闻要进行配音的。你在这里边的一个小会议室，外边有两位师傅，一位是放影片，一位是给你录音，一位是放音效，你能错吗？你错一遍你就不好意思了，你都会吓死。老师都是说一不二的人，所以你就这 45 分钟你是一口气下来的，这叫不叫直播？你敢错吗？你敢错，所有的录音机最起码 4 个录音机是要重新倒带。错了你就明天就再见了。所以说直播素质是在很早就开始了，不是一天两天，这都是基本功。所以现在我们对每一个从业人员的基本功的训练，值得我们思考。因为你可以反复的来，说一遍不行了，我没说好再来一遍是不是？那会你试试，你到了现场。第一遍吃了螺丝了，第一遍没说清楚，再来第二遍。再来第三遍可能吗？不给你的机会，所以这就不带你出来了。所以这就要求你们在直播之前，在报道之前，精准，而且花很大的功夫，你那种自控力，一字千金，不能错，不能不准确，必须精准。

谈：衷心感谢高老师接受我的采访，受益匪浅！

三 中央广播电视总台主持人、记者，播音指导，原《东方时空》《焦点访谈》等栏目主持人敬一丹访谈录（根据录音整理）

采访地点：中传国际交流中心

采访时间：2020 年 11 月 23 日星期一晚上 5：30—10：30

谈：您曾说"在和观众面对面的谈话中，我始终注意语言运用要朴实"。您最早是什么时候形成的这种平实的语态？

敬：从 1989 年主持《经济半小时》的时候，我就要求自己不能说外行话，同时也不能说老百姓不懂的话。我觉得这就是一个记者，一个经济节目的主持人的话语空间。在《经济半小时》节目里，我关注的焦点往往是人，社会中的人，经济社会中的人。1993年5月1号，《东方时空》开播，当时我正在筹备我自己的《一丹话题》栏目，然后就听说孙玉胜等几个我的同事，他们在办一个新的栏目。我就在想这是一个什么样的栏目呢？一开始看到《东方时空》的主持人说话的方式，我是有点懵的，主持人还可以这样说话？那种说话方式和我们以前习惯的是不太一样的，然后就特别注意看，《东方时空》这个节目，我感受很深的就是节目注重对人的尊重。然后那样的话语方式，让我心里头非常的暖，受到触动。我们以前的话语方式，情不自禁或者自己不自觉地有些居高临下，然后《东方时空》就变得好好说话，目光都是平视的，对人是有这种内心尊重的，这很打动我。

从《东方时空》到《焦点访谈》，我觉得我们一直是有一种追求的，就是用一种更能够到达的方式来表达。就像孙玉胜在他的《十年》这本书里说的是改变话语方式，用老百姓的话说就是说人话。有人说我们天天说话，我说的还不是人话吗？那老百姓为什么还会提出说人话这种说法呢，就因为在很多老百姓看来，主持人、记者说的是官话、套话，那些都不是人话。什么是人话呢？你真正了解人心，有足够的尊重，然后找到一种合适的表达方式，这就是人话。那这是一个很基本的标准，也是一个很高的标准。我一直这样要求自己，比方不说大话、套话，这个我们有这种警觉。让你不说字儿话，你有这种警觉吗？一不留神我们说的话就是书面语言。比如有一次我采访一个农民，我问道"你这个农民产业协会现在辐射了多少农户啊？"然后那农民说，"对不起记者，啥叫辐射？"这就是一种不好好说话了。那次采访对我来说是一种提醒，从此以后我再也不敢轻言说我是会和农民说话的了。这还是属于用词上的问题，也有意识上的问题。就是你能够见什么人说什么话吗？你有这种本事吗？你见到农民你能说出一个他懂，听得进、听得懂的话，这也是考验。还有你说这句话能够经得住历史考验吗？这是我经常提醒自己的。就是我们有时候说的话，过几年以后你会不会为这句话感到惭愧？你要求自己尽可能地说能够经得住历史性考验的话。所以我一直觉得说人话它是一种高的标准，我们要努力慢慢去达到这个标准。你得懂人情、懂国情，还要有同理心，然后把那话说得要入耳又入心，这不仅仅是口才了。

谈：《焦点访谈》打破以往电视节目播音员主持人的常规模式，选择几位出镜报道能力突出的资深记者出任相对固定的主持人，推出"记者型主持人"，您怎样看待记者型主持人的出现？

敬：《焦点访谈》一开始是没设专职的主持人，就是所有的在一线采访的记者回来以后就是编辑，然后进演播室就是主持人。孙玉胜的思路是在众记者中产生出镜记者，在优秀的出镜记者中产生主持人，在一群主持人中产生总主持人。这是他的思路，后来也成为实践。所以一开始我到《焦点访谈》的时候，一年要做十几期节目，作为记者、编辑，然后作为主持人。那不仅仅我是这样，其他的记者也是这样，然后逐渐就有了分工，更适合出镜的人就更多的当主力记者，然后成为主持人。所以从心底里我是把自己当成记者和编辑的，主持人只不过是，可能大家觉得这个人可能更适合镜头前吧。另外在前期采访的时候，我也暴露出很多弱点，比如说我就不是很有锐气，与采访对象短兵相接的时候，我就显得锋芒不足。所以那个时候我也在想，我虽然喜欢，但不一定适合，而作为总主持人呢，恰恰是需要沉淀的，然后那时候我可能就被大家看作是更适合做这个（总主持人）工作。

其实在《焦点访谈》主持人这个位置上，我经常还是把自己定位为一个记者。因为从我到《焦点访谈》工作，就是采编播合一的，到现场就是出镜记者，回来面对编辑机的时候就是编辑，然后走到演播室面对镜头的时候，这时候才是主持人，很难分清这里面的角色。有的时候我在现场做报道的时候，其实我就在想到演播室以后我应该怎么说，到了演播室以后呢，我也会想到我在现场我所看到的某个细节，然后编辑的时候我已经把结构都构思好了，在特定场景里做怎样的表达，所以这是一种采编播合一的工作方式，已经不纯粹是主持节目了。我还是一直在提醒自己，作为主持人，我不能比编辑记者知道的少，而应该比他们多，多什么呢？多镜头前的呈现，话筒前的呈现，那就是涉及我们播音业务最核心的东西，我应该比编辑记者更多，我毕竟是学播音的呀，我毕竟有那么多年话筒前的工作的实践，这都是起作用的。

谈：您觉得出镜报道的实践经历给您主持风格带来了什么样的变化？

敬：这就是那种工夫在诗外了。在我刚刚开始做电视节目主持的时候，我强迫自己尽快地补上自己的短板，尽快熟悉编采业务。出镜报道是播音主持的一种表现形态。当我具备了一个记者的能力以后，我再面对镜头面对话筒的时候，我已经从根本上解决了我"说什么"的问题，而不是过去只是那么很片面的很表面的看法。我怎么说？所以在这个时候我播音主持所表现出来的一些特点和风格，是和编采的能力紧紧相关的。先当一个好记者，一个好编辑，在采编播结合之后，你就会变样子的。你是在话筒前镜头前的那种感觉不一样，在这个基础上才有言论能力。

谈：随着《东方时空》《焦点访谈》等栏目的兴起，一批名出镜记者当中产生了一批名主持人，如白岩松、水均益等，您如何评价您同时期的主持人同事？

敬：我觉得去哪儿很重要，跟谁一起去也很重要。所以我很庆幸我在40岁的时候选择了中央电视台评论部，在《东方时空》和《焦点访谈》，有一群那么年轻、那么前沿的人。我说他们年轻不仅仅是年龄，是他们的意识。我和他们在一起的时候，我就觉得不往前走的是不行的。比方说白岩松，是有一种带动作用。就是他说话的气场对我来说都是一种影响，就是他说话的色彩更明亮。我可能也许有人会评价说这人挺沉着的，但有的时候是需要一点明亮。比方说水均益的国际视野，他的优势不仅仅说是语言，而是整个国际意识，我觉得可能我一辈子也赶不上。那我跟他们作为同事以后，听他们聊天说话的时候，对我来说也是很有影响的。

谈：《东方时空》进行过多次改版，其中《时空报道》改为《直通现场》，《直通现场》升级为《时空连线》，您曾经尝试过直播类的出镜报道，可以谈谈您的创作体会吗？

敬：现在"连线"这个词，应该说是电视的常用词，但是第一次连线是在《东方时空》实现的。当时我们的记者在三峡，我在演播室，制片人说我跟他连个线，怎么连呢？我完全都不知道怎么操作。等到了连线时间以后，我看到同事们都在忙，我职业生涯第一次远程异地连线实现了，然后我就在屏幕上看见出镜记者就在一个监视器里，我当时在想这是怎么回事呢？我当时的感觉就好像我都能够闻到那早晨的那种气息，这就是那种连线特有的那种魅力，就一下子把空间缩短了，有了身临其境的感觉。在直播已经变成常态，多轻松啊，然后现在连线你就比比皆是。现在回头一看，我们当时曾经蹚出一条路啊。

中国电视历史上第一次的栏目式的直播是在《直播中国》实现的，那是2001年开始的。从那一年我的业务实践，就是让非常态的直播大会战的模式变成一种常态化模式。《直播中国》是一个人文地理节目，那个时候新闻还做不到突发事件立刻能直播，那个时候我们的话语空间还是有限，但是做这种人文地理的直播相对从容，同时把我们这个团队直播的本事给练出来了。所以现在中央电视台的大型直播的班底，很多都是当时《直播中国》的成员。当时我有幸在这个栏目里作为现场直播的出镜记者。我记得我参与的直播出镜报道第一个镜头和第一句话是我们在平遥，于是我就说出这样一句话，"此刻当我看到的时候你也看到，当我听到的时候你也听到了"，然后把手放在这个平遥那个城墙上，我说"此刻我真想把这种触觉也传达给你"。我想说什么呢？这是一种直播的力量，直播的魅力。然后在那一年的生活中，我觉得我们都是得到了一种专业的理念。今天我看中央电视台直播已经成为常态了，离不开那个时候的实践。《直播中国》创出了一种工作方式，它使得原来会战型的非常的直播变成常态化。对主持人来说，就是我们也把这种非常态的这种直播变成常态。原来我们对直播是调动起全身的力量是很紧张的，那慢慢直播以后就自主了，甚至我们很享受。我对直播就是又期待又有些紧张，感觉有点像考试，有的时候适度的紧张，会让你兴奋，尤其是考试完了的时候，其实直播就是这样。那我作为一个经常在镜头前话筒前工作的播音主持背景的出镜记者，我觉得直播给我带来什么？就是那种兴奋感，只有这一次还极真实的交流感，这是我非常珍视的。

谈：说到电视新闻直播，1997 年香港回归和 1999 年澳门回归直播报道是电视新闻直播历史上重要的里程碑，您作为亲历者有怎样的体会？

敬：香港回归的时候，其实我们背负的心理负担是很重的，就是毕竟是世界瞩目的大事件，然后又是直播状态，那个时候直播不像现在这么常见，都很紧张。然后我们就经过无数次的演练，那个时候我觉得更多就要有强大的内心，经受住这种万众瞩目。但是到最后的时候就平静下来了，甚至在政权交接的零点的历史性的时刻，我就变得特别平静。我们作为见证者，见证了历史本来应该的回归。所以这个时候我和罗京在零点的时候，我就说出了我内心的感觉。

后来到了 1999 年澳门回归直播报道的时候，整个直播就很有秩序，我们主持人的状态也很轻松。我记得当时也是汲取了香港回归报道的经验。我们到澳门去实地了解情况，增加感受，就包括对地理位置上都比香港要更熟悉一些。所以到澳门回归的时候就觉得有了一种自主感。这种自主感其实对一个大国的大电视台来说它是很重要的。如果一直是很紧张的应对，这不是一种理想状态。

谈：您在主持或出镜报道时怎样做到语言分寸的把握？

敬：其实我以前在采访中也有过那种特别感性的时候，我甚至有一次在采访中流泪了，然后我和采访对象都出现在画面里，以至于后期我在编辑节目的时候啊，我都找不到一个不流泪的镜头，那次节目我觉得很失败，失败在什么地方呢？就是我没能完成正常的传达。我虽然和这个被采访者很共情，但是我作为一个职业记者，没有克制自己的情绪，传播就受到了很严重的影响。在后来的出镜报道或主持节目中，我就提醒我自己，分寸是极为重要的，就是我内心再感动，我也不能忽略了，泣不成声就完不成传播。当节目播出的时候，我提醒自己克制，有分寸的表达，给观众留白。

谈：随着媒介技术的发展，网络直播、短视频等形态的出镜报道出现，您怎样看待新技术背景下的出镜报道？

敬：我没有觉得技术对我们记者和主持人有本质的影响，它使得我们传播更便捷了，传播的方式更多了，但是我们本质上的东西还是一样的。

谈：谢谢敬老师接受我的采访！

四　中央广播电视总台社会与法频道副总监，原《观察思考》《东方时空》等栏目策划人童宁访谈录（根据录音整理）

采访方式：微信在线语音、手机实时通话

采访时间：2020 年 8 月 19 日星期三下午 2：30—4：00

谈：**1992 年 11 月初，以孙玉胜为首的早间节目筹备组开始运作。筹备组由孙玉胜、您、时间、张海潮、王坚平、梁晓涛和孙克文七人组成，这七个人被称为《东方时空》七君子，能谈一谈当时《东方时空》成立之初的设想吗？**

童：那个时候没有早间节目，白天没有节目，中央电视台的节目是从下午差不多六点的时候开始。开始播一点动画片，在前面预热嘛，到了晚上 7 点播《新闻联播》。《新闻联播》之后再播一个类似《观察思考》这样专题报道节目。早间没有节目，后来才做了好多"红案""白案"，也就是一些美食节目，这类节目播出一次就没有机会播出了。

再一个就是全世界都有早间节目，美国有《早安美国》之类的，领导就想在中国也要办早间节目，后来就是让我还有孙玉胜、梁晓涛等人参与筹办。那么要搞这个节目，来参加的人肯定不甘于就把那些原来播出的节目在这打个包播出。当时也起了很多名字，最后也都定不下来，经过多方讨论将新栏目定名为《东方时空》。

谈：您作为《东方时空》的初创者，能谈一谈这档栏目具体是怎样架构的吗？

童：《东方时空》涉及几个栏目，实际上我当时设计的时候就是想让每一个栏目里头都有一个字，最后构成《东方时空》，但是这个想法知道的人并不多。一个是人物栏目《东方之子》，然后第二个叫《东方时空·金曲榜》，这里头有"东方"，后面两个为什么叫《生活空间》呢？要了它的一个"空"字，《焦点时刻》实际上要的是个"时"字，所以每一个小栏目里头抛出一个字来，最后能够组成《东方时空》。整个栏目的时长大概 40 分钟，一个栏目一个小板块 10 分钟。《东方时空》最早在《金曲榜》在前面，《生活空间》在最后面。后来把《东方之子》放在了最前面，《焦点时刻》放在了最后。《东方之子》采访了很多人，那时候白岩松就出现了，因为他提问好。他问问题和一般的记者不一样，不是那种官方化的、大众化的。《焦点时刻》为什么放在最后呢？我后来也当过这个栏目的制片人，当时有好多节目都是半夜拍的新闻，拍完以后回来去做也到了晚上六七点了，如果《焦点时刻》放在前面，那带子要排好啊，前面三个栏目做好了，都播了，《焦点时刻》还在做，做好了就直接上播出线，就不用串在那个带子上去了。这样为了快，因为可以抢时效。那时候《焦点时刻》播出东西是电视台根本不能播出的。台领导之所以把它放在早间播出，就是觉得早晨反正看的人也不多。结果节目播出了之后，一传十、十传百，看的人越来越多了，一开始一条广告才卖 1000 块钱，到后来几个月变成 5000 元，最后到 1 万块钱一条，就是这么火起来了。

谈：《东方时空》的开播被称为"开创了中国电视改革的先河"，从电视语言的角度来看，您觉得《东方时空》有独特之处？

童：语言总体的感觉就是初生牛犊不怕虎。原来的审查比较严格、规范，由于是早间节目，大家当时都不看好，哪有早上看电视的？语言比较独特、比较务实、比较直接。比如说《东方之子》，原来就是有开头有结尾，您好啊客套话，《东方之子》没有（客套话），上来就挑个敏感的就上了，连你好都没有，招呼也不打，上来就问，这个就跟别人不一样。然后采访呢，有一段时间采访这些名人啊，记者会跪着提问，老仰视您啊您的。《东方之子》直接称呼（采访对象）就你，双方是平等的。最后结束了呢，连感谢收看也没有，有点开放式的那种结尾，有时候话问到一半儿就结束了，给人耳目一新的感觉。

另外，《东方时空》主持人、记者的语言从整体上来看还是生活化的语言样态，有的人普通话都不标准，这种语言在当时听起来挺新鲜的，更加接近真实的生活状况，让主持人、记者与观众之间的距离拉近了。

谈：《东方时空》几个子栏目风格定位各异，主持人、记者的语言上是不是也有所不同？

童：我们定位是这样，《东方之子》主持人是学者型的，定位是学者型，语言也比较学术化，让人觉得挺有学问。然后《金曲榜》就是小帅哥、小美女，要漂漂亮亮的。广院（中国传媒大学）培养的播音员主持人字正腔圆的。《生活空间》最开始有主持人，到后来直接以纪录片的形式呈现了，就不要主持人了，语态变化了。《焦点时刻》是新闻调查类的模式，记者会用偷拍、抓拍，哪不让去偏要去采访、去问，跟那种老老实实的记者不一样，比如什么飞机坠落了，记者会连夜赶到现场去，警戒线还没有拉好就往里面钻。

谈：您觉得《东方时空》为何会呈现出与众不同的语言风格？

童：因为当时招的人是新生力量，来了以后快速培训，大概一个小时就能把他教会了。重要的是真实展现新闻现场，观众要看真正的新闻。首先介绍时间、地点，然后拎着话筒在里面采访新闻当事人或者把事故现场记录下来，最后总结几句，基本上这个三段式。以后他们慢慢水平提高了，工作越来越好了，不过到了后来这个栏目成熟后反而就没意思了，没有什么鲜活的东西。

另外，当时的语言风格之所以不同，与当时一些新闻传播思想理念有关。第一，还新闻的本真。真实性是新闻从业者的一个动力，所以说由于有了真实性，所谓的艺术性就让位了。比如说要求主持人字正腔圆，那我就不要求了，你脑子活就行，如果要这么要求的话，白岩松、水均益都出不来了。第二，新闻还有一个特性是时效性，也就是快。我有一句话就是"一快遮百丑"，你只要快一点就可以，新闻磨磨蹭蹭的肯定不行，现在为什么这个移动端互联网会对电视有那么大的冲击，快是很重要的一个原因。电视新闻拍完以后要回到电视台去，还要审还要制作，还要等新闻联播，那人家早知道了。第三，就是我们当时追求的是一个三个字"新、热、深"。"新"刚才已经说了，第二个是"热"，要热点，也就是群众关心，大家关心的事。你得摸清观众的心理，因为你做电视是给人看，如果你这个你这个再好，这个片子的导向再正确，没人看肯定不是不行的，那个传播是很苍白的，那就要想想观众爱看什么，那不就是要看这个事实真相嘛。第三个是要深，因为你不是新闻，你就要比新闻深。

谈：《东方时空》的《焦点时刻》作为一档舆论监督类的节目，您曾经担任过这个子栏目的制片人，是如何平衡新闻报道与舆论引导的？

童：这个平衡的技巧主要跟栏目的选题有关系。对《焦点时刻》《焦点访谈》选题原则用一句话来概括就是"领导重视，群众关心，普遍存在"。比如如果是什么杀人案，这类选题是入选不了的，因为那不是普遍的。比说当时也做了个节目叫《吃不了兜着走》，讲浪费。这个选题领导重视，群众也关心，也是普遍存在，所以我们就搞光盘行动，做了一期节目叫"吃不了兜着走"，就是那么一弄，观众觉得挺好。再比如开车晚上闯红灯的选题，这也是符合三个标准。再还有一个就是，如果暴露的问题没有解决的办法，那也不行，一定要指出解决办法，如果你说的事根本就没法解决，那我们也不会去做。

谈：《东方时空》开创时提出"以平视的角度贴近群众"的创作理念？您能否谈一谈这一创作理念提出的原因？

童：《东方时空》是新闻改革的标志，这个说法一点也不错。由于观众看得多，广告也就好了，因为收视率是跟广告绑在一块。这里面还有一个有趣的事儿，那就是当时台里一开始不给投入，但可以向台里借款，我们自己卖广告。一开始没广告，到了第16天广告就来了。广告来了就意味着广告商觉得你这个节目有人看，所以他才投入。所以后来才出现了观众收视率、观众满意度调查，广告公司根据哪个地方看的人多，就投放广告，这就自然而然把你逼着向前进。台里头后来也把这个收视率进行排名，谁排在最后就淘汰了。就是这有个收视率的鞭子逼着你，不得不考虑到节目的好看，当然导向正确、政治正确是基本标准。所以有些制片人为了这个收视率高，枯燥的东西就不愿意播，就会猎奇，这样我们也会出现一些问题，那就是另外一个话题了，所以说把观众放在心上，是因为收视率是衡量你的标准。

谈：《东方时空》《新闻调查》这类栏目中经常出现出镜报道的形式，并且提倡从名记者当中培养名主持人，您能谈一谈这样做的原因吗？

童：当时实际上我也在里面也出过镜，因为当时我们就想，要去从这个广院（中国传媒大学）招人，手续、程序比较麻烦。一年之内有一次校招，曾经有一次台里要进人，里头又牵扯到指标，所以很难在短时间内招到合适的出镜报道者。后来只要是有本事，语言表达够好就可以。所以当时就是想造一个出镜记者群。如果你的形象有观众缘，再一个语言表达过关，有一定的思想，就肯定冒出来了。像白岩松、水均益、崔永元都是这么冒出来的，他们也不是学播音主持的，但是每个人有自己的比较独特的方式。比如水均益外语很好，在此之前在埃及当过 10 年的驻外记者，见多识广，他的语言非常独特，别人学也学不了，他基本上根本不要稿子，马上现场就能说。

谈：一般会在什么情况下出镜报道？

童：出镜报道也是国际的潮流，也是一种趋势，因为这个记者在现场是最有真实性的。这也是一个突破，因为原来出镜是了不得的大事，那是要层层报批，包括现在对主持人的这个管理也很严，所以记者群也冒不出来了，那样新闻时效性早过了。当时在国际上流行出镜报道的形式，像有些外国记者把脸上贴个膏药还上，那就是我在现场啊，要不然光拍一个空镜头，谁知道谁拍的？再一个每天看不同的面孔也符合电视规律，我把构成电视的要素总结为 6 个字，叫作"人说画同音字"，"人"就是主持人、出镜报道者，"说"就是解说词，"画"就是画面，"同"是同期声、现场采访，"音"是音乐、音响，"字"就是图表、字幕、包装。电视节目基本上就是这些构成的，如果老用解说词加画面，最早的中国的纪录片专题片就是这种模式，因为没有别的手段，同期声那么弄不适应。所以最早的同期采访啊，应该说在《观察思考》之前就做过了，有个叫《街谈巷议》，那时候是陈邝给我当摄像，用街头采访的方式真实呈现观众对某件事的反应，同样的问题问不同的人，节目播出后反响很好。

另外，电视节目要想突破的话，就要突破一般的传播形态。如果大家都不用出镜报道，你一用就很新鲜，那么当时用的出镜报道者每天换一个新面孔一上去，大家一看挺新鲜的。出镜报道带来的新面孔再加上所谓的构成的要素，那个片子就显得活了。如果光是写说词加画面不好看，审美就容易出现疲劳。

谈：您曾经在《焦点时刻》《焦点访谈》《新闻调查》这类节目中担任过制片人，那么这类调查类新闻节目的出镜报道与其他类型的出镜报道有什么不同？

童：那里头呢就是优中选优，选一个能干一点的记者，然后不断地培养他，让他去深入调查。有的聪明的人，有悟性的人能很快找到感觉。因为这种调查式出镜报道，如果是正面报道，你就要用一种审视的眼光去看待。如果是调查那些负面的东西，好比黑砖窑、用童工或者收费站乱收费，当时我们搞这东西看了很多国外的一些类似的一些节目，融汇了中外的一些长处，像美国的克朗凯特这些人都是记者出身，那些主持人都是记者出身，其中当记者最短的一个人当了16年。后来我们根据自己体会也知道，主持人如果天天在那边看稿子，在家看稿子播，那也是一种方法。像新华社、《人民日报》的大稿子，那也是一种表达。现在没有人给你提供这样的稿子，你得自己去写。谁会写稿子？当然是记者会写，当过记者的人，恰恰又有表达的这种能力，那你就自己采访，你说直接出镜报道，何必再找个编辑或另外找主持人去说，那样新闻的真实性会打折扣。

谈：您觉得现在的出镜报道业态有什么不足之处？

童：我觉得一些出镜报道者从事新闻工作的时间到不长，积累不足。我给你讲了美国的克朗凯特还有华莱士，这些主持人从事记者行业最短都是16年。而我们的一些记者积累的还是少。经常就是领了一个任务就去采访，节目完了之后，才对她采访的事明白，基本上都是这样。如果报道者不太了解新闻事实，就不能够高屋建瓴，基本上用一种以不变应万变这种方法来应对，这还算不错的，有的不知道再进一步了解，深挖新闻事实，做不到这一点。

报道者要替观众解答疑惑。报道者不可能政治、经济、文化、社会、生态什么都了解，但是出镜报道者通过在学校、在业界的锻炼，即便不了解这个行业，但是也能够问得很清楚。因为电视传播把事说出来，观众看了电视作品要有所收获。但是现在的电视新闻也好，专题也好，纪录片也好，满足不了观众的需求。

谈：从这个历史的角度看，您觉得我国的这个电视新闻出镜报道从过去到现在有没有发生哪些变化？您觉得这些变化产生的原因是什么？

童：首先，要研究出镜报道和媒介技术比如设备和器材相关的因素。以前没有 ENG 设备的时候，没办法实现声画一体，没有同期声，自然也不可能有出镜报道了，所以技术是很重要的影响因素。后来 80 年代的时候，我最初到台里时只有 6 台 ENG 录像设备。到了新闻现场，在短时间内没有那么多的画面可以拍，拍不到画面只能出镜说了，听别人说的也行，自己看到的也行，这是技术条件的限制。其次，还有传播意识也很关键。早期的中国电视认为出镜是很神圣的事，不是随随便便能出镜的，只有经过领导严格审批的人才可以出镜。比如《新闻联播》的播音员主持人。早期的中国电视新闻采用的是画面加解说词的方式，因为这种方式便于把关控制，第一控制稿子，这个是拿给播音员播的，再看一看画面，还有加入音乐，没有别的手段。那个时候使用的是胶片，不可能让你随便出镜的。随着思想的逐步解放，很多人意识到真正的新闻要求记者在现场，"我"在现场，在这个理论的指导下，记者才能出镜，才能说话。最后，新闻实践发展的需要。新闻要求快，这样做能够更快完成新闻报道制作。以前没有出镜报道时，记者同时拍回几条新闻回来，空画面多了之后很容易混淆，以前就出现过画面贴错的情况，出镜报道声画一体就不会存在这个问题了。

谈：对于出镜记者、记者型主持人的人才培养，您能够给出一些建议？

童：出镜记者的培养是可遇不可求的。先天条件和后天的努力都不可或缺，这方面的人才培养还是一个复杂的系统。比如非常正式的出镜报道，像《新闻联播》里面的出镜报道，尤其是播音员随领导人出访，那个出镜报道一定要很正式的语言，体现出大国风格，那么这类出镜报道者就要从播音员里挑选，声音、形象各方面都要好。其他类型的出镜报道更多是需要报道者的现场感和语言表达能力，这就要思维灵活，像白岩松这类的主持人、记者。所以，培养出镜报道者的路径是多元的，还是要看节目内容的需要，语言风格也就不一样。

谈：随着媒介技术的发展，直播出镜报道越来越常见，您怎么样看待这一现象？

童：直播就是快。新闻越快就越有价值，那么直播就是零距离了，就是零秒了。你看到的就是现场，那就没有延期的过程，报道者在现场看到的一切就直接播出去了。直播类出镜报道就更考验报道者的灵活应变能力和语言表达能力了，因为以前你可以有充足的准备时间，错了还可以再来，但是直播必须要一遍过。直播给观众带来真实体验，我觉得这是技术发展带来的好的趋势，这对传媒人也提出了更高的要求。

谈：衷心感谢童老师接受我的采访！

五　江苏电视台民生新闻改革的亲历者，江苏省广播电视总台主任编辑郭新文访谈录（根据录音整理）

采访方式：微信在线语音

采访时间：2020 年 9 月 2 日星期三下午 4：00—5：00

谈：2002 年《南京零距离》在全国掀起了民生新闻的热潮，您是这次新闻变革的见证者、亲历者、践行者，您能谈一谈当时江苏台实行新闻改革的背景吗？

郭：我觉得还是一个时代的问题，因为当时提倡媒体的监督引导作用。媒体是给老百姓反映社会问题，解决社会问题的出口。当时中央提出了"三贴近"原则，按照政治的诉求，另外也是媒体实践，需要为老百姓服务，要反映老百姓的心声。另外就是要通过舆论监督的作用来解决社会问题，这是媒体的喉舌功能，也是媒体的社会作用。

另外，因为南京这个地方相对来说媒体资源很集中，尤其在 2000 年初，那个时候可能各个城市都出现像北京的北京青年报，还有广东的一些报纸，这些城市的平面媒体都是在城市扩张当中发展很快。当时南京的媒体扩张到什么程度，当时新华社江苏分社有一个小报纸，最早叫《现代经济报》，《现代经济报》当时是没有什么影响力的，对开的 4 版小报纸。当时这份报纸做了改革，为了占领市场，改名叫《现代快报》，现在一直叫《现代快报》。当时这份报纸抓住了一个机会，1999 年中国驻南联盟的使馆被美国误炸那个事件以后，很多人上街要游行，他们出了号外，从开始以后他们做了改版，更名叫《现代快报》，另外争取出早报，早晨派送，还有他们做大量的社会新闻。为什么这份报纸能这样改革？因为这份报纸不是地方来管的，它是新华分社的，可以不受到南京跟江苏省政治部门的一些限制。《现代快报》发力之后，当时的传统老报《扬子晚报》在应对《现代快报》的竞争时想出了一些策略，就改成晚报早发，新闻都放在早上发了。当时加入报业竞争的，还有一张报纸，是《人民日报》江苏站办的报纸叫《江南时报》，当时五六份报纸都是早晨来发，早报市场是很丰富的，于是就造成了竞争，这种新闻的竞争和快速发展，都是以解决老百姓问题的方式来呈现，接着就引发电视的竞争。

最早我在江苏教育台的时候是在 1997 年，我一方面做时政新闻，另一方面做社会新闻。当时南京台的有一个叫《社会法治》的栏目，类似于中央电视台的《焦点访谈》，江苏台当时有个栏目叫《大写真》。当时我们三家电视台的记者为了采访一个警察打大学生的事件，后来也因为这个事件引起了一些社会的注意，当时本地电视台因为一些原因没有报道，后来中央台的《新闻纵横》播出了。因为要做这种负面新闻还是有压力的，但是当时的环境已经逼着电视媒体必须要改革。2003年整个广电系统做了第一次改革，就是要三台合一，当时有三家省级电视媒体，一个是江苏台，也就是现在的江苏电视台，还有一个台叫江苏有线台，还有就是江苏教育台，包括电台要合在一起。因为省政府已经决策了，人员各方面都已经做了调整。后来因为江苏省教育厅的争取，当时省政府的又出了一种政策，教育台还相对独立。这种情况下当时的有线台就分成两个频道，综艺和影视。江苏台现有的两套节目，一个叫卫视就是上星卫视频道，另外一个叫城市频道，是这样分出来的。城市频道的功能就是为城市服务，最早他们想把城市频道做成女性频道，专门为了市场占有，在中国做一个尝试，专门服务女性的，但后来改革没有成功，栏目组那帮人后来就转型为现在的《非诚勿扰》，然后逐渐就变成一个栏目了。后来这个班底开始策划《南京零距离》，就是要搞南京当地的电视新闻。因为省级台有资源优势，搞是好搞，但是就给南京市台造成很大压力，南京市台在这种重压之下，包括收视率的重压之下，他们又推出了新闻改革，推出了一档节目叫《直播南京》，我们江苏台为了应对这种压力，当时开出了一个栏目叫《服务到家》，几个台都是同时在跟报纸一样竞争。当时全国都在搞民生新闻，是大的舆论环境跟当地的媒体发展转型的需求。

谈：当时江苏台的《南京零距离》迅速成为全国各个电视台学习的先进模式，您认为这其中的关键因素是什么？

郭：一个是推出孟非这样的主持人，原来我们都是做记者的。江苏台城市频道的《南京零距离》模式能够成功的一大关键因素是塑造主持人的方式，这是《南京零距离》的创举，把主持人塑造成一个民生新闻的市民形象品牌，江苏台倾注了很多的力量。一个是让孟非大量参加公益活动，另外给他开辟了比如《孟非读报》的专栏，有些言论性的内容。他的言论性的表达方式比较犀利，摆脱了我们原来那种念稿子那种，新闻评论的语言是比较接地气的。当时的编辑班底，包括他（孟非）本人都做了一些这方面的尝试，他的语言在发生变化，更贴近老百姓了。他（孟非）的思维跟角度都是从老百姓的角度来看这个世界，话语的方式在转变，最终成功塑造了主持人形象，这是

《南京零距离》获得成功的最主要的方面。

《南京零距离》是拼收视率，栏目开播的第三年（广告）就达到亿元，就是这一个栏目支撑了一个频道，在收视率方面当时没有跟他抗衡的。但是这样的一档栏目同时也存在过多爆料社会负面新闻的问题。一些利益纠纷，夫妻打架这种社会治安案件，过多的报道之后，当时也带来了负面的作用。举个很简单的例子，当年《南京零距离》比较火爆以后，江苏每年到秋季，一般10月份之后有一个经贸洽谈会，就是每年招商引资的一个区域性的世界论坛，当时有外商来了以后，跟南京当地的一些领导也反映过这个情况，就是说从机场到了南京之后，打开电视机，看到的社会治安这么不好，社会秩序这么乱，那么我们为什么还在你这投资呢？你一旦把一些集中的社会新闻放在一起，放在一个时段里面的话，别人打开电视全是这个东西，对这个城市的观感就会发生变化。因此说这类民生新闻的负面作用尤其是对社会秩序的影响挺大的。现在这种情况有所变化，一个是国家对意识形态在新闻中的要求在提高，有些负面的东西也不报了。

另外《南京零距离》新闻改革的成功主要还是栏目给编导、记者更多的权力，更多选题的权力。另外台领导也采取了一些特殊的政策，当时总台领导顶住了很多压力，才保证了这个栏目能够成功的能够运行下来，舆论政策上有环境的支持。

谈：在民生新闻当中的出镜报道这种报道形态十分常见，您怎么看待民生新闻中的出镜报道？

郭：江苏台民生新闻的出镜报道是这样的，最早招了一批小姑娘，刚毕业的学生，比较靓丽的就叫出镜记者，就是用这种方式，一个吸引眼球，另外每一个报道都有记者在现场，用这样一种方式，做了节目的结构设计。这些尝试打破了原来传统的画面加解说词的风格。这样采访多了，现场大量的现场镜头使用得多，的确从叙事方式等方方面面，更加贴近老百姓了。

谈：您认为民生新闻当中使用出镜报道的优势还有哪些？

郭：一方面出镜报道者在现场的干的事情，对人的视觉冲击力更直接。另外就是出镜报道的内容本身就是老百姓身边的事情，比如一些维权以及维权的追踪，尤其是反映职能部门不作为的问题，一些社会的治理方面的问题。电视新闻报道通过出镜记者的介入，来呈现新闻事实就更加有代入感了。比如老百姓有问题反映了，出镜记者能追踪能帮你能解决，让观众看到媒体在实实在在的行动。另外出镜报道也是市场营销的需要。另一方面为了引导收视率，比如说今年我晚上我几点钟派出一组记者去送礼物，敲敲门，然后到你家，就让更多的人去锁定频道来看。

谈：**《南京零距离》这类民生新闻节目大多数是以直播的方式呈现，为什么会这样设计？**

郭：节目每天晚上 6：30—7：30 一个小时直播，这样做的目的是让你感觉这个节目跟你是同步的，跟你关心的事情是同步的，老百姓反映的问题能够及时反映出来。

谈：**您认为民生新闻中的出镜报道语言有一些什么样的特点？**

郭：出镜报道的语言其实还是记者视角，还是站在老百姓的角度来说、来报道。一个是接近于事实本身，更能引起别人的注意。其实说白了就是事件就是本身所带来的新闻性，记者在现场只是一个符号而已，就是说事件发生时你在现场，那么通过现场的你来介入事件。比如说火灾，记者在现场，然后再报道伤亡情况，受损的情况，然后起火的原因，包括救治情况。因为本身记者在现场，就等于像把观众拉到了现场，人的出现比从第三方的叙述可能会更直观，它在现场的一些感受，更直接的能够体现出来，语言描述更接近于新闻源，更接近于新闻事实。因为你在现场，比如说火灾的画面，消防员的救助的情况，很多的生动的东西就能够通过镜头语言呈现出来。出镜记者本身是一个符号，你在现场等于是跟新闻事实发生现场的固定符号而已。

谈：**在民生新闻当中的出镜报道往往采用微小叙事的方式，您怎样看待这样的叙事方式？**

郭：对于咱们来讲，实际上让你天天看这种东西，你会刚感到疲劳甚至逐渐麻木。比如说这种救助，救助捐款一年要搞好多次，比如说这个人得患了重病了，家庭很困难，那么去社会捐助，往往时间长了以后，可能人就这种爱心的这种激发它变成常态之后，它可能就麻木了。另外民生新闻的出镜报道带来社会现象的一些问题，南京这个情况地方比较特殊，一个城市的体量在这，每天的投诉，市民的鸡毛蒜皮事情比较多，媒体就放大它，尤其是一些负面的社会事件的话，其实对社会的治理带来一些负面的东西。

谈：**这些年由于受到新媒体的冲击，广电媒体正在谋求融合发展，能不能简单地谈一谈民生新闻未来的发展？**

郭：对这个问题我可能还没有什么深度的认知，我感觉现在包括我们江苏台，还有其他的台现在按照中宣部的要求，各个市各个县都在转型改革。因为老百姓用手机的多了，可能就是说渠道的变化，逼着媒体的传播渠道在发展，这首先是技术带来的一个变革。其次从媒体发展来讲说，新闻服务的对象更加具体和细化，现在我们传统媒体保持原有的这些平台优势，逐渐在朝着全媒体的方向转移，但是现在实际上还是在过程当中，还也出现一些人员的调配、分工的一些矛盾。内部管理的方面，这是一个综合性的改革。另外从我的角度来看，基层的融媒体中心的建设，一方面对我们舆论导向的把握提供了一个比较好的积极作用。同时从媒体自身生存来讲，也是等于是拯救了基层广播电视和媒体的生存问题。通过财政资源给他一定的资金的扶持，是让他媒体转型，也解决了广播电视媒体发展的现实困境。

谈：**感谢郭主任的精彩分享，让我能够详细了解民生新闻崛起的时代背景和发展脉络。**

六　中央广播电视总台新闻中心出镜记者、主持人，原成都电视台主持人蒋林访谈录（根据录音整理）

采访方式：微信在线语音

采访时间：2020 年 9 月 25 日星期五晚上 10∶00—11∶15

谈：2013 年四川雅安芦山地震报道中，您因为出色的出镜报道迅速走红，您如何看待自己在这次报道中的表现？

蒋：我觉得可能有一些客观的原因，当然也会有自己主观的原因。客观的原因我觉得是因为汶川地震之后，其实它激活了大家对于地震可能造成的巨大人员伤亡的心理预设。所以在芦山地震的时候，它的震级当时是 7.5 级，还是让国人在第一时间其实非常担心。我觉得往往在报道当中记者会被关注，很大的程度上是因为观众很关注这件事情，其实是观众的关注放大了你（出镜报道者）在现场的表现，我觉得这是一个必须客观去承认的东西。有的时候可能我在其他类型的直播里，我觉得我做了比在芦山地震更好的报道，但是结果可能就是默默无闻。包括在抖音上，你可能今天不知道为什么发了一短视频，你可能就红了。就像之前的短视频《一剪梅》，可能蛋哥（李诞）自己都没有想到（会火）。我觉得这是有偶然性的，但这个偶然性是需要通过理性去分析的，那就是因为汶川地震巨大的伤亡人数，再加上芦山地震，它其实是在四川再次发生了一次震级很大的地震，所以迅速汇集了大家对于地震灾区的关注度，我觉得这是第一个原因。

第二个可能就是我自己的原因。我确实是除了雅安本地的记者之外，最早到达灾区的。我觉得能够抢到第一时间，让别人关注到你的报道，特别是在突发事件的报道当中，新闻的时效性是非常重要的。因为你越接近大家的心里的这种未知，大家非常想了解当地的情况，你越接近观众心里的时间刻度，那么你就是会比你晚到一两个小时甚至一天的记者，获得几何倍数的关注度。

谈：雅安芦山地震发生后，全国多家媒体也纷纷派出报道组赶赴灾区报道，您是怎样在众多出镜报道者中脱颖而出的？

蒋：我希望是很理性地去看待我自己在雅安地震中的表现。我当时还是地方台的主持人和记者，包括我到了央视，其实和当时在新闻中心值班的孙玉胜台长，我们叫孙台，当时的央视新闻中心的负责人，其实他也对我的表现给了很正面的评价。我不知道你看没看过孙台曾经写过的一本书叫《十年》没有？

谈：看过的。

蒋：其实孙台他非常强调一点，就是中国电视其实从《东方时空》到后来的《焦点访谈》，电视语态在发生着变化，这项工作直到目前，我们在从区市县甚至到省台和国家级的媒体，我个人认为仍然有很多的主持人和记者是没有完成语态的转变，就是他们说的话不足够的文绉绉官方学术，又不足够的接地气。有些人并不知道老百姓想听什么，用一种自己认为对的固化腔调在传播。回到我们聊的话题上，我觉得任何时候观众喜欢你一定是放在一个横向、纵向的坐标系去比较的。我觉得我在那一天可能踩在了很多横向和纵向的新闻的点上，比如我的直播本身有没有足够多的新闻关注度？我所说的新闻里的干货多少？我的语言的状态、用词、新闻素养是否符合要求？其实衡量出镜报道是否成功可以从观众的评价来衡量。哪怕是一个在菜市场买菜的阿姨，当她作为观众的时候，喜不喜欢你？她觉得听不听得下去？这真的是一把无形的尺子。我觉得可能我在那一天的表现很大程度上是符合我认为出镜报道和包括到现在为止的出镜报道应该有的一种语态。这种语态应该是平实且尽量专业的，然后同时要有换位思考的能力，就是观众想知道什么，你要把观众想知道的事情尽量多地告诉他。我觉得这个一定是我在那一天会让别人为我点赞的很重要的原因。因为那一天不光有很多的电视观众或者网友在我的微博私信我，去给我留言。还有很多就像比如说宋晓阳，像很多我们说的业界人士，其实业界和观众同样认可一个人在某一个时刻的表现，我觉得这样的比例不是百分之百都会重合的，有的时候可能业界非常认可，但是观众不一定买账；有的时候观众觉得很喜欢他，但是业界觉得他不够好，不够专业。所以我觉得在那一天我自己回过头来反思，客观上我的表现是新闻的、专业的；主观上我的语态和我个人的语言风格是接近观众，哪怕是现在的新媒体传播状态下，符合受众需求的。我觉得正是这样的一个横向和纵向的重叠，才会让我在那一天可能和我的很多的同行相比，我无形会被别人拿来比较，所以别人会留言说我觉得你比很多的记者要好。其实他会觉得你比很多的记者好，甚至他可能觉得你比我想象中的记者好，你达到了我心中期望的某种要求，但是你去问蹬三轮卖菜的，甚至做软件研究的码农，你觉得我到底哪好，她可能也说不准，但是每个人心里都有一杆秤。

谈：在芦山地震报道之后，您的心理状态有了怎样的改变？

蒋：人往往在一战成名之后，一定会有迷失和需要重新定位。很长一段时间我不会跟别人去聊芦山地震，因为我会觉得这是一个可能在我的人生中发生的很偶然的事情，如果我不能找到其中的规律，就像我刚才跟你说的观众的期望，你的速度，包括我前面所说的横向、纵向的坐标系。我很希望能够复制我在芦山地震报道中的观众缘。这件事情其实对于我个人而言，还是说研究的人在学校把我的直播当作小白鼠给同学们去解剖，其实大家都希望某一个人在某一个时刻被认可的事件当中，找到一种可复制性的规律。我觉得找到这样这个东西是很重要的。其实对于我来说，我这么多年包括到了央视，我也依然在做这件事情，就是我特别担心就会那一天不小心红了，可是我后来再也做不出来。

谈：从地震现场到爆炸事故现场，在许多重大突发事件报道中，都有您的身影，您觉得自己在一次又一次的出镜报道实践中有什么样的变化？

蒋：有一次我去浙江传媒学院讲座，有一个同学挑衅地问了我一个问题。他说想到白岩松就会有关键词，觉得他可能很犀利，很有正义感，每一个观众会不自觉地给他一些标签。可看了蒋林几年的报道，发现可能除了现场去说细节，也算是有逻辑，然后直播当中比较善用人文，潜移默化的一种人文的力量，他说可是除了温度和细节，我觉得你什么也没有，他说你什么时候能够给我们不一样的你。我觉得这个问题问得非常好。我当年的回答就是我说认为你刚才说的这两点，在现阶段的新闻传播当中仍然是可以用的有效办法，我不会为了改变，为了求自己的新意而去被动地去把自己改得四不像。我也只是希望在这个基础上有没有新的添加，我有没有新的能力和历练。我说你的问题也是我这些年其实很困扰我的，每个人都会有自己的瓶颈，或者对惯常的状态的突破，这个突破确实是很难的。我说但是你今天问的这个问题，让我突然找到了为什么我这么多年觉得我做现场直播报道，我自认为做的很不错的答案。我说因为可能从我2014年的1月1日进中央电视台算起，回溯到14年前，也就是从2000年，我觉得中国电视的新闻历史上，任何一个人如果他的普通话大众基本可以接受，语言状态流畅，有新闻创作能力，就是内容的自我生产内容能力，也就是我们说的记者型主持人，其实把很多学播音主持专业的人，我也是学播音主持专业的，把很多的同仁其实打的还是有一点应接不暇。那么我说但是我在你略有挑衅性的问题当中，我突然发现我为什么可以在出镜报道记者的行当当中，甚至是在央视这样一个汇聚人才竞争激烈的大舞台上，我能有我自己存在的坐标。我说那也许我是现在中国做的最好的主持人型记者，我说因为我是学播音主持的，为什么这个世界上只能有记者型主持人？其实这个对于自己2008年汶川地震走出演播室，到今年已经14年的时间，也就是我在做一个反向的拆解，就仿佛我们得到了一件资本主义国家研制出的技术先进的武器，我们有很多的武器真的就是从拆解，从模仿，从反向的推演开始的，最后当然你要走出自己的一条研发之路。我觉得我可能的确很多年的时间是在反向的去推演，为什么记者型的主持人可以把我干的这么被动？当我们同在一个新闻现场，我也可以像你一样捕捉细节，我也可以像你一样，用观众认为尽量专业的语言去陈述新闻现场。而且我学过播音主持，我知道什么样的话，用什么样的方式讲出来，观众听起来会更容易接受。我觉得我多了这一项，我为什么不可以打败你？我为什么不可以到记者的行当当中，以播音主持专业的人求得自己的一席之地，我觉得反向推演是成立的。

谈：在一次又一次的出镜报道实践中，您的语态发生了怎样的变化？

蒋：因为我以前也是做主持人的，也是念别人写的稿子的，也是到了现场先加一个丁字步，然后挑一个自己觉得漂亮的侧面，然后用一种很有感情的方式把别人写的东西，希望能够背得很像自己说的一样，Cosplay的好像我很有能力。其实我也走过这样的弯路，我也在那个时代，后来我希望改变。我其实当初离开演播室不是为了就是当记者，我觉得没有多少人这么自虐，我当初离开演播室的最大动机，其实就是希望我能够在一个更严苛的环境下，通过一些更没有外力帮助的情况下，激发自身的求生欲，然后可以重新去锻造自己的语言和特别是那种语言的生产能力。我其实是希望自己能够"王子复仇"，再做回主播台。因为我会觉得凭什么这个世界上记者型的主持人就可以把我的饭碗端走了？只是可能后来有的时候其实你一旦出走，就走上了这棵大树的另外的一个主干，然后朝另外一片天空去发展。

我们说的传统新闻人，我觉得其实还是表现得不够专业。虽然努力扮演得很像职业的新闻人，但其实因为如果你心里不理解新闻现场，你不是在用自己的眼睛看，不是在用自己的心去感触，不是在用你自己的语言陈述，那是不行的。首先我觉得每一位出镜记者或者在现场出镜的主持人，你的第一个观众是你自己，你今天在现场做了一段认为不错的出镜报道，做完之后你自己会喜悦的，你会站在那个地方洋洋得意，开心得不得了，像个小朋友得到糖果。你如果今天做了一场，你认为就是七八十分或者六七十分或者将将就就的报道，里面也没有太多的闪光点，自己就平铺直叙，你自己做完直播是会难过的。我有的时候做完直播，我的直播团队的人是不敢打扰我的，我就是像进入很病态的环节，就站在那不高兴跟自己较劲。别人把机器收完了，别人说小林走了，我可能才会从那种不满意的直播中抽离出来。所以我觉得其实自己首先就是自己最挑剔的观众，如果你自己都觉得你干的这事特别差，那就干脆别去了。

谈：在报道中您是怎样做到逻辑清晰，从容自信，表达流畅的？

蒋：我觉得语言这个东西一定还是有天生的因素。有人语感会比较好，可能对于有声语言的驾驭和这种信息的梳理，我觉得有得人可能是会比别人快零点 0.01 秒的。在现场直播里快 0.01 秒，真的就是完胜的一个条件。因为有太多的人结结巴巴，是因为他的嘴跑到脑子前面去了，所以如果你比他跑快 0.01 秒，也许你的嘴就能和自己的脑子同步了。

谈：您从地方台的主播转变成央视的记者，您怎么看待这次职业转型？

蒋：我不是从地方台的主持人变成央视的记者的，我是从地方台的主持人先把自己变成了地方台的记者，然后在我4年的地方台记者生涯中，我觉得我是及格的，而且我个人认为我的成绩是不错的。在有一个大的新闻事件出现的时候，其实就像一个人的一辈子，如果我们还能有过闪光时刻，同时也是你人生某一次抉择正确的正确答案。其实闪光时刻就是你选对了，但是有可能某一个地方没闪光，其实你当时选错了。我在芦山地震前半年其实我已经回到成都电视台的演播室做主持人。因为我有4年在外面做出镜报道的经验，又赶上一个突发事件，所以当你去跟你的曾经的战友连线，你太知道打法，你太知道问什么问题了。所以我真的也有用5秒钟的时间，在脑子里完整地想过这个问题，我到底是带着白衬衣，黑领带和黑西装去成都电视台的演播厅，然后去做抗震救灾的芦山的特别报道，去做C位的男主播，还是穿上我那件绿色的抓绒，带上一点户外的装备去做一次自己心目中可能最为重要的一次现场出镜记者。其实做出镜记者，有的时候我们觉得自己今天可能做了一个城市的重大项目的开工仪式，自己还挺嘚瑟的。其实放到人生的长河当中，那些都是带薪练习题，单位给你发钱，有人给你掌声，偶尔还能得个小表扬。但其实所有的这些东西对于出镜记者都是带薪练习，可能每一个人心中会有一个预设，有的人等就等国庆70周年大庆的现场。而在我当年芦山地震做选择的时候，我就说我当年离开演播室不就是想"干一票"吗？我想向别人证明我是可以做新闻的，像我长得这么好看，在别人眼里觉得你长得很不新闻，没有一张传统的国字脸，我想告诉很多，在我年轻的时候出于善意恶意或者无意，或者当我是空气不断地告诉我说："算了，你不要折磨自己，不要折磨我们，你从长相上就不适合做新闻。"所以我也想了5秒钟，那个时候我就会觉得说，我之前的4年不就是在等像芦山地震或者像汶川地震一样的重大的新闻事件吗？现在这个事件来了，我拿着西装去演播室做主持人，我这一辈子难道不会后悔吗？想完了这个问题其实就很简单了，我就很快换一套装备，因为是我自己想去，所以我到地震结束之后，我记得大概不到半个小时我就到电视台了，和单位打电话通知你，安排你去采访，然后你再收拾装备，告别家人，那就是你自己想去永远是比别人派你去要更快。所以因为是我想去，所以我很快就到了，因为我很快到了，所以我很快就出发了。因为我是所有的非芦山当地记者中第一个出发的外地记者，所以我当然第一个到现场后，我当然就可以选择我认为当时最 C 位的一个出镜报道的地点去做，我认为最好的出镜报道的场景设计。因为我每一步都比别人快了一个小时、两个小时、三个小时，我的口条还比你顺。我还练了 4 年的出镜报道，而且我觉得我的语感还不错，还学播音主持，我还会说话，那一天我不红，我觉得没道理。其实我后来去想我自己的时候，我会跳出来，把那一天的自己当成另外一个人，就是永远不相干的一个人，好像我也是观众。我觉得那一天的蒋林所做的每一个选择，每一个时间把控，每一个新闻角度，每一件事情其实都在干干净净、认认真真地做新闻。然后他得到了掌声，证明中国的老百姓和中国的观众一直都是醒着的，他们平时不鼓掌，他们平时不叫好，那只是因为我们可能以前太差了。所以我那天只是做了他们心中认为出镜记者应该做的。我觉得观众对你最大的表扬就是"这就对了"。"这个对了"真的比什么都值钱。

谈：**截至目前，在您的职业生涯当中最满意的一次出镜报道是哪一次？为什么？**

蒋：我也努力地搜索，这个问题的答案还是要在很多的坐标系上去比较。如果我觉得用更新闻的视角来看，我会说是《汶川十年》我在漩口中学做的那场直播，我觉得那是我认为我此生做得最好的一条新闻报道。如果说我把我的喜怒哀乐，虚荣心、荣光、自豪，所有的这些东西加到天平上的话，我觉得一定是 93 阅兵（纪念中国人民抗日战争暨世界反法西斯战争胜利 70 周年阅兵式），我在长安街的坦克方队的前面所做的报道。因为我会觉得那一天我自己是帅的，我觉得我自己是发光的，我觉得我那天自己真的就像是送给自己退休之后的一段美好的回忆，我觉得我那天报道了93阅兵之后，我真的就想说就是人生到此为止也值了，真的就是那种感觉。但是这个是加入了太多的个人的好恶，但是我觉得如果我把这个东西抽离出来，我觉得从新闻的角度上，我最喜欢我自己做的是《汶川十年》的特别节目里的那段现场连线。

谈：《汶川十年》特别节目中的出镜报道连线，您为什么给这么高的评价？

蒋：这个节目其实我后来和曾经我们央视的一个同事，现在在浙传当老师叫詹晨林，她也教出镜报道，我们两个还认真地聊过这次报道。她说她当时看直播看到三分之二时，心里是抓紧了的状态。我当时并没有在《汶川地震十年》报道的时候用"海采"，去采访很多的当地的老百姓，让他们说这10年我们的生活简直变化太大了，而是选择了两个记录态。包括那一天的节目整体的基调其实是重生，但是我当时和导演团队有了非常激烈地碰撞，我说如果是重生的话，很抱歉，我自己是拒绝的，我不想做这个定义。我说我不排斥，确实有人是重生的，或者从大节目的角度上你可以这样去立意，但是如果因为我经历过那场地震，而且我自认为我后来的在很多出镜报道当中的情感克制，尽量不要那么瞎煽情，没死过爹妈就别装着死爹妈的那种矫情相，我觉得其实这是创伤后遗症。这是因为我经历过汶川地震，我真的知道痛到一定级别是哭不出来，所以很多时候眼泪是为了彰显你很有关怀，那是他的人生失去的东西还不够多，如果再多失去一点，他就哭不出来了。所以我觉得可能汶川地震的经历，包括我后来的选择，确实是在某种程度上定义了我未来十几二十年蒋林在做新闻时候的某一种语态，或者我的一个诚意。我如果做不到诚意，我自己就会骂我自己，不知道要取悦的什么人，你简直已经不要脸到了让自己觉得恶心的地步。我是一个不希望让自己觉得自己恶心的人，所以我每天都要守住这个底线，就是在现场不要太矫情。我觉得在做《汶川十年》的时候，我最后的那一小段报道，非常感谢央视，可能我们觉得到了中央台好像我们的话语是在变窄，但其实在中国如果说现在最大的空间，最大的品牌，最大的尺度就是在中央台。经历过汶川地震的很多四川人，可能他没有那份就是说到地震的伤痛一辈子都挥之不去的惆怅。所以我当时觉得北京的导演挺认可我的说法，说你打算怎么去做？我说我给它的定义叫重返，我说重返这个词是中性的，我只是在这一天回来了。那么我重生这个词是有感情色彩，是喜悦的，北京那边最后同意了我的要求。我认为这次报道是我做过的最好的一次新闻报道的原因，就是在别人对你的尊重，你要说服的不仅仅是观众，你首先要说服的是你的合作伙伴和播出平台，当大家真的达成共识，而且别人认为说你这样做的是对的时候，你就获得了某一种动力。

谈：在《汶川十年》出镜报道中，您的语言比平时多了一些留白的设计，为什么要这样做？

蒋：我个人认为我做直播报道最差劲的地方就是没有做到留白，因为我话太多，当然我的语言太流畅，所以我连别人卡壳的留白都没有。所以也有人会说看蒋林的直播，内容真挺丰富，但真的很累。但是那一天，我觉得可能是因为我把我自己放在一个经历过地震的人，我在用我自己经历的创伤去识别我要拍摄的对象，然后我记录了两个人的状态，我把这两个人放在我的直播里面去做插入的备片。我觉得留白特别是一个灾难性事件当中，是对的一件事。这个时候不让任何人说过度煽情的话，过度重返十年前的伤痛。然后在这一天，在巨大的庄严的环境下，去给大家留一点点空白去想象，十年前的汶川地震那天我在干什么，我有没有给汶川地震捐过钱？其实我觉得某些时候的留白是让观众能也能够回到那一天，我觉得这一篇报道的作用达到了重返，不仅仅是蒋林在重返，而是很多在那个年代已经有了深刻的痛苦的刻骨铭心的记忆的人。我是希望用电视手法来充分呈现汶川地震的现场，所以我觉得可能那一天我的直播是一艘最空的船，可以坐上最多不同面孔的乘客。这是我以前做直播报道很少有的形式，可能也是因为我经历过汶川地震，然后我又一直心里有伤口，没有愈合，我才会在这一天去做一个其实有一点点越界的事，不完全是一个记者，也是一个记者加亲历者的一段报道。

谈：您的出镜报道通常信息量会很大，表达也很清晰、流畅，怎么看待您提到的自己语言缺少留白的状态？

蒋：我觉得任何人老天爷给了你一张天使面孔，没准你就有一颗堕落的心。这件事情真的是选套餐，是没有办法拆开买的。我认为我语言的形成和边说边形成流畅语言的能力，我觉得如果送 100 个人去人类实验室的话，我应该能排名前三。我有了这个能力，你还让我这样的就是话痨去留白，这就不合理了。当然我觉得也许我现在会在一些我认为特定的选题和时间段，我会努力的强迫自己找到留白的感觉，但留白真的不是我的优点。当如果有一天网友或者大家觉得说我一出来赶紧换台太累，可能你就应该和工作或者这个时代说再见了，那就证明观众对于新闻的某一种他认为对的元素，又有了新的注入，而你突然不对了。我觉得其实最好的例子就是我们中央电视台的春晚。在疫情当中很多人锁在家里，大家去看的那一年的春晚，2020 年的春晚和 1985 年的春晚比，不管是舞台、舞美、艺术、审美都是几何倍数的成长，但是观众心里的那种迫不及待文化大餐的东西确实是在变少，为什么呢？因为那个时候大家吃不饱，所以吃一顿好的简直幸福感爆棚。现在天天吃好的，不光吃好的，嘴刁了之后，觉得他还有大厨的心，所以他挑剔你的成长速度，快过了你在艺术和创作方面的成长速度，所以你知道春晚的导演，我觉得这绝对是全世界最难干的工作。也许有一天现场报道就会是下一个春晚，但没准那一天我已经退休了。

谈：突发事件的报道当中其实是很难做的，因为准备的时间很短，而且还要在现场要做出现场感来，出镜记者要在有限的时间将这些松散的新闻的素材迅速、有序、条理化地呈现。您是怎么在做到报道时从容自信和表达流畅的？

蒋：我曾经听过白岩松讲过一堂课，岩松就说不管你是学新闻学编导，哪怕你学机械，你学播音主持，其实当你有一天去做新闻的时候，殊途同归，求求你们稍微懂点新闻。我觉得其实这个话说的真的话糙理不糙了。我把你的问题分成两部分，一部分是专业层面的，不管你有怎样的先天的优势、劣势，你有怎样的自身的特点。我们央视还有出镜记者的小妹妹一出来网友就点赞，然后往那一站你就赏心悦目，你就想天啊，我就拼了老命，我都没有办法有人家的人缘，那没办法，老天爷祖师爷赏饭吃了，对吧？我觉得任何人都会有自己的特点，有自己的优势，有自己的劣势，所有的这些人，我觉得首先第一点是大家尽量新闻一点，新闻的基本的要素，把观众大概想知道什么用，不要太废话，不要太气愤，不要太矫情，不要太夹枪带棒去抒发自己心中的对人世间很多的看法，我觉得尽量干净、纯粹地去做新闻这件事情是无止境的。另一部分，我认为出镜报道对于我来讲就是事件最简单的事情，所以为什么我会觉得从容，我也在其他的地方会紧张，我不是全能不紧张的人，可是我做出镜报道，我就会觉得就是很简单的事。我做出镜报道，最大的难度是要不断地去压制我心中认为这事儿真不是个事儿，这事儿真的特简单。这件事情你说逆不逆天？就对于我来讲，我就认为真的很简单，而且你可能不这么认为。

　　无论你是什么样的性格，什么样的才智，求求你们多少懂点新闻，我觉得最后殊途同归，就是我们输出的是新闻，输出的是更接近于新闻硬核的东西。不管你用什么样的方式先写提纲，先有准备，先有镜头的走位和演练，还是像我这样，我就是大写意，我觉得到了现场最好看到什么？最好我如果去这个地方油罐还在爆，现场的突发的情况都是我的新的元素，你的世界越混乱，新闻的现场越无序，我觉得这不是我对于我的同行的碾压的决胜机会吗？

　　谈：**您说到的先天的语感优势，您出镜报道中即兴口语表达的能力跟个人成长经历、性格等因素有关联吗？**

　　蒋：除了先天的语感有一定的因素外，我觉得我可以分享一件事。因为我父亲是一个特别不懂得沟通的人，我的小时候就是我说错一句话，我今天屁股就开花，我每天听到他上楼的脚步声，我就要知道今天我犯没犯错误，在他从进门开始，我应该跟我亲爱的爹爹用怎样的一种语态和情绪交流，让我今天尽量不要挨打。我觉得我当时跟我爸开玩笑就说你特别不懂得沟通，你特别暴力，你小时候让我觉得你是一个特别让我觉得恐惧的人，可是你的这个东西给了我一件我后来觉得工作当中的法宝那就是严谨，因为不严谨我就会被打死。从我懂事开始，可能父亲就是用一种不太懂沟通，更多的是棍棒、拖鞋，然后皮带的方式去教育你的话，你一定会是一个相对严谨的人，要么你就会是一个极度叛逆的人。我也是一个叛逆的人，所以我用我的叛逆去找反向思维，就是我到了现场我可不可以不这样说，我上一次是这样说，我可不可以换个花样？所以我们我觉得其实做新闻这件事情还有一个乐趣就是蛮自愈的。你是在和自己身体中最残缺，最让别人觉得不可理喻的东西妥协，然后你还要把这个东西做成一件特别有卖相的东西，卖给更多的人，别人还要花钱买。我觉得这件事情本身是一件挺有趣的事情。

　　谈：大多数人在突发新闻现场出镜报道，会提前把自己想的准备好，或者是写提纲，或者完整写下来，可能存在现场跟所说的东西"两张皮"，您在这方面有什么样的技巧分享？

　　蒋：如果你现在还没有比较严谨的语言模式，你也没有对于现场的梳理和快速形成新闻基本表达的能力，你还不写提纲，你还不去做提前的规划，你去现场不是自杀的吗？所以我觉得我们在做新闻，真的是要找到自己舒服的方式，其实是在和自己相处，一定是你在现场给大家报道新闻，而不是另外的某个人，或者某一个你不认识的人，我觉得这件事情是很有成就感的。我永远觉得我的新闻是我做的，我不按照常理出牌，我不爱演练，我不爱提前走位，我不喜欢假直播，我不喜欢这样的东西。我觉得可能是我自己所走的是非精英不按常理出牌，甚至是创伤自愈的某一些方式。我是在想首先是我的工作，不管是以前的成都电视台还是现在的中央电视台发工资的，你得对得起你领的工资，所以我觉得首先这是你的求生的一个基本的本领。然后你就希望你每天干的活尽量上班，不要用上坟的心态去上，对吧？我真的是去新闻现场是很开心的，我就觉得跟放风一样开心。我一坐飞机我一坐火车，我一出差，我一坐长途车，我就高兴，你会有一种莫名的兴奋，就是一只要我今天去的都是我，中国版图上从来没有去的，去过的一个小县城，我就会高兴，我就会来精神，我觉得他可能也许是我适合做这项工作的一个原因。

谈：有人说您是将播音员主持人的素养和记者的素养完美结合的典范，您怎么样看待这样的评价？

蒋：评价非常到位。如果你把它当作别人表扬你的话，听一听就当作今天的卸妆油也就卸了。但真的当我有一天认为我为什么不可以做一个主持人型记者，这件事情就变得很学术了。我看过知乎上别人写的跟我有关的一段文字。那个人大概想表达的就是说一些不是做这个专业，但是可能用自己的某一些爱好和自己另外的一些能力也可以在那个专业立足，在一个大家惯常的已经形成定势的思维环境当中，反而容易形成这种差别化的突出优势。当时举的例子是李易峰也不是学表演的，但是他也可以成为一个很有号召力的明星。说蒋林也不是学新闻的，但是他可以到现场出镜报道跟那些新闻专业毕业的人抢饭吃，可是谁说做记者的一定要学新闻的，对不对？我觉得我认可他的反向思维的想法。今年已经是我从事传媒事业的 22 个年头，至少在前 12 年，我认为我学播音主持专业是我人生当中最大的自卑源泉。我当时觉得我怎么会学这么一个没文化的专业，我怎么不去学点考古，能跟别人吹点牛，我见过别人这辈子没有见过的东西。我当时就会觉得说我为什么要学播音主持，谁不会说中国话？我为什么不用有限的时间，哪怕学点兽医和大家觉得匪夷所思的专业，万一我做一个《兽医来了》的节目，我不就成为中国最专业的主持人了。所以我觉得好像做传媒这个行业，当然如果你没有学过新闻，你可能需要恶补一些新闻的基本素养，但是你学习了，你起码也得知道新闻最重要的打头是新闻，你自己都不新，你的思维模式都不新，你的语言方式都不新，你的表达方式都不新。凭什么说你做的是新闻？你学的是只有"闻"，而不是新闻，对吧？所以很多人学专业，就像很多学播音主持的出来，也不一定找得到主持人的工作，我会发现他还没人家大学广播站里头当票友的人说得好。往往专业里面的有一些是在浑浑噩噩，反倒是一些不是专业的人奋起直追，所以我们这种到别人的田地和羊群里薅羊毛的人，会更有成就感，因为你很容易发现我跟其他的羊长得不太一样，这件事情在这个时代本身就是加分项，为什么要一样？要是一样的话怎么能让别人看见我。

谈：**影响您出镜报道语态的原因有哪些？**

蒋：我在成都台做主持人的时候，我的领导特批我可以做商演，有点像现在央视的大本营，其实你会觉得小撒在央视里面也是一个非常有创造力的主持人。我觉得除了他的学识，中央台给他的平台，其实可能跟某种程度上对于小撒的这种放养方式有关系。你可以去接触更多的网综的东西，你可以去接触这个时代，可能最具年轻流量的内容。因为他一直在训练，所以他可能就会更理解说我应该用什么样的方式去认真对待我的工作。所以我当年其实也是我所在的成都电视台领导也算是特批，我可以去主持一些商演，去参加一些社会活动，他们觉得是可以的。那么当然我觉得在这个过程当中，因为很多的商业也没有给你写台词，而商演也会因为有现场的这种变量和组织方的不够严谨，也会有很多的小插曲。所以我觉得可能是从我十几年前还在做主持人的时候，我就更在意自己对于这种就是非线性非文本式的突发应变能力的自我训练，我觉得这件事情确实是我很早以前就自觉不自觉去做的。所以在我后来去做出镜报道的时候，我会发现他和我的工作很大程度上是重合的。

谈：**您能不能用一些词语来概括一下您出镜报道的语言特点？**

蒋：流畅、有温度、有人味、严谨。

谈：**随着互联网的发展，短视频、网络直播、VR技术出现，您也在新媒体领域有过实践探索，您觉得在融媒体背景下出镜报道有怎样的变化？**

蒋：我觉得至少在目前我还认为蛮无解的，还不会像我做电视现场报道那样庖丁解牛看透每一个节点。我觉得网络特别是新媒体语境下的传播，是会有不一样的地方。比如人设崩塌，这是我可能每一个人初设一个新的领域，他所选择的切入点是不一样的，或者他认为第一要紧的事情的排名是不一样的，有人可能觉得做新媒体直播应该语言更轻松、更诙谐，甚至是有一些踩红线打擦边球，似乎在大屏上不太能说到的东西，觉得这样才是网感。我觉得我不太认同，或者至少我自己觉得它不适合我，反倒是在做新媒体直播的时候，我觉得这是一个可供探讨的话题，我会比做大屏的新闻更严谨。因为你做大型新闻，我们的受众已经有了一个长时间的训练和对于你的所在的节目播出平台和你个人的一些基本人设的认可，所以而且因为本身电视新闻它的体量相对是比较精华的。所以你在电视当中，我们说的就是这个人人设崩塌的可能性是相对较小的。但是如果你不足够严谨的话，在网络平台，你可能今天的某一句话让你爆红，明天你因为这句话对于某一个弱势群体的不尊重，可能就会让你万劫不复。网络的讨伐，网络的暴力，你所触怒的某一些群体，带有报复性的对你个人的，甚至你曾经所得到的，你越是曾经得到过的尊重，那么我今天要把你踩下去，所需要用的力气和我觉得把你害死的那种爽的劲就会越大，真的也会反向激起更多人的毁灭性打击。所以其实我在做新媒体直播的时候，虽然可能有的时候觉得会更轻松，也会希望自己把一些大屏当中可能不太会去说到的内容，用一种更轻松、更诙谐的方式表现出来，但是有一点是我心觉得最重要的就是我需要更严谨。我曾经和我不少的同事交流过，他们都没有想到我原来对于新媒体的一号律条居然是更严谨，因为我会觉得就是红得快死得快，这件事情在新媒体的世界中太常见了。

谈：您在做网络直播出镜报道时的感受会不会有什么不同？

蒋：会更累，新媒体报道一定不是仅仅把电视报道的内容单纯的稀释，或者我们把同样一斤的面条拉得更长，我觉得不是这样的一个事情。网络直播需要有新的内容，包括跟网友的互动，自己有点像说单口相声，你甚至有的时候要自己去预设一些内容，可能有网友要关心一些什么样的问题，你要设计更多方方面面的，以前我们可能的现场报道当中没有的。我在电视报道时会用一个我自己认为正向的视角去看待新闻现场，但是我可能在同样的地方去做新媒体报道，我需要用对于同一个新闻现场需要选择不同的角度，选择不同的身高，不同的态度的视角去再次打量同一个新闻现场，然后尽量在一个报道当中，我觉得能够有更丰富，我觉得它更像是一盘味道丰富的沙拉。而我觉得大屏的现场报道，它更像是一杯红酒。我觉得他们原本就应该是在烹调方式和搭配方式上有不同。

谈：感谢您细致地分享，谢谢！